银/行/业/专/业/人/员/职/业/资/格/考/试/教/材

个人贷款
（初、中级适用）

银行业专业人员职业资格考试命题研究组 编

扫描二维码　　　　　关注天一金融课堂
获取天一网校APP　　获取增值服务

西南财经大学出版社
Southwestern University of Finance & Economics Press

中国·成都

图书在版编目(CIP)数据

个人贷款:初、中级适用/银行业专业人员职业资格考试命题研究组编.—成都:西南财经大学出版社,2020.12(2023.1重印)

ISBN 978 - 7 - 5504 - 4669 - 4

Ⅰ.①个… Ⅱ.①银… Ⅲ.①个人—贷款—中国—资格考试—自学参考资料 Ⅳ.①F832.479

中国版本图书馆 CIP 数据核字(2020)第 235478 号

个人贷款(初、中级适用)

GEREN DAIKUAN(CHU ZHONGJI SHIYONG)

银行业专业人员职业资格考试命题研究组　编

责任编辑:冯　梅
责任校对:张　博
封面设计:天　一
责任印制:朱曼丽

出版发行	西南财经大学出版社(四川省成都市光华村街 55 号)
网　址	http://cbs. swufe. edu. cn
电子邮件	bookcj@ swufe. edu. cn
邮政编码	610074
电　话	028 - 87353785
印　刷	河南黎阳印务有限公司
成品尺寸	185mm ×260mm
印　张	14.5
字　数	354 千字
版　次	2020 年 12 月第 1 版
印　次	2023 年 1 月第 4 次印刷
书　号	ISBN 978 - 7 - 5504 - 4669 - 4
定　价	56.00 元

目　录

第一章 个人贷款概述

要点导图

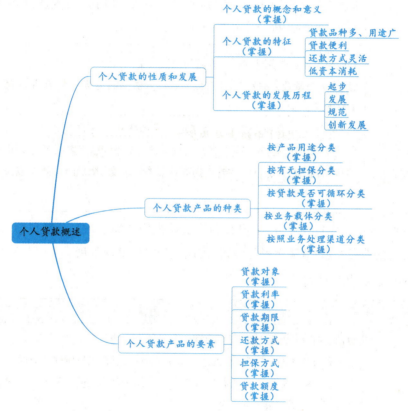

知识解读

一、个人贷款的性质和发展

（一）个人贷款的概念和意义

1. 个人贷款的概念

个人贷款是指贷款人向符合条件的自然人发放的用于个人消费、生产经营等用途的本外币贷款。

个人贷款业务是金融机构贷款业务的重要组成部分。

2.个人贷款的意义

要点	意义
对于金融机构来说	个人贷款业务具有两个方面的重要意义： (1)开展个人贷款业务可以带来新的收入来源。商业银行从个人贷款业务中除了获得正常的利息收入外，通常还会得到一些相关的服务费收入。 (2)个人贷款业务可以帮助金融机构分散风险。对商业银行来说，出于风险控制的目的，贷款发放需要充分分散化，避免过于集中。无论是单个贷款客户的集中还是贷款客户在行业内或地域内的集中，个人贷款都不同于企业贷款，因而，可以成为商业银行分散风险的资金运用方式
对于宏观经济来说	开展个人贷款业务具有三个方面的积极意义： (1)个人贷款业务的发展，能有效支持城乡居民的消费需求，满足人民日益增长的美好生活需要。 (2)对启动、培育和繁荣消费市场起到了催化和促进的作用；对扩大内需，推动生产，带动相关产业，支持国民经济持续、快速、健康和稳定发展起到了积极的作用。 (3)对商业银行调整信贷结构、提高信贷资产质量、增加经营效益以及繁荣金融业起到了促进作用

由此可见，开展个人贷款业务，不但有利于金融机构增加收入和分散风险，而且有助于满足城乡居民的消费要求，繁荣金融行业，促进国民经济的健康发展。

（二）个人贷款的特征

特征	内容
贷款便利	目前，客户可以通过银行营业网点、专门的个人贷款服务中心、网上银行、电话银行等多种方式了解、咨询银行的个人贷款业务；可以在银行所辖营业网点、个人贷款服务中心、网上银行、掌上银行以及第三方合作平台等渠道办理个人贷款业务，为个人贷款客户提供了极大的便利
贷款品种多、用途广	商业银行为了更好地满足客户的多元化需求，不断推出个人贷款业务新品种。目前，既有个人消费类贷款，也有个人经营类贷款；既有自营性个人贷款，也有委托性个人贷款；既有单一性个人贷款，也有组合性个人贷款
还款方式灵活	客户可以根据自己的需求和还款能力的变化情况等选择相应的还款方式，如等额本息还款法、等额本金还款法、等比累进还款法、等额累进还款法及组合还款法等
低资本消耗	权重法下计量信用风险加权资产时，对个人住房抵押贷款风险权重设立为50%，对个人其他债权的风险权重设定为75%。而一般公司类贷款风险权重目前为100%。因此，与公司类贷款相比，低资本消耗是个人贷款最明显的特征

典题精练

【例1·多项选择题】个人贷款的特征有(　　)。

A. 风险水平较低　　　　　　　B. 还款方式灵活

C. 贷款便利　　　　　　　　　D. 低资本消耗

E. 贷款品种多、用途广

BCDE。【解析】个人贷款的特征有:贷款品种多、用途广;贷款便利;还款方式灵活;低资本消耗。

(三)个人贷款的发展历程

个人贷款业务是伴随着我国经济改革和居民消费、创业需求的提高而产生和发展起来的一项金融业务。它的产生和发展既较好地满足了社会各阶层居民日益增长的消费和经营信贷需求,又有力地支持了国家扩大内需、鼓励大众创业的政策,同时也促进和带动了银行业自身业务的发展。到目前为止,我国个人贷款业务的发展经历了起步、发展、规范和创新发展四个阶段。

要点	内容
起步阶段	住房制度的改革促进了个人住房贷款的产生和发展: 20世纪80年代中期,中国建设银行率先在国内开办了个人住房贷款业务。 目前,各商业银行的个人住房贷款规模不断扩大,由单一的个人购买公改房贷款,发展到消费性的个人住房类贷款,品种齐全,便于选择。个人住房贷款在多层次、全方位地满足客户住房消费需求的同时,也为各商业银行带来了较好的经济效益,为房地产业健康发展和国民经济增长发挥了积极的作用
发展阶段	国内消费和创业需求的增长推动了个人消费信贷的蓬勃发展: 20世纪90年代末期,中国人民银行通过窗口指导和政策引导启动了国内的消费信贷市场,引导商业银行开拓消费信贷业务。1999年2月,中国人民银行颁布了《关于开展个人消费信贷的指导意见》。之后,个人消费信贷业务得到快速发展,逐步形成了以个人住房贷款和个人汽车贷款为主,其他个人综合消费贷款、个人经营类贷款和个人教育贷款等几十个品种共同发展的、较为完善的个人贷款产品系列
规范阶段	商业银行股份制改革推动了个人贷款业务的规范发展: 近年来,随着各商业银行股份制改革的进一步深化,有力地推动了个人贷款业务的规范发展。2010年2月12日,中国银行业监督管理委员会颁布了《个人贷款管理暂行办法》,这是我国出台的第一部个人贷款管理的法规,强化了贷款调查环节,要求严格执行贷款面谈制度,有助于从源头上防范风险

（续表）

要点	内容
创新发展阶段	近年来,以大数据、云计算、区块链、人工智能为代表的新一轮信息技术应用,推动金融服务内涵产生了深刻变化,金融行业的生态格局也随之改变。在参与主体上,除商业银行之外,持牌小贷金融公司基于各自客群定位和技术特征,推出了特色化的个人网络消费贷款。在产品设计上,互联网贷款业务有全线上自动"秒批"的贷款产品,也有半线上的贷款产品。在贷款品种上,主要集中在基于场景和数据的消费贷款,但随着技术的成熟和数据的丰富,逐步扩展到住房贷款、经营贷款等领域。《商业银行互联网贷款管理暂行办法》明确了互联网贷款小额、短期、高效和风险可控的原则,明确了风险管理、合作机构管理、消费者权益保护、事中事后监管等要求

典题精练

【例2·单项选择题】20 世纪 80 年代中期,(　　)率先在国内开办了个人住房贷款业务。

A. 中国银行　　　　　　　　B. 中国工商银行

C. 中国建设银行　　　　　　D. 中国交通银行

C。【解析】20 世纪 80 年代中期,中国建设银行率先在国内开办了个人住房贷款业务。

本节速览

个人贷款的概念	个人贷款的意义	个人贷款的特征	个人贷款的发展历程

二、个人贷款产品的种类

（一）按产品用途分类

根据产品用途的不同,个人贷款产品可以分为个人消费类贷款和个人经营类贷款等。

1. 个人消费类贷款

个人消费类贷款是指银行向申请购买"合理用途的消费品或服务"的借款人发放的个人贷款,具体来说,是银行向个人客户发放的有指定消费用途的贷款业务。

个人消费类贷款包括个人住房贷款、个人汽车贷款、个人教育贷款、其他个人消费贷款等。

（1）个人住房贷款。个人住房贷款是指银行向自然人发放的用于购买、建造和大修理住房的贷款。个人住房贷款包括自营性个人住房贷款、公积金个人住房贷款和个人住房组合贷款。

分类	内容
自营性个人住房贷款	自营性个人住房贷款,也称商业性个人住房贷款,是指银行运用信贷资金向在城镇购买、建造或大修理各类型住房的自然人发放的贷款
公积金个人住房贷款	公积金个人住房贷款也称委托性住房公积金贷款,是指由各地住房公积金管理中心运用个人及其所在单位缴纳的住房公积金,委托商业银行向购买、建造、翻建、大修自住住房的住房公积金缴存人以及在职期间缴存住房公积金的离退休职工发放的专项住房贷款。 该贷款不以营利为目的,实行"低进低出"的利率政策,带有较强的政策性,贷款额度受到限制。因此,它是一种政策性个人住房贷款
个人住房组合贷款	个人住房组合贷款是指按时足额缴存住房公积金的职工在购买、建造或大修住房时,可以同时申请公积金个人住房贷款和自营性个人住房贷款,从而形成特定的个人住房贷款组合,简称个人住房组合贷款

典题精练

【例3·单项选择题】公积金个人住房贷款不以营利为目的,实行(   )的利率政策,带有较强的政策性。

A. 低进低出

B. 低进高出

C. 高进低出

D. 高进高出

A。【解析】公积金个人住房贷款不以营利为目的,实行"低进低出"的利率政策,带有较强的政策性,贷款额度受到限制。

(2)其他个人消费类贷款。具体内容如下表。

要点	定义	内容
个人汽车贷款	个人汽车贷款指银行向自然人发放的用于购买汽车的贷款	个人汽车贷款所购车辆按用途可以划分为自用车和商用车。自用车是指借款人申请汽车贷款购买的、不以营利为目的的汽车;商用车是指借款人申请汽车贷款购买的、以营利为目的的汽车。 个人汽车贷款产品根据所购车辆的用途不同,可以划分为自用车贷款和商用车贷款。 个人汽车贷款所购车辆按注册登记情况可以划分为新车和二手车。 二手车是指从办理完机动车注册登记手续到规定报废年限一年之前进行所有权变更并依法办理过户手续的汽车

（续表）

要点	定义	内容
个人教育贷款	个人教育贷款指银行向在读学生或其直系亲属、法定监护人发放的用于满足其就学资金需求的贷款	个人教育贷款根据贷款性质的不同,分为国家助学贷款、生源地信用助学贷款、商业助学贷款和个人留学贷款。 ①国家助学贷款是由政府主导、财政贴息、财政和高校共同给予银行一定风险补偿金,银行、教育行政部门与高校共同操作的,帮助高校家庭经济困难学生支付在校学习期间所需的学费、住宿费的银行贷款。国家助学贷款实行"财政贴息、风险补偿、信用发放、专款专用和按期偿还"的原则。 ②商业助学贷款是指银行按商业原则自主向自然人发放的用于支持境内高等院校困难学生学费、住宿费和就读期间基本生活费的商业贷款。商业助学贷款实行"部分自筹、有效担保、专款专用和按期偿还"的原则。 ③个人留学贷款是指银行向个人发放的用于留学所需学杂费、生活费或留学保证金的个人贷款。个人留学贷款不但可以满足留学人员在留学签证过程中所需要的一切资金需求,还可以为留学人员解决在境外求学所需的各种学杂费用
其他个人消费贷款		除个人住房贷款、个人汽车贷款、个人教育贷款外,商业银行纷纷推出了用于住房装修、购买大额耐用消费品、旅游消费以及医疗服务消费的专项用途个人消费类贷款,随着居民消费多元化,商业银行推出的个人消费贷款用途日趋综合化

典题精练

【例4·多项选择题】根据贷款性质的不同,个人教育贷款分为(　　　　)。

A. 国家助学贷款　　　　　　　　B. 商业助学贷款

C. 个人留学贷款　　　　　　　　D. 生源地信用助学贷款

E. 个人消费贷款

ABCD。【解析】个人教育贷款根据贷款性质的不同,分为国家助学贷款、生源地信用助学贷款、商业助学贷款和个人留学贷款。

2. 个人经营类贷款

个人经营类贷款是指银行向从事合法生产经营的自然人发放的,用于购买商用房以及用于满足个人控制的企业(包括个体工商户)生产经营流动资金需求和其他合理资金需求的贷款。个人经营类贷款包括个人经营贷款、个人商用房贷款、农户贷款和创业担保贷款等。

要点	内容
个人经营贷款	个人经营贷款是指用于借款人合法经营活动的贷款
个人商用房贷款	个人商用房贷款是指贷款人向借款人发放的用于购买商业用房的贷款
农户贷款	农户贷款是指银行业金融机构向符合条件的农户发放的用于生产经营、生活消费等用途的贷款。其中,农户是指长期居住在乡镇和城关镇所辖行政村的住户、国有农场的职工和农村个体工商户
创业担保贷款	创业担保贷款是指通过政府出资设立担保基金,委托担保机构提供贷款担保,由经办金融机构发放,以解决符合一定条件的待就业人员从事创业经营自筹资金不足的一项贷款。 创业担保贷款的对象包括城镇登记失业人员、就业困难人员(含残疾人)、复员转业退役军人、刑满释放人员、高校毕业生(含大学生村官和留学回国学生)、化解过剩产能企业职工和失业人员、返乡创业农民工、网络商户、建档立卡贫困人口

(二)按有无担保分类

根据是否有担保的不同,个人贷款可以分为有担保贷款和无担保贷款。有担保贷款包括个人抵押贷款、个人质押贷款和个人保证贷款。无担保贷款即个人信用贷款。

分类	定义	担保品	特点
个人抵押贷款	个人抵押贷款指贷款银行以借款人或第三人提供的、经贷款银行认可的、符合规定条件的财产作为抵押物而向自然人发放的贷款	债务人或者第三人有权处分的下列财产可以抵押: (1)建筑物和其他土地附着物。 (2)建设用地使用权。 (3)海域使用权。 (4)生产设备、原材料、半成品、产品。 (5)正在建造的建筑物、船舶、航空器。 (6)交通运输工具。 (7)法律、行政法规未禁止抵押的其他财产。 下列财产不得抵押: (1)土地所有权。 (2)宅基地、自留地、自留山等集体所有土地的使用权,但是法律规定可以抵押的除外。 (3)学校、幼儿园、医疗机构等为公益目的成立的非营利法人的教育设施、医疗卫生设施和其他公益设施。 (4)所有权、使用权不明或者有争议的财产。 (5)依法被查封、扣押、监管的财产。 (6)法律、行政法规规定不得抵押的其他财产	(1)先授信,后用信。 (2)一次授信,循环使用。个人抵押贷款可基于客户单次申请、单次抵押办理一笔抵押贷款。但对一定期间内将要连续发生的债权,不必每次分别设定抵押,而是通过设定最高额抵押的方式提供担保。 (3)贷款用途比较综合

（续表）

分类	定义	担保品	特点
个人质押贷款	个人质押贷款指自然人以合法有效、符合银行规定条件的质物出质，向银行申请取得的一定金额的贷款。质押担保分为动产质押和权利质押	债务人或者第三人有权处分的下列权利可以出质： (1)汇票、本票、支票。 (2)债券、存款单。 (3)仓单、提单。 (4)可以转让的基金份额、股权。 (5)可以转让的注册商标专用权、专利权、著作权等知识产权中的财产权。 (6)现有的以及将有的应收账款。 (7)法律、行政法规规定可以出质的其他财产权利	(1)贷款风险较低，担保方式相对安全。 (2)时间短、周转快。 (3)操作流程短。 (4)质物范围广泛
个人保证贷款	个人保证贷款指银行以银行认可的，具有代位清偿债务能力的法人、其他经济组织或自然人作为保证人而向自然人发放的贷款	机关法人不得为保证人，但是经国务院批准为使用外国政府或者国际经济组织贷款进行转贷的除外。以公益为目的的非营利法人、非法人组织不得为保证人	手续简便，贷款办理时间短，环节少。如果贷款出现逾期，银行可按合同约定直接向保证人扣收贷款
个人信用贷款	个人信用贷款指银行向自然人发放的无须提供任何担保的贷款，其特征就是债务人无须提供抵质押品或第三方担保仅凭自己的信誉就能取得贷款，并以借款人信用程度作为还款保证	个人信用贷款主要依据借款申请人的个人信用状况确定贷款额度，信用等级越高，信用额度越大，反之越小。由于这种贷款方式风险较大，一般要对借款方的还款能力、还款意愿等情况进行详细的考察，以降低风险。同时，商业银行不得向关系人发放信用贷款	(1)准入条件严格。 (2)贷款额度小。 (3)贷款期限短

典题精练

【例5·多项选择题】下列关于个人抵押贷款的特点，表述正确的有(　　)。

A.贷款用途单一　　B.一次授信，循环使用

C.先授信，后用信　　D.贷款风险较低，担保方式相对安全

E.借款人无须提供贷款使用用途证明

BC。【解析】个人抵押贷款的特点是：(1)先授信，后用信。(2)一次授信，循环使用。(3)贷款用途比较综合。A项错误。D项属于个人质押贷款的特点。E项，个人抵押授信贷款没有明确指定使用用途，其使用用途比较综合，个人只要能够提供贷款使用用途证明即可。

（三）按贷款是否可循环分类

在银行实际操作中,个人贷款产品可以分为个人单笔贷款和个人授信额度,根据贷款是否可循环的不同,个人授信额度又分为可循环使用的授信额度和不可循环使用的授信额度。

分类	定义	特点
个人单笔贷款	个人单笔贷款指用于每个单独批准在一定贷款条件(收入的使用、最终到期日、还款时间安排、定价、担保等)下的个人贷款	被指定发放的贷款本金,一旦经过借贷和还款后,就不能再被重复借贷
个人不可循环授信额度	个人不可循环授信额度指根据每次单笔贷款出账金额累计计算,即使单笔贷款提前还款,该笔贷款额度不能循环使用。即使额度仍然在有效期内,如果出账金额累计达到最高授信额度时,也不能再出账	这类业务中,具有代表性的用途为购买机器设备、装修经营场所的个人经营贷款,根据设备的购买安装进度、装修项目的工程进度额度内分次出账,直到额度用满为止
个人可循环授信额度	个人可循环授信额度指由自然人提出申请,并提供符合银行规定的担保或信用条件(一般以房产作为抵押),经银行审批同意,对借款人进行最高额度授信,借款人可在额度有效期内随借随还、循环使用的一种个人贷款业务	个人可循环授信额度为余额控制,在额度和期限内,借款人可以自行搭配每次使用的金额,贷款归还后,可以继续循环使用,直至达到最高余额或期满。授信额度项下贷款可用于个人经营,以及装修、留学、旅游等消费用途。授信额度通常可达抵押房产评估价值的70%,商业银行可根据风险政策制定不同的抵押率

典题精练

【例6·多项选择题】下列关于按贷款是否可循环分类的个人贷款,说法正确的有(　　)。

A. 个人可循环授信额度为余额控制

B. 个人不可循环授信额度通常可达抵押房产评估价值的70%

C. 个人单笔贷款主要指用于每个单独批准在一定贷款条件下的个人贷款

D. 在银行实际操作中,个人贷款产品可以分为个人单笔贷款和个人授信额度

E. 个人单笔贷款的特点是被指定发放的贷款本金,在经过借贷和还款后,还可以被重复借贷

ACD。【解析】B项,个人可循环授信额度通常可达抵押房产评估价值的70%。E项,个人单笔贷款的特点是被指定发放的贷款本金,一旦经过借贷和还款后,就不能再被重复借贷。

（四）按业务载体分类

按照业务载体的不同，个人贷款可分为传统个人贷款以及信用卡个人贷款。信用卡是由银行或专门的信用卡公司签发，证明持卡人信用良好、可以在指定场所进行直接消费的一种信用凭证。信用卡个人贷款一般用于消费用途，但允许服务"三农"的惠农信用卡用于生产经营活动，对于大额消费，还可以分期偿还。

（五）按业务处理渠道分类

按照业务处理的渠道不同，个人贷款还可分为传统线下个人贷款以及互联网个人贷款。

 本节速览

个人消费类贷款	个人经营类贷款	个人抵押贷款	个人质押贷款
个人保证贷款	个人信用贷款	个人单笔贷款	个人授信额度

三、个人贷款产品的要素

个人贷款产品的要素主要包括贷款对象、贷款利率、贷款期限、还款方式、担保方式和贷款额度。它们是贷款产品的基本组成部分，不同贷款要素的设定赋予了个人贷款产品千差万别的特点。

（一）贷款对象

个人贷款的对象仅限于自然人，而不包括法人。银行一般要求个人贷款客户至少满足以下基本条件：

（1）具有完全民事行为能力的自然人，年龄在18（含）~65周岁（含）。

（2）具有合法有效的身份证明（居民身份证、户口簿或其他有效身份证明）及婚姻状况证明等。

（3）遵纪守法，没有违法行为，具有良好的信用状况。

（4）具有稳定的收入来源和按时足额偿还贷款本息的能力。

（5）具有还款意愿。

（6）贷款具有真实合法的使用用途等。

除上述基本条件外，不同的贷款产品对借款人的具体条件要求不同。

（二）贷款利率

1. 贷款利率的定义

贷款利率是借款人为取得货币资金的使用权而支付给银行的价格，利息是货币所有者因暂时让渡一定货币资金的使用权而从借款人那里取得的报酬，实际上就是借贷资金的"成本"。

2. 利率的定义及种类

利率是一定时期内利息额与本金的比率，公式表示为：利率 = 利息额/本金，它是衡量利息高低的指标，有时也被称为货币资本的价格。利率通常分为年利率、月利率和日利率，分别用百分比、千分比、万分比表示。

根据资金借贷性质、借贷期限长短等,可把利率划分为不同种类:法定利率和市场利率、短期利率和中长期利率、固定利率和浮动利率、名义利率和实际利率。

3.常见利率

(1)固定利率。固定利率是指贷款利率在贷款合同存续期间或存单存期内,执行的固定不变的利率,不依市场利率的变化而调整。

(2)基准利率。一般来说,基准利率是中央银行发布给商业银行的贷款指导性利率,是央行用于调节社会经济和金融体系运转的货币政策之一,是各国利率体系的核心。如果中央银行改变基准利率,直接会影响商业银行借款成本的高低,从而对信贷起着限制或鼓励的作用,并同时影响其他金融市场的利率水平。

(3)浮动利率。银行等金融机构规定的以基准利率为中心,在一定幅度内上下浮动的利率叫作浮动利率,有利率上浮和利率下浮两种情况。高于基准利率而低于最高幅度(含最高幅度)为利率上浮,低于基准利率而高于最低幅度(含最低幅度)为利率下浮。

在推进贷款市场报价利率改革之前,中国人民银行负责制定和调整存贷款基准利率,授权某一级行、处或专业银行在法定利率水平上和规定的幅度内根据不同情况上下浮动,以充分发挥利率的调节作用,并与"区别对待,择优扶持"的信贷原则结合起来考虑。

(4)合同利率。合同利率是指贷款银行根据法定贷款利率和中国人民银行规定的浮动幅度范围以及利率政策等,经与借款人共同商定,并在借款合同中载明的某一笔具体贷款的利率。一般来说,贷款期限在1年以内(含)的实行合同利率,遇法定利率调整不分段计息,执行原合同利率;贷款期限在1年以上的,合同期内遇法定利率调整时,可由借贷双方按商业原则确定,可在合同期间按月、按季、按年调整,也可采用固定利率的确定方式。

4.贷款利率市场化

2013年7月,中国人民银行宣布取消金融机构贷款利率的下限(除个人住房贷款外),由金融机构根据商业原则自主确定贷款利率水平,贷款利率市场化改革取得长足进步,但仍存在贷款基准利率和市场利率"双轨并存"的情况,贷款主要参考贷款基准利率定价,难以反映市场利率的变化。

为推动贷款利率和市场利率并轨,中国人民银行于2019年8月16日发布2019年第15号公报,宣布启动改革完善贷款市场报价利率(LPR)形成机制,疏通货币政策传导渠道,推动降低贷款利率。

典题精练

【例7·单项选择题】各国利率体系的核心是(　　)。

A.固定利率　　　　　　　　B.基准利率

C.市场利率　　　　　　　　D.浮动利率

B。【解析】一般来说,基准利率是中央银行发布给商业银行的贷款指导性利率,是央行用于调节社会经济和金融体系运转的货币政策之一,是各国利率体系的核心。

（三）贷款期限

贷款期限是指从具体贷款产品发放到约定的最后还款或清偿的期限。不同的个人贷款产品的贷款期限也各不相同。贷款银行应根据借款人实际还款能力科学、合理地确定贷款期限。

经贷款人同意，个人贷款可以展期。1 年以内（含）的个人贷款，展期期限累计不得超过原贷款期限；1 年以上的个人贷款，展期期限累计与原贷款期限相加，不得超过该贷款品种规定的最长贷款期限。

（四）还款方式

各商业银行的同一个人贷款产品可以有不同的还款方式供借款人选择。客户可以根据自己的收入情况，与银行协商，转换不同的还款方法。

还款方式	定义	特点
到期一次还本付息法	又称期末清偿法，指借款人需在贷款到期日还清贷款本息，利随本清	此种方式一般适用于期限在 1 年以内（含 1 年）的贷款
等额本息还款法	指在贷款期内每月以相等的额度平均偿还贷款本息。 每月还款额计算公式为： $$每月还款额 = \frac{月利率 \times (1+月利率)^{还款期数}}{(1+月利率)^{还款期数}-1} \times 贷款本金$$	遇到利率调整及提前还款时，应根据未偿还贷款余额和剩余还款期数计算每期还款额。 等额本息还款法是每月以相等的额度偿还贷款本息，其中归还的本金和利息的配给比例是逐月变化的，利息逐月递减，本金逐月递增
等额本金还款法	指在贷款期内每月等额偿还贷款本金，贷款利息随本金逐月递减。 每月还款额计算公式如下： $$每月还款额 = \frac{贷款本金}{还款期数} + (贷款本金 - 已归还贷款本金累计额) \times 月利率$$	其特点是定期、定额还本，也就是在贷款后，每期借款人除了缴纳贷款利息外，还需要定额摊还本金。由于等额本金还款法每月还本额固定，所以其贷款余额以定额逐渐减少，每月付款及每月贷款余额也定额减少
等比累进还款法	指借款人每个时间段上以一定比例累进的金额（分期还款额）偿还贷款，其中每个时间段归还的金额包括该时间段应还利息和本金，按还款间隔逐期归还，在贷款截止日期前全部还清本息	此种方法又分为等比递增还款法和等比递减还款法，通常比例控制在 0 至（ +/ - 100）%，且经计算后的任意一期还款计划中的本金或利息不得小于零。 此种方法通常与借款人对于自身收入状况的预期相关，如果预期未来收入呈递增趋势，则可选择等比递增法，减少提前还款的麻烦；如果预期未来收入呈递减趋势，则可选择等比递减法，减少利息支出

（续表）

还款方式	定义	特点
等额累进还款法	等额累进还款法与等比累进还款法类似，不同之处就是将在每个时间段上约定还款的"固定比例"改为"固定额度"	其操作方法是在初始时期，银行会根据客户的贷款总额、期限和资信水平测算出一个首期还款金额，客户按固定额度还款，此后，根据约定的间隔期和相应的递增或递减额度进行还款。 此种方法又分为等额递增还款法和等额递减还款法。等额累进还款法和等比累进还款法相似的特点是当借款人还款能力发生变化时，可通过调整累进额或间隔期来适应客户还款能力的变化
组合还款法	组合还款法指一种将贷款本金分段偿还，根据资金的实际占用时间计算利息的还款方式	某些银行曾推出的"随心还"和"气球贷"等就是这种方式的演绎。这种方法可以比较灵活地按照借款人的还款能力规划还款进度，真正满足个性化需求。 自身财务规划能力强的客户适用此种方法
按月还息、到期一次性还本还款法	按月还息、到期一次性还本还款法即在贷款期限内每月只还贷款利息，贷款到期时一次性归还贷款本金	此种方式一般适用于期限在1年以内（含1年）的贷款

典题精练

【例8·多项选择题】下列关于等额本息还款法的特点，正确的有（　　　　）。

A. 贷款期内每月还款额度相等　　　　B. 贷款期还款额度逐月递增

C. 贷款期内偿还的本金逐月递减　　　D. 贷款期内偿还的利息逐月递减

E. 当利率调整时，需要重新计算每月还款额

ADE。【解析】等额本息还款法指在贷款期内每月以相等的额度平均偿还贷款本息。遇到利率调整及提前还款时，应根据未偿还贷款余额和剩余还款期数计算每期还款额。等额本息还款法是每月以相等的额度偿还贷款本息，其中归还的本金和利息的配给比例是逐月变化的，利息逐月递减，本金逐月递增。

（五）担保方式

个人贷款可采用抵押、质押、保证及无担保的信用方式，在实践中，当借款人采用一种担保方式不能足额对贷款进行担保时，从控制风险的角度，贷款银行往往要求借款人组合使用不同的担保方式对贷款进行担保。

1. 抵押担保

抵押担保是指借款人或第三人不转移对法定财产的占有，将该财产作为贷款的担保。

借款人不履行还款义务时,贷款银行有权依法以该财产折价或者以拍卖、变卖财产的价款优先受偿。

2. 质押担保

质押担保是指借款人或第三人转移对法定财产的占有,将该财产作为贷款的担保。质押担保分为动产质押和权利质押。

动产质押是指借款人或第三人将其动产移交贷款银行占有,将该动产作为贷款的担保,借款人不履行还款义务时,贷款银行有权依法以动产折价或以拍卖、变卖该动产的价款优先受偿。权利质押是指以法律规定可以质押的,或贷款银行许可的质押物作为担保,借款人不履行还款义务时,贷款银行有权依法以权利凭证折价或以拍卖、变卖该权利凭证的价款优先受偿。

3. 保证担保

保证担保是指保证人和贷款银行约定,当借款人不履行还款义务时,由保证人按照约定履行或承担还款责任的行为。

(六)贷款额度

贷款额度是指银行向借款人提供的以货币计量的贷款数额。除了人民银行、银保监会或国家其他有关部门有明确规定外,个人贷款的额度可以根据申请人所购财产价值提供的抵押担保、质押担保和保证担保的额度以及资信等情况确定。

 **本节速览**

贷款对象	贷款利率	贷款期限	还款方式
担保方式	贷款额度	固定利率	抵押担保

同步自测

一、单项选择题(在以下各小题所给出的四个选项中,只有一个选项符合题目要求,请将正确选项的代码填入括号内)

1. 个人贷款按产品用途分类,不包括(　　)。

　　A. 个人住房贷款　　　　　　　　　　B. 个人消费贷款

　　C. 个人经营类贷款　　　　　　　　　D. 个人信用贷款

2. 下列关于个人住房贷款的表述,错误的是(　　)。

　　A. 自营性个人住房贷款也称商业性个人住房贷款

　　B. 个人住房组合贷款不追求营利,是一种政策性贷款

　　C. 公积金个人住房贷款实行"低进低出"的利率政策

　　D. 个人住房贷款是指贷款人向借款人发放的用于购买、建造和大修理住房的贷款

3. 个人商用房贷款属于(　　)。

　　A. 个人住房贷款　　　　　　　　　　B. 个人消费贷款

　　C. 个人经营类贷款　　　　　　　　　D. 个人耐用消费品贷款

4. 下列关于个人质押贷款的特点,描述错误的是(　　)。

　　A. 贷款风险较低,担保方式相对安全

　　B. 时间短、周转快

　　C. 操作流程较复杂

　　D. 质物范围广泛

5. 根据《中华人民共和国民法典》的规定,下列不得抵押的财产是(　　)。

　　A. 正在建造的建筑物、船舶、航空器

　　B. 生产设备、原材料

　　C. 建设用地使用权

　　D. 土地所有权

6. 李先生每月收入 1 万元,预计贷款 30 万元用于购买住房,采用等额本金还款法,期限 20 年,年利率为 6%,则李先生首月还款的金额为(　　)元。

　　A. 2 750　　　　　　　　　　　B. 2 800

　　C. 2 500　　　　　　　　　　　D. 2 900

7. 下列选项中,不属于个人贷款客户需满足的条件的是(　　)。

　　A. 具有合法有效的身份证明

　　B. 具有还款意愿

　　C. 贷款具有真实合法的使用用途

　　D. 限制民事行为能力的自然人

8. 下列关于个人贷款担保方式的表述,正确的是(　　)。

　　A. 中国人民银行可以担任其员工个人贷款的保证人

　　B. 保证担保主要是指保证人和借款人之间的一种约定

　　C. 保证担保方式中,当借款人不履行还款义务时,由保证人承担还款责任

　　D. 个人质押贷款只能在柜台办理

二、多项选择题(在以下各小题所给出的选项中,至少有两个选项符合题目要求,请将正确选项的代码填入括号内)

1. 下列关于个人贷款的意义,描述正确的有(　　)。

　　A. 个人贷款可以帮助商业银行分散风险

　　B. 个人贷款可以为商业银行带来新的收入来源

　　C. 个人贷款对启动、培育和繁荣消费市场起到了催化和促进的作用

　　D. 个人贷款业务的发展能有效支持城乡居民的消费需求,满足人民日益增长的美好生活需要

　　E. 个人贷款对商业银行调整信贷结构、提高信贷资产质量、增加经营效益及繁荣金融业起到了促进作用

2. 个人贷款还款方式包括(　　)。

　　A. 等额本金还款法　　　　　　　B. 固定利率还款法

　　C. 等额本息还款法　　　　　　　D. 等额递增(减)还款法

　　E. 按月还息、到期一次还本还款法

3.按照业务载体的不同,个人贷款可分为(   )。

  A.传统个人贷款   B.互联网个人贷款

  C.信用卡个人贷款   D.个人保证贷款

  E.个人授信贷款

三、判断题(请判断以下各小题的正误,正确的选 A,错误的选 B)

1.个人信用贷款的特征就是债务人无须提供抵质押品或第三方担保仅凭自己的信誉就能取得贷款,并以借款人信用程度作为还款保证。   (   )

  A.正确   B.错误

2.二手车是指从办理完机动车注册登记手续到规定报废年限两年之前进行所有权变更的汽车。   (   )

  A.正确   B.错误

 答案详解

一、单项选择题

1.D。【解析】根据是否有担保的不同,个人贷款可以分为有担保贷款和无担保贷款。无担保贷款即个人信用贷款。根据产品用途的不同,个人贷款产品可以分为个人消费类贷款和个人经营类贷款等。其中,个人消费类贷款包括个人住房贷款、个人汽车贷款、个人教育贷款、其他个人消费贷款等。

2.B。【解析】公积金个人住房贷款实行"低进低出"的利率政策,是一种政策性个人住房贷款。个人住房组合贷款是指按时足额缴存住房公积金的职工在购买、建造或大修住房时,可以同时申请公积金个人住房贷款和自营性个人住房贷款,从而形成特定的个人住房贷款组合,简称个人住房组合贷款。

3.C。【解析】个人经营类贷款包括个人经营贷款、个人商用房贷款、农户贷款和创业担保贷款。

4.C。【解析】个人质押贷款的特点包括:(1)贷款风险较低,担保方式相对安全。(2)时间短、周转快。(3)操作流程短。(4)质物范围广泛。

5.D。【解析】债务人或者第三人有权处分的下列财产可以抵押:(1)建筑物和其他土地附着物。(2)建设用地使用权。(3)海域使用权。(4)生产设备、原材料、半成品、产品。(5)正在建造的建筑物、船舶、航空器。(6)交通运输工具。(7)法律、行政法规未禁止抵押的其他财产。

6.A。【解析】等额本金还款法是指在贷款期内每月等额偿还贷款本金,贷款利息随本金逐月递减。每月还款额计算公式如下:每月还款额＝贷款本金/还款期数＋(贷款本金－已归还贷款本金累计额)×月利率,则李先生首月还款金额＝300 000/240＋(300 000－0)×6%/12＝2 750(元)。

7.D。【解析】银行一般要求个人贷款客户至少满足以下基本条件:(1)具有完全民事行为能力的自然人,年龄在18(含)~65周岁(含)。(2)具有合法有效的身份证明(居民身份证、户口簿或其他有效身份证明)及婚姻状况证明等。(3)遵纪守法,没有违法行为,具有良好的信用状况。(4)具有稳定的收入来源和按时足额偿还贷款本息的能力。(5)具有还款意愿。(6)贷款具有真实合法的使用用途等。

8.C。【解析】A项,根据《中华人民共和国民法典》的规定,机关法人不能担任保证人。B项,保证担保是指保证人和贷款银行约

定,当借款人不履行还款义务时,由保证人按照约定履行或承担还款责任的行为。D项,个人质押贷款可在柜台办理,部分质押贷款也可以通过网上银行自助办理。

二、多项选择题

1.ABCDE。【解析】A、B两项是个人贷款业务对金融机构的重要意义;C、D、E三项是个人贷款业务对于宏观经济的意义。

2.ACDE。【解析】个人贷款的还款方式主要包括:到期一次还本付息法;等额本息还款法;等额本金还款法;等比累进还款法;等额累进还款法(分为等额递增还款法和等额递减还款法);组合还款法;按月还息、到期一次性还本还款法等。

3.AC。【解析】按照业务载体的不同,个人贷款可分为传统个人贷款以及信用卡个人贷款。

三、判断题

1.A。【解析】个人信用贷款的特征就是债务人无须提供抵质押品或第三方担保仅凭自己的信誉就能取得贷款,并以借款人信用程度作为还款保证。

2.B。【解析】二手车是指从办理完机动车注册登记手续到规定报废年限一年之前进行所有权变更并依法办理过户手续的汽车。

关注天一金融课堂
获取增值服务

第二章 个人贷款管理

要点导图

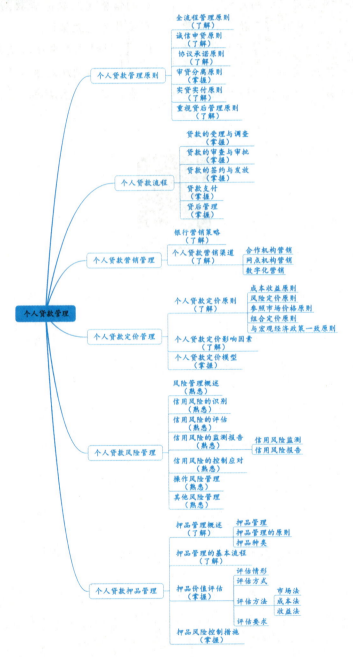

- 个人贷款管理
  - 个人贷款管理原则
    - 全流程管理原则（了解）
    - 诚信申贷原则（了解）
    - 协议承诺原则（了解）
    - 审贷分离原则（掌握）
    - 实贷实付原则（了解）
    - 重视贷后管理原则（了解）
  - 个人贷款流程
    - 贷款的受理与调查（掌握）
    - 贷款的审查与审批（掌握）
    - 贷款的签约与发放（掌握）
    - 贷款支付（掌握）
    - 贷后管理（掌握）
  - 个人贷款营销管理
    - 银行营销策略（了解）
    - 个人贷款营销渠道（了解）
      - 合作机构营销
      - 网点机构营销
      - 数字化营销
  - 个人贷款定价管理
    - 个人贷款定价原则（了解）
      - 成本收益原则
      - 风险定价原则
      - 参照市场价格原则
      - 组合定价原则
      - 与宏观经济政策一致原则
    - 个人贷款定价影响因素（了解）
    - 个人贷款定价模型（掌握）
  - 个人贷款风险管理
    - 风险管理概述（熟悉）
    - 信用风险的识别（熟悉）
    - 信用风险的评估（熟悉）
    - 信用风险的监测报告（熟悉）
      - 信用风险监测
      - 信用风险报告
    - 信用风险的控制应对（熟悉）
    - 操作风险管理（熟悉）
    - 其他风险管理（熟悉）
  - 个人贷款押品管理
    - 押品管理概述（了解）
      - 押品管理
      - 押品管理的原则
      - 押品种类
    - 押品管理的基本流程（了解）
    - 押品价值评估（掌握）
      - 评估情形
      - 评估方式
      - 评估方法
        - 市场法
        - 成本法
        - 收益法
      - 评估要求
    - 押品风险控制措施（掌握）

 知识解读

一、个人贷款管理原则

1. 全流程贷款管理原则

全流程贷款管理原则强调将有效的信贷风险管理行为贯穿到贷款生命周期中的每一个环节。强化贷款的全流程管理,可以推动银行个人贷款管理模式由粗放化向精细化的转变,有助于改善个人贷款的质量,提高贷款管理的有效性。

贷款人要从加强贷款全流程管理的思路出发,将贷款过程管理中的各个环节进行分解,按照有效制衡的原则将各环节职责落实到具体的部门和岗位,并建立明确的问责机制。

2. 诚信申贷原则

诚信申贷原则主要包含两层含义:一是借款人恪守诚实守信原则,按照贷款人要求的具体方式和内容提供贷款申请材料,并且承诺所提供材料是真实、完整、有效的;二是借款人应证明其信用记录良好、贷款用途和还款来源明确合法等。

贷款申请人应秉承诚实守信原则向贷款人提供真实、完整、有效的申贷材料,从而使贷款人能够更有效地识别风险、分析风险,做好贷款准入工作,在贷款的第一环节防范潜在风险。

3. 协议承诺原则

协议承诺原则要求银行业金融机构作为贷款人,应与借款人乃至其他相关各方通过签订完备的贷款合同等协议文件,规范各方有关行为,明确各方权利义务,调整各方法律关系,明确各方法律责任。

协议承诺原则通过强调合同的完备性、承诺的法律化,一方面要求贷款人在合同等协议文件中清晰规定自身的权利义务,另一方面要求客户签订并承诺一系列事项,依靠法律来约束客户的行为。一旦违约事项发生,则能够切实保护贷款人的权益。

4. 审贷分离原则

审贷分离原则是指银行业金融机构将贷款审批与贷款发放作为两个独立的业务环节,分别管理和控制,以达到降低信贷业务操作风险的目的。

推行审贷分离,一方面可以加强商业银行的内部控制,防范操作风险;另一方面可以践行全流程管理的理念,建设流程银行,提高专业化操作水平,强调各部门和岗位之间的有效制约,避免前台部门权力过于集中。

商业银行应设立独立的贷款发放部门或岗位,负责审核各项放款前提条件及确认贷款资金用途。采取贷款人受托支付的,贷款人应审核支付申请的信息是否与相关合同相符;采用借款人自主支付的,贷款人应对借款人提交的贷款支付要素进行确认。

5. 实贷实付原则

实贷实付原则是指银行业金融机构根据借款人的有效贷款需求,主要通过贷款人受托支付的方式,将贷款资金支付给符合合同约定的借款人交易对象的过程。实贷实付原则的关键是让借款人按照贷款合同的约定用途使用贷款资金,减少贷款挪用的风险。

推行实贷实付,有利于确保信贷资金进入实体经济,在满足有效信贷需求的同时,严防

贷款资金被挪用,避免信贷资金违规流入股票市场、房地产市场等;有助于贷款人提高贷款的精细化管理水平,加强对贷款资金使用的管理和跟踪。实贷实付为全流程管理和协议承诺提供了操作的抓手和依据,有助于贷款人防范信用风险和法律风险。

6.重视贷后管理原则

贷后管理原则是指商业银行在贷款发放以后所开展的信贷风险管理工作。重视贷后管理原则的主要内容是:监督贷款资金按用途使用;对借款人账户进行监控;强调借款合同的相关约定对贷后管理工作的指导性和约束性;明确贷款人按照监管要求进行贷后管理的法律责任。

一个有效的贷后管理机制,要求针对借款人特点,通过定期与不定期的现场检查与非现场监测,分析借款人财务等变化状况,监测贷款资金的用途及流向,适时掌握各种影响借款人偿债能力的风险因素以及有可能导致贷款资金出现违约的因素,及时发现潜在风险因素,并迅速采取措施,防范信贷损失。有效的贷后管理工作有助于银行业金融机构提高风险管理水平,防范风险于未然,控制信贷资产质量,是银行业金融机构建立长期、长效发展机制的基石。

典题精练

【例1·单项选择题】下列选项中,不属于个人贷款管理原则的是( )。

A.诚信申贷原则　　　　　　　　B.协议承诺原则

C.重点流程管理原则　　　　　　D.实贷实付原则

C。【解析】个人贷款管理原则包括全流程管理原则、诚信申贷原则、协议承诺原则、审贷分离原则、实贷实付原则和重视贷后管理原则。

本节速览

全流程管理原则	审贷分离原则	实贷实付原则	重视贷后管理原则

二、个人贷款流程

个人贷款业务流程包括贷款的受理与调查、审查与审批、签约与发放、支付管理和贷后管理五个环节。

（一）贷款的受理与调查

1.贷款的受理

要点	内容
贷前咨询	（1）银行通过现场咨询、窗口咨询、电话银行、网上银行、业务宣传手册等渠道和方式,向拟申请个人贷款的个人提供有关信息咨询服务。 （2）贷前咨询的主要内容包括: ①个人贷款品种介绍。 ②申请个人贷款应具备的条件。

(续表)

要点	内容
贷前咨询	③申请个人贷款需提供的资料。 ④办理个人贷款的程序。 ⑤个人贷款合同中的主要条款,如贷款利率、还款方式和还款额等。 ⑥获取个人贷款申请书、申请表格及有关信息的渠道。 ⑦个人贷款经办机构的地址及联系电话。 ⑧其他相关内容
接受申请	(1)个人贷款申请应具备以下条件: ①借款人为具有完全民事行为能力的中华人民共和国公民或符合国家有关规定的境外自然人。 ②贷款用途明确合法。 ③贷款申请数额、期限和币种合理。 ④借款人具备还款意愿和还款能力。 ⑤借款人信用状况良好,无重大不良信用记录。 ⑥贷款人要求的其他条件。 (2)贷款受理人应要求借款申请人以书面形式提出个人贷款申请,并按要求提交证明其符合贷款条件的相关申请材料。对于有共同申请人的,应同时要求共同申请人提交有关申请材料
初审	(1)贷款受理人应对借款申请人提交的借款申请书及申请材料进行初审,主要审查借款申请人的主体资格及借款申请人所提交材料的完整性与规范性。 (2)经初审符合要求后,贷款受理人应将借款申请书及申请材料交由贷前调查人进行贷前调查

典题精练

【例2·判断题】我国个人贷款的对象仅限于我国公民。( )

　A. 正确　　　　　　　　　　　B. 错误

　B。【解析】个人贷款申请具备的条件之一是:借款人为具有完全民事行为能力的中华人民共和国公民或符合国家有关规定的境外自然人。

2. 贷前调查

贷款人受理借款人贷款申请后,应履行尽职调查职责,对个人贷款申请内容和相关情况的真实性、准确性、完整性进行调查核实,并形成调查评价意见。

(1)贷前调查的方式和要求:

①贷款调查应以实地调查为主、间接调查为辅,采取现场核实、电话查问以及信息咨询等途径和方法。

②贷款人应建立并严格执行贷款面谈、面签和居访制度。通过电子银行渠道发放低风险质押贷款的,贷款人至少应当采取有效措施确定借款人真实身份。

③贷款人除通过审查借款申请材料、与借款人申请面谈、实地调查等,还可配合电话调查和其他辅助调查方式核实有关申请人身份、收入等其他情况。

④另外,贷款人在不损害借款人合法权益和风险可控的前提下,可将贷款调查中的部分特定事项审慎委托第三方代为办理,但必须明确第三方的资质条件。贷款人不得将贷款调查的全部事项委托第三方完成。

（2）贷前调查的内容。贷款调查包括但不限于以下内容:材料一致性、借款人基本情况、借款人信用情况、借款人收入情况、担保情况、借款用途。

①调查材料一致性。贷前调查人应认真审核贷款申请材料,以保证审批表填写内容与相关证明材料一致;相关证明材料副本(复印件)上内容与正本一致,并需由贷前调查人验证正本后在副本(复印件)盖章签名证实。

②调查借款申请人基本情况。贷前调查人须验证借款申请人提交的身份证件,主要内容有身份证照片与申请人是否一致,是否经有权部门签发,是否在有效期内。落实其家庭住址及居住稳定情况,包括房产证明、房屋租赁或买卖合同以及居委会或派出所出具的借款人居住证明等。

③调查借款申请人的信用情况。调查借款申请人的资信情况,要充分利用银行的共享信息,调查了解借款申请人与银行的历史往来。借款申请人对相关系统查询结果有异议的,可以提出申辩,贷前调查人负责查验借款申请人的申辩内容。

④调查借款申请人收入情况。贷前调查人应结合借款申请人所从事的行业、所任职务等信息对其收入水平及证明材料的真实性作出判断,必要时进行进一步调查、取证。

⑤调查担保情况。具体内容如下表。

担保方式	调查内容
抵押担保方式	第一,抵押物的合法性,包括调查抵押物是否属于《中华人民共和国民法典》规定且银行认可的抵押财产范围。 第二,抵押人对抵押物占有的合法性,包括抵押物已设定抵押权属情况,抵押物权属情况是否符合设定抵押的条件,借款申请人提供的抵押物是否为抵押人所拥有,财产共有人是否同意抵押,抵押物所有权是否完整。 第三,抵押物价值与存续状况,包括抵押物是否真实存在、存续状态,评估价格是否合理,对抵押物交易价格或评估价格明显高于当地平均房屋价值或明显高于当地同类物业价格的,调查人可要求经贷款银行认可的评估机构重新评估
质押担保方式	第一,质押权利的合法性,包括调查出质人出具的质物是否在银行个人贷款办法规定的范围内,是否有伪造迹象。 第二,出质人对质押权利占有的合法性,包括调查权利凭证上的所有人与出质人是否为同一人,出质人是否具有处分有价证券的权利。 第三,质押权利条件,包括调查质物的价值、期限等要素是否与贷款金额、期限相匹配,质物共有人是否同意质押
保证担保方式	第一,保证人是否符合《中华人民共和国民法典》及其司法解释规定,具备保证资格。 第二,保证人为法人的,要调查保证人是否具备保证人资格、是否具有代偿能力。 第三,对保证人为自然人的,应要求保证人提交相关材料,应查验贷款保证人提供的资信证明材料是否真实有效,包括基本情况、经济收入和财产证明等。 第四,保证人与借款人的关系。 第五,核实保证人保证责任的落实,查验保证人是否具有保证意愿并确知其保证责任

⑥调查借款用途。贷前调查人应调查借款申请人借款用途的真实性,对存在虚假贷款行为套贷的,不予贷款。

(3)调查中应注意的问题。调查中应注意的问题有:

①核实借款人提供的材料是否齐全。

②核实借款人提供的个人资信及收入状况材料的真实有效性,判断借款人还款资金来源是否稳定,是否能够按时偿还贷款本息;其中,提供的个人工资性收入证明,应由申请人所在单位确认收入证明,并加盖公章;提供经营性收入证明的,需提供营业执照、财务报表及纳税证明等;提供租赁收入证明的,需提供租赁合同、租赁物所有权证明文件及租金入账证明等;提供个人金融及非金融资产证明的,需提供相关权利凭证。

③对借款人的申请资料内容齐全性进行检查,检查资料是否存在不应有的空白项。

典题精练

【例3·多项选择题】个人贷款采取质押担保方式的,出质人对质押权利占有的合法性的调查内容包括(　　　)。

A. 财产共有人是否同意质押

B. 出质人是否具有处分有价证券的权利

C. 质押物是否真实存在,交易价格是否合理

D. 借款人申请提供的质押物是否为质押人所拥有

E. 调查权利凭证上的所有人与出质人是否为同一人

BE。【解析】采取质押担保方式的,应调查内容之一:出质人对质押权利占有的合法性,包括调查权利凭证上的所有人与出质人是否为同一人,出质人是否具有处分有价证券的权利。

(二)贷款的审查与审批

1. 贷款审查

贷款审查应对贷款调查内容的合法性、合理性、准确性进行全面审查,重点关注调查人的尽职情况和借款人的偿还能力、诚信状况、担保情况、抵(质)押比率、风险程度等。具体审查内容包括:

(1)借款人资格和条件是否具备。

(2)借款用途是否符合银行规定。

(3)申请借款的金额、期限等是否符合有关贷款办法和规定。

(4)借款人提供的材料是否完整、合法、有效。

(5)贷前调查人的调查意见、对借款人资信状况的评价分析以及提出的贷款建议是否准确、合理。

(6)对报批贷款的主要风险点及其风险防范措施是否合规有效。

(7)其他需要审查的事项。

贷款风险评价应以分析借款人现金收入为基础,采取定量和定性分析方法,全面、动态地进行贷款审查和风险评估。贷款人应建立与完善借款人信用记录和评价体系。

2.贷款审批

贷款人应根据审慎性原则,完善授权管理制度,规范审批操作流程,明确贷款审批权限,实行审贷分离和授权审批,确保贷款审批人员按照授权独立审批贷款。

3.个人贷款的审批流程

审批流程	内容
组织报批材料	个人贷款业务部门负责报批材料的组织。 报批材料具体包括个人信贷业务审批申请表、报批材料清单以及申请的某类贷款相关办法及操作规程规定需提供的材料等
审批	贷款审批人依据银行个人贷款办法及相关规定,结合国家宏观调控政策或行业投向政策,从银行利益出发审查每笔个人贷款业务的合规性、可行性及经济性,根据借款人的偿付能力以及抵押担保的充分性与可行性等情况,分析该笔业务预计给银行带来的收益和风险
提出审批意见	采用单人审批时,贷款审批人直接在个人信贷业务审批表上签署审批意见。采用双人或多人审批时,审批人各自签署审批意见。 贷款审批人对个贷业务的审批意见,一般为"同意""否决"两种。 采用双人审批时,只有当两名贷款审批人同时签署"同意"意见时,审批结论意见方为"同意"。采用多人审批时,一般采用2/3多数票原则,即审批意见为"同意"的票数达到评审人数的2/3及以上,最终审批意见方为"同意"。 对于最终决策意见为"否决"的业务,申报机构(部门)认为有充分的理由时,可提请重新审议(称为复议),但申请复议时申报机构(部门)需针对前次审批提出的不同意理由补充相关资料,原信贷审批部门有权决定是否安排对该笔业务的复议。提请复议的业务,申报及审批流程和新业务相同。对原申报业务报批材料中已提供的材料,可不重复报送。贷款审批人签署审批意见后,应将审批表连同有关材料退还业务部门
审批意见落实	业务部门应根据贷款审批人的审批意见做好以下工作: (1)对未获批准的借款申请,贷前调查人应及时告知借款人;将有关材料退还,并做好解释工作,同时做好信贷拒批记录存档。 (2)对需补充材料的,贷前调查人应按要求及时补充材料后重新履行审查、审批程序。 (3)对经审批同意或有条件同意的贷款,如贷款条件与申报审批的贷款方案内容不一致的,应提出明确的调整意见,信贷经办人员应及时通知借款申请人并按要求落实有关条件、办理合同签约和发放贷款等

4.贷款审批中需要注意的事项

(1)确保业务办理符合银行政策和制度。

(2)确保贷款申请资料合规,资料审查流程严密。

(3)确保贷款方案合理,对每笔借款申请的风险情况进行综合判断,保证审批质量。

(4)确保符合转授权规定,对于单笔贷款超过经办行审批权限的,必须逐笔将贷款申请及经办行审批材料报上级行进行后续审批。

(5)严格按流程逐级审批。

典题精练

【例4·多项选择题】贷款审查应对贷款调查内容的合法性、合理性、准确性进行全面审查,重点关注调查人的(   )。

A.偿还能力
B.诚信状况
C.担保情况
D.抵(质)押比率
E.风险程度

ABCDE。【解析】贷款审查应对贷款调查内容的合法性、合理性、准确性进行全面审查,重点关注调查人的尽职情况和借款人的偿还能力、诚信状况、担保情况、抵(质)押比率、风险程度等。

(三)贷款的签约与发放

1.贷款的签约

贷款人应与借款人签订书面借款合同,需担保的应同时签订担保合同。贷款人应要求借款人当面签订借款合同及其他相关文件,电子银行渠道办理的贷款除外。

贷款的签约流程如下:

(1)填写合同。在填写有关合同文本过程中,应注意以下问题:

①合同文本要使用统一格式的个人贷款的有关合同文本,对单笔贷款有特殊要求的,可以在合同中的其他约定事项中约定。

②合同填写必须做到标准、规范、要素齐全、数字正确、字迹清晰、不错漏、不潦草,防止涂改。

③需要填写空白栏,且空白栏后有备选项的,在横线上填好选定的内容后,对未选的内容应加横线表示删除;合同条款有空白栏,但根据实际情况不准备填写内容的,应加盖"此栏空白"字样的印章。

④贷款金额、贷款期限、贷款利率、担保方式、还款方式、划款方式等有关条款要与贷款最终审批意见一致。

典题精练

【例5·多项选择题】下列关于个人贷款合同文本填写的表述,正确的有(   )。

A.填写合同时,必须做到标准、规范、要素齐全、数字正确、字迹清晰
B.合同文本要使用统一格式的个人贷款的有关合同文本
C.填写合同时,对不准备填写内容的空白栏不需再做处理
D.贷款金额、担保方式、划款方式等有关条款要与贷款最终审批意见一致
E.填写合同时,贷款金额和贷款期限经双方协商可修改,但必须加盖双方印章

ABD。【解析】在填写有关合同文本过程中,应注意以下问题:(1)合同文本要使用统一格式的个人贷款的有关合同文本,对单笔贷款有特殊要求的,可以在合同中的其他约定事项中约定。(2)合同填写必须做到标准、规范、要素齐全、数字正确、字迹清晰、不错漏、不潦草,防止涂改。(3)需要填写空白栏,且空白栏后有备选项的,在横线上填好选定的内容后,对未选的内容应加横线表示删除;合同条款有空白栏,但根据实际情况不准备填写内容的,应加盖"此栏空白"字样的印章。(4)贷款金额、贷款期限、贷款利率、担保方式、还款方式、划款方式等有关条款要与贷款最终审批意见一致。

（2）审核合同。审核合同的要求有：

①合同填写完毕后，填写人员应及时将有关合同文本交合同复核人员进行复核。同笔贷款的合同填写人与合同复核人不得为同一人。

②合同复核人员负责根据审批意见复核合同文本及附件填写的完整性、准确性、合规性，主要包括：文本书写是否规范，内容是否与审批意见一致；合同条款填写是否齐全、准确；文字表达是否清晰；主从合同及附件是否齐全等。

③合同文本复核人员应就复核中发现的问题及时与合同填写人员沟通，并建立复核记录，交由合同填写人员签字确认。

（3）签订合同。签订合同的相关内容主要有以下几个方面。

要点	内容
合同的签订	合同填写并复核无误后，贷款签约人应负责与借款人（包括共同借款人）、担保人（抵押人、出质人、保证人）签订合同
签订合同时的注意事项	在签订合同时，应注意以下几个方面： ①在签订（预签）有关合同文本前，应履行充分告知义务，告知借款人（包括共同借款人）、保证人等合同签约方关于合同内容、权利义务、还款方式以及还款过程中应当注意的问题等。 ②借款人、保证人为自然人的，应当面核实签约人身份证明之后由签约人当场签字；贷款人委托第三方办理的，应对抵押物登记情况予以核实。如果签约人委托他人代替签字，签字人必须出具委托人委托其签字并经公证的委托授权书。对保证人为法人的，保证方签字人应为其法定代表人或其授权代理人，授权代理人必须提供有效的书面授权文件。 ③对采取抵押担保方式的，应要求抵押物共有人在相关合同文本上签字。 ④借款人、担保人等签字后，贷款签约人应将有关合同文本、贷款调查审批表和合同文本复核记录等材料送交银行个人贷款合同有权签字人审查，有权签字人审查通过后在合同上签字或加盖按个人签字笔迹制作的个人名章，之后按照用印管理规定负责加盖银行个人贷款合同专用章。 ⑤银行可根据实际情况决定是否办理合同公证
签订合同时的违约情形	如发生下列情况之一，均构成违约行为： ①借款人未能或拒绝按合同的条款规定，及时足额偿还贷款本息和应支付的其他费用。 ②借款人和担保人未能履行有关合同所规定的义务，包括借款人未按合同规定的用途使用贷款。 ③借款人拒绝或阻挠贷款银行监督检查贷款使用情况的。 ④借款人和担保人在有关合同中的陈述与担保发生重大失实，或提供虚假文件资料，或隐瞒重要事实，已经或可能造成贷款损失的。 ⑤抵押物受毁损导致其价值明显减少或贬值，以致全部或部分失去了抵押价值，足以危害贷款银行利益，而借款人未按贷款银行要求重新落实抵押、质押或保证的。 ⑥抵押人、出质人未经贷款银行书面同意擅自变卖、赠与、出租、拆迁、转让、重复抵（质）押或以其他方式处置抵（质）押物的。 ⑦借款人、担保人在贷款期间的其他违约行为

(续表)

要点	内容
违约后可采取的措施	借款人、担保人在贷款期间发生任何上述违约事件,贷款银行可采取以下任何一项或全部措施: ①要求限期纠正违约行为。 ②要求增加所减少的相应价值的抵(质)押物,或更换担保人。 ③停止发放尚未使用的贷款。 ④在原贷款利率基础上加收利息。 ⑤提前收回部分或全部贷款本息。 ⑥定期在公开报刊及有关媒体上公布违约人姓名、身份证号码及违约行为。 ⑦向保证人追偿。 ⑧依据有关法律及规定处分抵(质)押物。 ⑨向仲裁机关申请仲裁或向人民法院起诉
特殊事件	借款人、担保人因发生下列特殊事件而不能正常履行偿还贷款本息时,贷款银行有权采取停止发放尚未使用的贷款和提前收回贷款本息等措施: ①借款人、担保人(自然人)死亡或宣告死亡而无继承人或遗赠人或宣告失踪而无财产代管人。 ②借款人、担保人(自然人)破产、受刑事拘留、监禁,以致影响债务清偿的。 ③担保人(非自然人)经营和财务状况发生重大的不利变化或已经法律程序宣告破产,影响债务清偿或丧失了代为清偿债务的能力。 ④借款人、担保人对其他债务有违约行为或因其他债务的履行,影响贷款银行权利实现的

📖 典题精练

【例6·单项选择题】个人贷款业务中,借款人在贷款期间发生违约行为时,贷款人不得采取的措施是(　　)。

A. 在原贷款利率基础上加收利息

B. 直接变卖抵押物

C. 提前收回部分或全部贷款本息

D. 停止发放尚未使用的贷款

B。【解析】借款人、担保人在贷款期间发生违约事件,贷款银行可采取以下任何一项或全部措施:(1)要求限期纠正违约行为。(2)要求增加所减少的相应价值的抵(质)押物,或更换担保人。(3)停止发放尚未使用的贷款。(4)在原贷款利率基础上加收利息。(5)提前收回部分或全部贷款本息。(6)定期在公开报刊及有关媒体上公布违约人姓名、身份证号码及违约行为。(7)向保证人追偿。(8)依据有关法律及规定处分抵(质)押物。(9)向仲裁机关申请仲裁或向人民法院起诉。

2. 贷款的发放

(1)贷款发放概述。贷款人应加强对贷款的发放管理,遵循审贷与放贷分离的原则,设立独立的放款管理部门或岗位,落实放款条件,发放满足约定条件的个人贷款。借款合同生效后,贷款人应按合同约定及时发放贷款。

（2）落实贷款发放条件。贷款发放前,贷款发放人应落实有关贷款发放条件,主要包括:

①需要办理保险、公证等手续的,有关手续已经办理完毕。

②对采取委托扣划还款方式的借款人,要确认其已在银行开立还本付息账户用于归还贷款。

③对采取抵(质)押的贷款,要落实贷款抵(质)押手续。

④对自然人作为保证人的,应明确并落实履行保证责任的具体操作程序;对保证人有保证金要求的,应要求保证人在银行存入一定期限的还本付息额的保证金。

（3）贷款划付。贷款发放的具体流程如下表。

流程	内容
出账前审核	业务部门在接到放款通知书后,对其真实性、合法性和完整性进行审核
开户放款	业务部门在确定有关审核无误后,进行开户放款。开户放款包括一次性开户放款和分次放款两种。一次性开户放款是根据合同约定的划款方式,一次性将全部贷款发放到有关账户中;分次放款是根据贷款的用途和使用要求,在合同中约定将贷款按照建立的分次放款计划分多次将贷款发放到有关账户中,各分次放款金额合计应与合同总金额一致
放款通知	当开户放款完成后,银行应将放款通知书、个人贷款信息卡等一并交借款人作回单

（四）贷款支付

贷款人应按照借款合同约定,通过贷款人受托支付或借款人自主支付的方式对贷款资金的支付进行管理与控制。具体如下表。

贷款支付	内容
贷款人受托支付	贷款人受托支付是指贷款人根据借款人的提款申请和支付委托,将贷款资金支付给符合合同约定用途的借款人交易对象。采用贷款人受托支付的,银行应明确受托支付的条件,规范受托支付的审核要件,贷款人应在贷款资金发放前审核借款人相关交易资料和凭证是否符合合同约定条件,支付后做好有关细节的认定记录。贷款人受托支付完成后,应详细记录资金流向,归集保存相关凭证
借款人自主支付	借款人自主支付是指贷款人根据借款人的提款申请将贷款资金直接发放至借款人账户,并由借款人自主支付给符合合同约定用途的借款人交易对象。采用借款人自主支付的,贷款人应与借款人在借款合同中事先约定,要求借款人定期报告或告知贷款人贷款资金支付情况。贷款人应当通过账户分析、凭证查验或现场调查等方式,核查贷款支付是否符合约定用途。个人贷款原则上应当采用贷款人受托支付的方式向借款人交易对象支付;属于下列情形之一的个人贷款,经贷款人同意可以采取借款人自主支付方式: (1)借款人无法事先确定具体交易对象且金额不超过三十万元人民币的。 (2)借款人交易对象不具备条件有效使用非现金结算方式的。 (3)贷款资金用于生产经营且金额不超过五十万元人民币的。 (4)法律法规规定的其他情形

典题精练

【例7·单项选择题】个人贷款原则上应当采用贷款人受托支付的方式向借款人交易对象支付,下列情形中属于经贷款人同意可以采取借款人自主支付方式的是(　　)。

A. 购买商品用房且金额不超过30万元人民币的

B. 贷款资金用于生产经营且金额超过100万元人民币的

C. 借款人交易对象不具备条件有效使用非现金结算方式的

D. 借款人无法事先确定具体交易对象且金额不超过50万元人民币的

C。【解析】个人贷款原则上应当采用贷款人受托支付的方式向借款人交易对象支付;属于下列情形之一的个人贷款,经贷款人同意可以采取借款人自主支付方式:(1)借款人无法事先确定具体交易对象且金额不超过30万元人民币的。(2)借款人交易对象不具备条件有效使用非现金结算方式的。(3)贷款资金用于生产经营且金额不超过50万元人民币的。(4)法律法规规定的其他情形。

(五)贷后管理

1.贷后管理概述

个人贷款的贷后与档案管理是指贷款发放后到合同终止期间对有关事宜的管理,包括贷后检查、合同变更、本息回收、贷款的风险分类与不良贷款管理以及贷款档案管理等工作。它关系到信贷资产能否安全收回,是个人贷款工作的重要环节之一。

个人贷款支付后,贷款人应采取有效方式对贷款资金使用、借款人的信用及担保情况变化等进行跟踪检查和监控分析,确保贷款资产安全。

贷款人内部审计等部门应对贷款检查职能部门的工作质量进行抽查和评价,并应进行个人贷款的贷后与档案管理,定期跟踪分析评估借款人履行借款合同约定内容的情况,作为与借款人后续合同的信用评价基础。

2.贷后检查

(1)对借款人的检查。借款人情况检查的主要内容包括:

①贷款资金的使用情况。

②借款人是否按期足额归还贷款。

③借款人工作单位、收入水平是否发生变化。

④定期查询相关系统,了解借款人在其他金融机构的信用状况。

⑤借款人的住所、抵押房产情况、价值权属及联系电话有无变动。

⑥有无发生可能影响借款人还款能力或还款意愿的突发事件,如卷入重大经济纠纷、诉讼或仲裁程序,家庭重大变化,借款人身体状况恶化或突然死亡等。

发现借款人出现下列情况的,应限期要求借款人进行纠正,对借款人拒绝纠正的,应提前收回已发放贷款的本息,或解除合同,并要求借款人承担违约责任:

①借款人提供了虚假的证明材料而取得贷款的。

②借款人未按合同约定用途使用贷款的。

③借款期内,借款人累计一定月数(包括计划还款当月)未偿还贷款本息和相关费用的。

④借款人拒绝或阻碍贷款银行对贷款使用情况实施监督检查的。

⑤借款人卷入重大经济纠纷、诉讼或仲裁程序,足以影响其偿债能力的。

⑥借款人发生其他足以影响其偿债能力的事件的。

（2）对担保情况的检查。

贷后检查	内容
担保情况的检查	担保情况检查的主要内容包括： ①保证人的经营状况和财务状况。 ②抵押物的存续状况、使用状况、价值变化情况等。 ③质押权利凭证的时效性和价值变化情况等
对保证人的检查	发现保证人出现下列情况的，应限期要求借款人更换贷款银行认可的新的担保，对于借款人拒绝或无法更换贷款银行认可的担保的，应提前收回已发放的贷款的本息，或解除合同。 ①保证人失去担保能力的。 ②作为保证人的法人，其经济组织发生承包、租赁、合并和兼并、合资、分立、联营、股份制改造、破产、撤销等行为，足以影响借款合同项下保证人承担连带保证责任的。 ③作为保证人的自然人发生死亡、宣告失踪或丧失民事行为能力的。 ④保证人拒绝贷款银行对其资金和财产状况进行监督的。 ⑤保证人向第三方提供超出其自身负担能力的担保的
对抵押物的检查	如发现影响抵押房产价值变化的重大因素，可能造成抵押房产的债权保障能力不足时，应及时重新评估抵押房产价值。对以商用房抵押的，对商用房的出租情况及商用房价格波动情况进行监测。 发现抵押物出现下列情况的，应限期要求借款人更换贷款银行认可的新的担保，对于借款人拒绝或无法更换贷款银行认可的担保的，应提前收回已发放的贷款的本息，或解除合同。 ①抵押人未妥善保管抵押物或拒绝贷款银行对抵押物是否完好进行检查的。 ②因第三人的行为导致抵押物的价值减少，而抵押人未将损害赔偿金存入贷款银行指定账户的。 ③抵押物毁损、灭失、价值减少，足以影响贷款本息的清偿，抵押人未在一定期限内向贷款银行提供与减少的价值相当的担保的。 ④未经贷款银行书面同意，抵押人转让、出租、再抵押或以其他方式处分抵押物的。 ⑤抵押人经贷款银行同意转让抵押物，但所得价款未用于提前清偿所担保的债权的。 ⑥抵押物被重复抵押的
对质押权利的检查	发现质押权利出现下列情况的，应限期要求借款人更换贷款银行认可的新的担保，对于借款人拒绝或无法更换贷款银行认可的担保的，应提前收回已发放的贷款的本息，或解除合同。 ①质押权利出现非贷款银行因素的意外毁损、灭失、价值减少，出质人未在一定期限内向贷款银行提供与减少的价值相当的担保的。 ②出质人经贷款银行同意转让质押权利，但所得价款未用于提前清偿所担保的债权的。 ③质押期间未经贷款银行书面同意，质押人赠与、转让、兑现或以其他方式处分质押权利的

（3）贷后检查完成后要及时撰写贷后检查报告，及时将检查情况记录在案。贷后检查发

现的问题不仅要在报告中反映,重要的风险信息或线索还要及时向上级部门汇报,研究并制订解决方案。

对于正常贷款,贷款经办行可定期进行抽查。对于借款人未按合同承诺提供真实、完整信息和未按合同约定用途使用、支付贷款等行为,银行应当按照法律法规规定和借款合同的约定,追究其违约责任。发现贷款逾期的,应立即进行贷后检查;对存量逾期或欠息贷款的检查间隔期最长不超过一个月。

典题精练

【例8·多项选择题】个人贷款的贷后检查中,发现保证人出现下列(   )情况时,应限期要求借款人更换贷款银行认可的新的担保。

A.作为保证人的自然人死亡

B.作为保证人的自然人丧失民事行为能力

C.保证人拒绝贷款银行对其财产状况进行监督

D.保证人向第三方提供超出自身负担能力的担保

E.作为保证人的法人,其法定代理人宣告失踪

ABCD。【解析】发现保证人出现下列情况的,应限期要求借款人更换贷款银行认可的新的担保,对于借款人拒绝或无法更换贷款银行认可的担保的,应提前收回已发放的贷款的本息,或解除合同:(1)保证人失去担保能力的。(2)作为保证人的法人,其经济组织发生承包、租赁、合并和兼并、合资、分立、联营、股份制改造、破产、撤销等行为,足以影响借款合同项下保证人承担连带保证责任的。(3)作为保证人的自然人发生死亡、宣告失踪或丧失民事行为能力的。(4)保证人拒绝贷款银行对其资金和财产状况进行监督的。(5)保证人向第三方提供超出其自身负担能力的担保的。

3.合同变更

(1)合同变更基本规定有:

①合同履行期间,有关合同内容需要变更的,必须经当事人各方协商同意,并签订相应变更协议。在担保期内,根据合同约定必须事先征得担保人书面同意的,须事先征得担保人的书面同意。如需办理抵押变更登记的,还应到原抵押登记部门办理变更抵押登记手续及其他相关手续。

②合同变更事宜应由合同当事人(包括借款人、担保人等)亲自持本人身份证件办理或委托代理人代办。委托代理人代办的,经办人应要求代理人持经公证的授权委托书和本人身份证件办理,并将委托书原件和代理人身份证件(复印件)留存。

(2)合同主体变更的要求有:

①在合同履行期间,须变更借款合同主体的,借款人或财产继承人持有效法律文件,向贷款银行提出书面申请。

②经办人应对变更后的借款人主体资格、资信情况进行调查,核实担保人是否同意继续提供担保等,形成书面调查报告后,按贷款审批程序进行审批。

(3)借款期限调整。期限调整指借款人因某种特殊原因,向贷款银行申请变更贷款还款期限,包括延长期限、缩短期限等。借款人需要调整借款期限,应向银行提交期限调整申请书,并必须具备以下前提条件:贷款未到期;无欠息;无拖欠本金,本期本金已归还。期限调

整后,银行将重新为借款人计算分期还款额。

延长期限是指借款人申请在原来借款期限的基础上延长一定的期限,借款合同到期日则相应延长。

1 年以内(含)的个人贷款,展期期限累计不得超过原贷款期限;1 年以上的个人贷款,展期期限累计与原贷款期限相加,不得超过该贷款品种规定的最长贷款期限。原借款期限加上延长期限达到新的利率期限档次时,从延长之日起,贷款利率按新的期限档次利率执行。已计收的利息不再调整。如遇法定利率调整,从延长之日起,贷款利率按新的法定利率同期限档次利率执行。

缩短期限是指借款人申请在原来借款的基础上缩短一定的借款期限,借款合同到期日则相应提前。

对分期还款类个人贷款账户,缩短期限后,贷款到期日期至少在下个结息期内,即剩余有效还款期数不能为零。对到期一次还本付息类个人贷款账户,缩短借款期限后新的借款期限达到新的利率期限档次时,从缩短之日起,贷款利率按新的期限档次利率执行。已计收的利息不再调整。如遇法定利率调整,从缩短之日起,贷款利率将按照合同约定的利率方式执行或按国家有关规定执行。

(4)分期还款额的调整。提前还款是指借款人具有一定偿还能力时,主动向贷款银行提出部分或全部提前偿还贷款的行为。提前还款包括提前部分还本和提前结清两种方式,借款人可以根据实际情况决定提前还款的方式。对于提前还款,银行一般有以下基本约定:

①借款人应向银行提交提前还款申请书。

②借款人的贷款账户未拖欠本息及其他费用。

③提前还款属于借款人违约,银行将按规定计收违约金。

④借款人在提前还款前应归还当期的贷款本息。

(5)还款方式变更。变更贷款还款方式,即将原来的还款方式变更为等额本息、等本递减、等额递减/递增、等比递增/递减,或银行规定的其他还款方式。在贷款期限内,并不是所有的还款方式之间都可以随意互相变更。借款人若要变更还款方式,需要满足如下条件:

①向银行提交还款方式变更申请书。

②借款人的贷款账户中没有拖欠本息及其他费用。

③借款人在变更还款方式前应归还当期的贷款本息。

(6)担保变更。在合同履行期间,借款人申请变更保证人或抵(质)押物的,须向银行提出变更贷款担保申请。经办人应审查新的保证人或抵(质)押物是否符合担保要求。变更担保后,贷款余额与新的抵(质)押物评估价值之比不得高于规定的抵(质)押率,新的保证人必须有足够的保证能力。对经审批同意变更担保的,贷款银行应与借款人、担保人签订变更担保协议或重新签订担保合同,办理抵(质)押登记变更等有关手续。

📖 典题精练

【例9·判断题】个人贷款合同变更,各种还款方式之间可以随意相互变更。(   )

　　A. 正确　　　　　　　　　　　B. 错误

B。【解析】个人贷款合同变更,在贷款期限内,并不是所有的还款方式之间都可以随意互相变更,借款人若要变更还款方式,需要满足一定的条件。

4. 贷款的回收

要点	内容
贷款回收的概述	贷款的回收是指借款人按借款合同约定的还款计划和还款方式及时、足额地偿还贷款本息。贷款本息到期足额收回是贷后管理的最终目的。 借款人与银行应在借款合同中约定借款人归还借款采取的支付方式、还款方式和还款计划等
支付方式	贷款的支付方式有委托扣款和柜面还款两种方式。借款人可在合同中约定其中一种方式，也可以根据情况在贷款期间进行变更
还款方式	借款人要按照借款合同中规定的还款方式进行还款
贷款回收的原则	贷款回收的原则一般是先收息、后收本，全部到期、利随本清。 一般贷款到期前，贷后管理人员应向借款人发送还本付息通知单以督促借款人筹备资金按时足额还本付息

5. 贷款风险分类

贷款风险分类指按规定的标准和程序对贷款资产进行分类。具体步骤有：贷款风险分类一般先进行定量分类，即先根据借款人连续违约次（期）数进行分类，再进行定性分类，即根据借款人违约性质和贷款风险程度对定量分类结果进行必要的修正和调整。贷款风险分类应遵循不可拆分原则，即一笔贷款只能处于一种贷款形态，而不能同时处于多种贷款形态。

商业银行一般将贷款划分为正常、关注、次级、可疑和损失五类，并及时根据其风险变化情况调整分类结果，准确反映贷款质量状况。

贷款种类	内容
正常贷款	借款人一直能正常还本付息，不存在任何影响贷款本息及时、全额偿还的不良因素，或借款人未正常还款属偶然性因素造成的
关注贷款	借款人虽能还本付息，但已存在影响贷款本息及时、全额偿还的不良因素
次级贷款	借款人的正常收入已不能保证及时、全额偿还贷款本息，需要通过出售、变卖资产、对外借款、保证人、保险人履行保证、保险责任或处理抵（质）押物才能归还全部贷款本息
可疑贷款	贷款银行已要求借款人及有关责任人履行保证、保险责任，处理抵（质）押物，预计贷款可能发生一定损失，但损失金额尚不能确定
损失贷款	借款人无力偿还贷款；履行保证、保险责任和处理抵（质）押物后仍未能清偿的贷款及借款人死亡，或依照《中华人民共和国民法典》的规定，宣告失踪或死亡，以其财产或遗产清偿后，仍未能还清的贷款

6. 不良贷款的管理

要点	内容
不良贷款的认定	(1)按照五级分类方式,不良个人贷款包括五级分类中的后三类贷款,即次级、可疑和损失类贷款。银行应按照银行监管部门的规定定期对不良个人贷款进行认定。 (2)银行要适时对不良贷款进行分析,建立不良个人贷款台账,落实不良贷款清收责任人,实时监测不良贷款回收情况
不良贷款的催收	对不同拖欠期限的不良个人贷款的催收,可采取不同的方式如电话催收、信函催收、上门催收、通过中介机构催收,以及采取法律手段,如律师函、司法催收等方式督促借款人按期偿还贷款本息,以最大限度地降低贷款损失,有担保人的要向担保人通知催收。同时,应利用信息技术对不良贷款催收情况进行登记管理,实现不良贷款催收管理的自动化
不良贷款的处置	(1)对不良贷款抵押物的处置可采取与借款人协商变卖、向法院提起诉讼或申请强制执行依法处分。 (2)对需要核销的个人贷款,贷款银行应按照有关认定及核销的规定组织申报材料,按规定程序批准后核销。 (3)对银行保留追索权的贷款,各经办行应实行"账销案存",建立已核销贷款台账,定期向借款人和担保人发出催收通知书,并注意诉讼时效

📖 **典题精练**

【例10·单项选择题】下列选项中,不属于不良贷款抵押物处置方式的是(　　)。

A. 申请强制执行　　　　　　B. 向法院提起诉讼

C. 通过拍卖行竞拍　　　　　D. 与借款人协商变卖

C。【解析】对不良贷款抵押物的处置可采取与借款人协商变卖、向法院提起诉讼或申请强制执行依法处分。

7. 贷款档案管理

(1)贷款档案及档案管理的定义。个人贷款档案是指银行在经办和管理个人住房贷款工作中形成的具有史料价值及参考利用价值的贷款管理专业技术材料的总称。个人贷款档案管理是指个人贷款发放后有关贷款资料的收集整理、归档登记、保存、借(查)阅管理、移交及管理、退回和销毁的全过程。它是根据《中华人民共和国档案法》(以下简称《档案法》)及有关制度的规定和要求,对贷款档案进行规范的管理,以保证贷款档案的安全、完整与有效利用。

(2)贷款档案的内容。贷款档案可以是原件,也可以是具有法律效力的复印件。贷款档案的具体内容见下表。

要点	内容
借款人的相关资料	①借款人身份证件(居民身份证、户口本或其他有效证件)。 ②贷款银行认可部门出具的借款人经济收入和偿债能力证明。

（续表）

要点	内容
借款人的相关资料	③抵押物或质物清单、权属证明、有处分权人同意抵押或质押的证明及有权部门出具的抵押物估价证明。 ④保证人资信证明及同意提供担保的文件。 ⑤个人贷款申请审批表。 ⑥借款合同。 ⑦抵押合同（质押合同、保证合同）。 ⑧保险合同、保险单据。 ⑨贷款凭证。 ⑩委托转账付款授权书
贷后管理的相关资料	①贷后检查记录和检查报告。 ②逾期贷款催收通知书。 ③贷款制裁通知书。 ④法律仲裁文件。 ⑤依法处理抵押物、质物等形成的文件。 ⑥贷款核销文件

（3）档案的收集整理和归档登记。档案的收集整理和归档登记的要求有：

①银行贷款经办人根据个人贷款归档要求，在贷款发放后，收集整理需要归档的个人贷款资料，并交档案管理人员进行登记。

②贷款归还阶段，银行信贷部门应及时整理补充材料和档案变更材料，并在规定时间内填写清单移交档案管理人员，由档案管理员插入、补充卷内目录内容。

（4）档案的借（查）阅管理。档案的借（查）阅管理的含义和要求：

①个人贷款档案借阅是指对已登记的个人贷款档案资料的查阅、借出、归还等进行管理，并保留全部交易的历史信息，可以实现对借阅已归档资料情况的登记及监控。档案的借（查）阅可以利用计算机系统或人工进行。

②当已归档保存的个人贷款档案发生借出、借阅、归还时，档案管理员应根据有关的档案管理规定，要求借阅、查询人员填写有关的登记表并签字，对于借阅有关贷款的重要档案资料，必须经过有权人员的审批同意。档案管理员还应对借阅、归还等进行登记。

（5）档案的移交和接管。档案的移交和接管的要求有：根据业务需要，有关个人贷款档案需要移交给其他档案管理机构或部门时，进行档案的移交和接管工作，移交和接管双方应根据有关规定填写移交和接管有关清单，双方签字，并进行有关信息的登记工作。

（6）档案的退回。档案的退回的要求有：

①借款人还清贷款本息后，一些档案材料需要退还借款人。

②领取重要档案材料应由借款人本人办理，并出示身份证原件。借款人委托他人领取的，受托人应出示借款人签发的委托书原件及借款人身份证复印件、受托人本人身份证件、受托人身份证复印件。

 本节速览

个人贷款流程	贷款的受理与调查	贷款的审查与审批	贷款的签约与发放
贷款支付	贷后管理	不良贷款	贷款档案

三、个人贷款营销管理

（一）银行营销策略

1.银行营销策略内涵

银行营销策略是指银行在复杂的、变化的市场环境中,为了实现特定的营销目标以求得生存发展而制定的全局性、决定性和长期性的规划与决策。

有效的营销策略应该是营销目标与营销手段的统一。银行作为经营货币商品的特殊企业,以经营利润最大化为目标,要实现经营利润最大化,银行的经营活动就不可能脱离营销策略,营销策略是指导银行开展具体营销业务的指路灯,而营销手段是沿着这个指路灯向营销目标奋进。因此目标和手段是统一的,只有将目标和手段进行有机结合,银行才能对不断变化的环境做出系统和有效的反应,保证其经营活动得到不断发展。

2.银行营销策略

营销策略	内容
低成本策略	低成本策略强调降低银行成本,使银行保持令人满意的边际利润,同时成为一个低成本竞争者
差异化策略	差异化策略是以差异性为基础的营销策略力求在客户的心目中树立一种独特的观念,并以这种独特性为基础,将它运用到市场竞争中
专业化策略	专业化策略要求银行在所选市场的一个或几个部分中加强竞争力度
大众营销策略	大众营销策略是指银行的产品和服务是满足大众化需求,适宜所有的人群。其特点是目标大、针对性不强、效果差
分层营销策略	客户分层是指银行依据客户需求的差异性和类似性,把整个市场划分为若干客户群,区分为若干子市场。分层营销是现代营销最基本的方法,它把客户分成不同的细分市场,提供不同的产品和不同的服务,但又不同于一对一的营销,研究的是某一层面所有的需求,介于大众营销和一对一营销之间,用相对少的资源满足这一批客户的需求
单一营销策略	单一营销策略,又称一对一的营销。它是针对每一个客户的个体需求而设计不同的产品或服务,有条件地满足单个客户的需要。这种营销方式的特点是针对性强,适宜少数尖端客户,能够为客户提供需要的个性化服务,但营销渠道狭窄,营销成本太高

（续表）

营销策略	内容
情感营销策略	情感营销策略是在单一营销的基础上注入人性化的营销理念,它不局限于满足客户的一次性需要,而是用情感打动客户的心,成为一家银行的忠实客户
定向营销策略	银行与客户之间需要建立一个长期友好的关系,为了保证共赢,双方就必须建立有效的交流渠道,这就是银行的定向营销。银行应该及时了解客户,了解市场的动态需求变化,设计和发展满足客户需求的产品和服务,从而激发客户的消费行为;客户同样需要银行,针对自己的需要,他们想及时了解银行提供的产品和服务信息
交叉营销策略	简单地说,交叉营销策略是基于银行同客户的现有关系,向客户推荐银行的其他产品。交叉营销的立足点不是放在争取新客户上,而是把工夫花在挽留老客户上,一个客户拥有银行的产品越多,被挽留的机会就越大。 交叉营销在于银行帮助客户寻求下一个需要的最佳产品,其步骤为:首先看客户拥有什么产品,接着对客户的资产、负债、年龄和职业等进行认真分析研究,看看他们可能需要哪些产品,然后分析判断他们购买每个产品的可能性,最后再推算出客户购买后银行可能的盈利

典题精练

【例11·单项选择题】对于银行的高端个人客户,营销策略适用性不强的是(　　　)。

A.专业化策略　　　　　　　　B.情感营销策略

C.大众营销策略　　　　　　　D.单一营销策略

C。【解析】商业银行的营销策略包括:低成本策略;差异化策略;专业化策略;大众营销策略;单一营销策略;情感营销策略;分层营销策略;交叉营销策略;定向营销策略。其中,大众营销是指银行的产品和服务是满足大众化需求,适宜所有的人群。其特点是目标大、针对性不强、效果差。

【例12·单项选择题】商业银行营销策略中的(　　　),是商业银行依据客户需求的差异性和类似性,把整个市场划分为若干客户群,区分为若干子市场。

A.低成本策略　　　　　　　　B.产品差异策略

C.分层营销策略　　　　　　　D.单一营销策略

C。【解析】客户分层是指银行依据客户需求的差异性和类似性,把整个市场划分为若干客户群,区分为若干子市场。分层营销是现代营销最基本的方法,它把客户分成不同的细分市场,提供不同的产品和不同的服务。

（二）个人贷款营销渠道

1.个人贷款营销渠道概述

银行营销渠道是指提供银行服务和方便客户使用银行服务的各种手段,即银行产品和服务从银行流转到客户手中所经过的流通途径。

从目前情况看,银行最常见的个人贷款营销渠道主要有合作机构营销、网点机构营销和电子银行营销三种。其中,合作机构营销是银行最重要的营销渠道。

2.合作机构营销

（1）一手个人购房贷款合作机构营销。对于一手个人购房贷款而言,较为普遍的贷款营销方式是银行与房地产开发商合作的方式。这种合作方式是指房地产开发商与贷款银行共同签订《商品房销售贷款合作协议》,由银行向购买该开发商房屋的购房者提供个人购房贷款,借款人用所购房屋作抵押,在借款人购买的房屋没有办好抵押登记之前,一般要求由开发商提供阶段性或全程担保。银行在与开发商签订协议之前,要对房地产开发商及其所开发的项目进行全面审查,包括对开发商的资信及经营状况审查、项目开发和销售的合法性审查、项目自有资金的到位情况审查以及对房屋销售前景的了解等。

（2）二手个人购房贷款合作机构营销。对于二手个人购房贷款而言,商业银行最主要的合作机构是房地产经纪公司。

（3）其他个人贷款合作机构营销。除购房贷款之外,其他个人贷款也大都与消费息息相关,因此,在消费场所或网络购物平台开展营销,有利于获得客户,效率较高。对于经销商及网络平台而言,他们想的就是如何在提供方便的同时给消费者更多的利益诱惑,从而提高产品的销量。因此,商业银行要加强与经销商及网络平台之间的合作。在这方面的典型做法是与经销商及网络平台合作,并签署合作协议,由其向银行提供客户信息或推荐客户。

3.网点机构营销

（1）网点机构营销渠道分类。网点机构随着对客户定位的不同而各有差异,主要有:

网点机构	内容
全方位网点机构营销渠道	它为公司和个人提供各种产品和全面的服务
专业性网点机构营销渠道	它有自己的细分市场
高端化网点机构营销渠道	它位于适当的经济文化区域中,为高端客户提供一定范围内的金融定制服务
零售型网点机构营销渠道	它不做批发业务,专门从事零售业务

（2）"直客式"个人贷款营销模式。所谓"直客式"个人贷款,就是利用银行网点和理财中心作为销售和服务的主渠道,银行客户经理按照"了解你的客户,服务熟悉客户"的原则,直接营销客户,受理客户贷款需求。

以个人住房贷款为例,这种"直客式"营销模式让客户可以摆脱房地产商指定银行贷款的限制,购房者完全可以自主地选择贷款银行。它的特点在于买房时享受一次性付款的优惠,各类费用减免优惠,担保方式更灵活,就近选择办理网点,不受地理区域限制等。

"直客式"营销模式有利于银行全面了解客户需求,服务熟悉的客户,从而有效防止"假按揭",提高风险防范能力,还方便培育和发展稳定的优质客户群,有利于开展全方位、立体式的业务拓展。

典题精练

【例13·多项选择题】个人贷款网点机构营销渠道按客户定位分类包括(　　)。

A. 专业性网点机构营销渠道　　　　B. 直客式网点机构营销渠道

C. 全方位网点机构营销渠道　　　　D. 高端化网点机构营销渠道

E. 零售型网点机构营销渠道

ACDE。【解析】网点机构随着对客户定位的不同而各有差异,主要有:全方位网点机构营销渠道;专业性网点机构营销渠道;高端化网点机构营销渠道;零售型网点机构营销渠道。

【例14·单项选择题】下列关于"直客式"个人贷款营销模式的表述,错误的是(　　)。

A. 这种模式有利于银行全面了解客户的需求

B. 它的缺点在于客户在买房时不能享受一次性付款的优惠

C. 以个人住房贷款为例,这种模式可以让客户摆脱房地产商指定贷款银行的限制

D. 银行客户经理要按照"了解你的客户,服务熟悉客户"的原则,直接营销客户

B。【解析】"直客式"个人贷款营销模式的特点在于买房时享受一次性付款的优惠。

4. 数字化营销

数字化业务已成为全球银行业服务客户、赢得竞争的高端武器,也是银行市场营销的重要渠道。

要点	内容
数字化业务的特征	(1)电子虚拟服务。 (2)运行环境开放。 (3)模糊的业务时空界限。 (4)业务实时处理,服务效率高。 (5)减少操作人员投入。 (6)严密的安全系统,保证交易安全
数字化业务的功能	(1)信息服务功能。 (2)展示与查询功能。 (3)综合业务功能。 对于个人贷款营销而言,数字化业务的主要功能就是网上咨询、网上宣传以及初步受理和审查
数字化营销途径	(1)建立形象统一、功能齐全的商业银行网站、App 及公众号。 (2)利用搜索引擎扩大银行网站的知名度。 (3)利用网络广告开展银行形象、产品和服务的宣传。 (4)利用信息发布和信息收集手段增强银行的竞争优势。 (5)利用交互链接和广告互换增加银行网站、App 及公众号的访问量。 (6)利用电子邮件推广实施主动营销和客户关系管理。 此外,数据库营销也成为银行营销的一种趋势。 总之,营销渠道的选择非常重要,它是银行竞争制胜的武器之一

典题精练

【例15·多项选择题】电子银行营销的途径包括(   )。

A. 利用搜索引擎扩大银行网站的知名度

B. 建立形象统一、功能齐全的商业银行网站、App及公众号

C. 利用电话推广实施主动营销和客户关系管理

D. 利用网络广告开展银行形象、产品和服务的宣传

E. 利用交互链接和广告互换增加银行网站、App及公众号的访问量

ABDE。【解析】电子银行营销有以下几种途径：(1)建立形象统一、功能齐全的商业银行网站、App及公众号。(2)利用搜索引擎扩大银行网站的知名度。(3)利用网络广告开展银行形象、产品和服务的宣传。(4)利用信息发布和信息收集手段增强银行的竞争优势。(5)利用交互链接和广告互换增加银行网站、App及公众号的访问量。(6)利用电子邮件推广实施主动营销和客户关系管理。C项，应该是"电子邮件"而非"电话"，故选项错误。

本节速览

个人贷款营销渠道	合作机构营销	网点机构营销	数字化营销

四、个人贷款定价管理

（一）个人贷款定价原则

个人贷款定价是指银行确定不同个人贷款产品的价格或利率水平。其原则包括：

原则	内容
成本收益原则	个人贷款的收益要与资金成本相匹配,保持一定的利差
风险定价原则	银行应甄别个人信贷风险,利用风险定价技术,使贷款价格充分反映和弥补信贷风险,把风险控制在可接受的范围之内
参照市场价格原则	银行在确定贷款价格时,要考虑其他融资渠道以及竞争对手的利率水平,定价不仅要公平、合理,而且还要有市场竞争力
组合定价原则	银行在组合资金来源以及组合信贷产品销售的情况下,可综合测算组合成本与组合收益,使两者相互匹配,并在确保适度利润的前提下定价
与宏观经济政策一致原则	银行个人贷款定价对经济周期和宏观经济政策比较敏感,具有顺经济周期特性

（二）个人贷款定价影响因素

影响个人贷款价格的因素主要包括资金成本、风险、担保、利率政策、市场竞争、盈利目标、选择性因素等。具体内容如下表。

因素	内容
资金成本	商业银行的资金成本是指商业银行筹集资金包括吸收居民存款、资金市场拆借支付的利息及经营管理的费用。 商业银行的资金成本越高,个人贷款定价就越高;反之,资金成本越低,个人贷款定价就越低,两者呈正相关关系
风险	不同的个人贷款产品风险度高低不一,需要充分了解产品特点,甄别产品所面临的信用违约风险、利率风险、期限风险等特定风险,确定产品风险度,并以此指导产品定价。此外,还需要考虑借款人风险,对信用风险高的借款人,商业银行要么拒绝其贷款申请,要么制定较高的贷款定价,以补偿银行承担的信用风险
利率政策	利率调整的周期较短或实行浮动利率制,利率风险将基本由借款人承担,为公平合理起见,利率风险加点可相应降低;利率调整的周期较长或实行固定利率,利率风险将部分或全部转嫁给银行,利率风险加点可相应提高
盈利目标	盈利是银行经营的根本目的和动力,银行的盈利目标对个人贷款定价有较大的影响。在资金成本和风险成本一定的情况下,银行利润目标越高,信贷产品的定价就越高
市场竞争	个人贷款市场基本上是一个完全竞争市场,在产品同质性较强的情况下,如果银行贷款定价高于市场水平,信贷产品的销售就会受到不利的影响;如果贷款定价过低,又会增加银行的风险并对银行利润造成冲击。 因此,银行需要细心考察市场竞争态势、竞争对手的经营定价策略,并以此作为参照确定产品价格
担保	足额、高质量的担保,可以提高贷款的安全性,降低贷款风险成本,相应地降低贷款利率。然而,银行对贷款担保的评估核实也要承担费用,这会在一定程度上增加资金的管理成本。在个人贷款定价时,银行应综合考虑担保的整体费用和收益
选择性因素	选择性因素是指银行赋予客户一些选择性权利。选择性因素的存在是因为贷款期限一般较长,期间宏观经济形势、客户情况等都有可能发生变化,从而造成不确定性。权利的赋予与否、权利大小与贷款定价呈正向变化

典题精练

【例16·判断题】个人贷款定价中,利率调整的周期较短或实行浮动利率制,利率风险将基本由借款人承担,为公平合理起见,利率风险加点可相应提高。(　　　)

A. 正确　　　　　　　　　　　　B. 错误

B。【解析】利率调整的周期较短或实行浮动利率制,利率风险将基本由借款人承担,为公平合理起见,利率风险加点可相应降低;利率调整的周期较长或实行固定利率,利率风险将部分或全部转嫁给银行,利率风险加点可相应提高。

（三）个人贷款定价模型（中级考试内容）

商业银行在充分评估定价影响因素的基础上，形成了三种常见的个人贷款定价模型，即：成本加成定价模型、基准利率加点定价模型、客户盈利分析模型。

1. 成本加成定价模型

（1）贷款价格公式。成本加成定价模型下，个人贷款的贷款价格公式为：

贷款价格 = 资金成本 + 贷款费用 + 风险补偿费 + 目标利润

从上式可以看出，贷款价格由四部分构成，具体内容如下表。

构成部分	内容
资金成本	资金成本是指银行筹集可贷资金的成本
贷款费用	贷款费用是指围绕贷款活动所发生的成本，包括对借款人进行信用调查、信用分析等费用，还涵盖了评估抵押物价值、信贷人员工资福利以及相关设备的折旧费用等
风险补偿费	风险补偿费是指对贷款可能发生风险的必要补偿，包括信用违约风险、期限风险、提前偿还风险、利率风险和法律风险等
目标利润	目标利润是银行经营的根本目的，信贷产品作为银行"生产"的特殊产品，必须给银行带来利润，银行才能得以生存和发展

（2）成本加成定价模型的特点包括：

①成本加成定价模型适合居于领头地位或信贷市场需求旺盛的商业银行采用，它充分考虑了银行资金成本、承担的风险和利润目标，是典型的"内向型"定价模式。

②银行的资金成本、贷款费用越高，贷款利率就越高。

（3）成本加成定价模型的缺点包括：

①未考虑当前资金市场上的一般利率水平，缺乏对整个信贷市场的把握。

②可能会导致客户流失和贷款市场的萎缩，不利于市场竞争优势的培养。

③全面和准确地量化风险，充分甄别、估计信贷风险较难实现。

2. 基准利率加点定价模型

（1）基准利率加点定价模型又称价格领导模型，是国际银行业广泛采用的贷款定价方法。该方法是选择某种基准利率（优惠利率）作为基价，在此基础上增加风险加成点数，然后为具有不同信用等级或风险程度的顾客确定不同的利率水平。具体操作时，有的银行在基准利率基础上"加点"，有的银行则是在基准利率基础上乘上一个系数。

（2）基准利率加点定价模型的基本公式为：

贷款利率 = 优惠利率 + 风险加点

或

贷款利率 = 优惠利率 × （1 + 系数）

其中，风险加点 = 违约风险贴水 + 期限风险贴水

公式中具体内容如下表。

要点	内容
优惠利率	优惠利率是指商业银行对优质个人客户发放短期贷款收取的最低利率,包括银行各种成本和预期利润。 优惠利率是确定对其他借款人贷款利率的基础
风险加点	风险加点也称风险溢价或贴水,是补偿违约风险和期限风险所要求的利率。 风险加点的幅度显示出银行对客户风险的整体判断
违约风险贴水	违约风险贴水是指向优质客户以外的借款人收取的风险补偿费用
期限风险贴水	期限风险贴水是向长期借款人征收的风险补偿费用

（3）基准利率加点定价模型特点。基准利率加点定价模型是"外向型"贷款定价模式,它以市场的优惠利率为出发点,寻求适合本银行的贷款价格。通过这种模式制定的贷款价格更贴近市场,从而更具市场竞争力。但在确定风险溢价时,同样存在难以对风险进行精确计量的问题,使得定价的公正性、合理性受到了一定程度的影响。

3. 客户盈利分析模型

要点	内容
基本思想	成本加成定价模型和基准利率加点定价模型都是针对单一贷款产品的定价方式,仅从银行角度考虑了贷款的总成本、风险和银行目标利润,而未考虑客户因结算、咨询、委托代理及其他附加服务给银行带来的中间业务收入。 鉴于银行经营中存在"二八定律",即20%的客户带来80%的利润,因此银行在为每笔贷款定价时,需要考虑客户与银行的整体关系。而客户盈利分析模型的基本思想正是综合衡量客户与银行各种业务往来的成本和收益,根据客户对银行的贡献来制定差别化的个人贷款价格,对大客户、重要客户的贷款在价格上给予一定的优惠
公式	该模型可表示为: 来源于某客户的总收入 = 为该客户提供服务的成本 + 银行的目标利润 由于贷款利息是银行的主要收益来源,则该模型可具体表述为: $\sum$（贷款额 × 贷款利率 × 期限）×（1 – 综合税率）+ 中间业务收入 ×（1 – 综合税率）= 为该客户提供服务发生的总成本 + 银行目标利润 其中,"贷款利率"即为银行在保本或保利的情况下所要求的客户个人贷款加权平均利率
特点	客户盈利分析模式摒弃了传统的"成本导向"定价思想,树立了"以客户为中心"的经营理念,体现了客户的地位和重要性。该模式以商业银行的会计信息系统为基础,要求以客户为基本核算单位,因此它对银行的成本核算管理有较高的要求

典题精练

【例17·单项选择题】下列关于个人贷款定价模型,说法不正确的是(　　)。

A. 成本加成定价模型中,贷款价格＝资金成本＋贷款费用＋风险补偿费＋目标利润

B. 客户盈利分析模型的基本思想是综合衡量客户与银行各种业务往来的成本和收益

C. 成本加成定价模型是"外向型"贷款定价模式,通过这种模式制定的贷款价格更贴近市场

D. 基准利率加点定价模型又称价格领导模型,是国际银行业广泛采用的贷款定价方法

C。【解析】成本加成定价模型适合居于领头地位或信贷市场需求旺盛的商业银行采用,它充分考虑了银行资金成本、承担的风险和利润目标,是典型的"内向型"定价模式。

本节速览

成本收益原则	风险定价原则	资金成本	市场竞争
成本加成定价模型	贷款价格	基准利率加点定价模型	客户盈利分析模型

五、个人贷款风险管理

(一)风险管理概述

1. 风险与损失

(1)风险。风险是指未来出现收益或损失的不确定性。具体来说,如果某个事件产生的收益或损失是固定的并已经被事先确定下来,则不存在风险;若该事件的收益或损失存在变化的可能,且这种变化过程事先无法确定,则存在风险。实践中,风险既可能给银行带来收益也可能造成损失。

(2)损失。尽管风险和损失有密切联系,但风险并不等同于损失本身。

风险与损失的区别:

①损失是一个事后概念,反映风险事件发生后所造成的实际结果。

②风险是一个明确的事前概念,反映损失发生前的事物发展状态。

将风险等同于损失的危害在于:将发生损失之前的风险管理和损失真实发生之后的不良处置相混淆,削弱风险管理的积极性和主动性,难以真正做到在经营管理过程中将风险关口前移,主动防范和规避风险。

典题精练

【例18·单项选择题】下列关于损失与风险的说法中,错误的是(　　)。

A. 风险是指未来出现收益或损失的不确定性

B. 风险并不等同于损失本身

C. 损失是一个事前概念,反映风险事件发生前所造成的实际结果

D. 风险既可能给银行带来收益也可能造成损失

C。【解析】损失是一个事后概念,反映风险事件发生后所造成的实际结果。

2.商业银行个贷业务风险的主要类别

要点	内容
信用风险	信用风险是指债务人或交易对手未能履行合同规定的义务或信用质量发生变化,影响金融产品价值,从而给债权人或金融产品持有人造成经济损失的风险。传统上,信用风险是债务人未能如期偿还债务而给经济主体造成损失的风险,因此又被称为违约风险
操作风险	操作风险是指由不完善或有问题的内部程序、员工、信息科技系统以及外部事件所造成损失的风险,包括法律风险,但不包括声誉风险和战略风险。操作风险的诱因可分为人员因素、内部流程、系统缺陷和外部事件四大类别
市场风险	市场风险是指金融资产价格和商品价格的波动给商业银行表内头寸、表外头寸造成损失的风险。市场风险包括利率风险、汇率风险、股票风险和商品风险。这里的商品风险是指源于商品合约价值的变动(包括农产品、金属和能源产品)而可能导致亏损或收益的不确定性
其他风险	除了以上三种主要风险,商业银行个贷业务面临的风险通常还有声誉风险、新产品/业务风险、合规与反洗钱风险、国别风险等。随着消费者维权意识的增强,声誉风险在个贷业务的经营管理中受到更大关注

3.加强风险管理的意义

(1)提高资产质量,降低减值准备。加强风险防控有助于降低个人贷款违约率和损失率,提高个人贷款资产质量,降低预期损失,减少拨备。

(2)促进合规经营,防范案件发生。加强风险防控,有助于促进从业人员严格执行制度规定,落实规定动作,减少违规操作和案件发生,提高合规经营意识。

(3)降低非预期损失,减少资本占用,增加经济增加值。银行经营管理中是通过分配经济资本抵御非预期损失,经济资本占用越多,业务的资本成本越大,扣除资本成本之后的经济增加值就会越小。加强风险防控和处置,可以降低非预期损失,减少资本成本支出,增加个人信贷业务的经济增加值。

(4)准确把握客户或产品风险,提高定价能力。客户或产品的风险状况是影响隐含定价的重要因素,通过准确识别和评估客户或产品风险,为基于风险收益平衡确定价格奠定基础。

(5)支持产品服务创新,提升市场竞争力。随着产品、服务、渠道、流程的创新加快,只有不断加强风险防控,才能在加强创新的同时有效控制风险,保证创新的价值创造和对客户的优质服务。

（二）信用风险的识别

1. 个人客户信用风险来源

要点	内容
银行与客户信息不对称	商业银行与个人客户之间广泛存在着信息不对称。个人客户收入水平、财产数量、负债状况以及过去有无信用不良记录等个人信用信息，对银行授信决策很重要，但银行却不易全面获知；或虽通过专人调查研究能够获知但信息搜寻成本高昂，得不偿失。因此，当借款人或信用卡持卡人由于收入下降、失业等原因导致清偿能力下降，难以归还银行贷款时就产生了信用风险
市场价格波动	市场价格波动也会引发信用风险。在个人消费类贷款中，由于借款人的住房、汽车等抵押物有可能出现价格下跌风险，抵押物价格下跌将使银行贷款存在不能得到全额清偿的风险
客户信用状况	由于我国个人征信制度仍在完善过程中，银行对其本人的信用状况无法做到全面了解，容易产生道德风险
宏观经济周期性变化	宏观经济周期性变化也是影响银行信用风险的重要因素。国外研究表明，经济萧条时的债务回收率要比经济扩张期的回收率低 1/4 至 1/3。 在经济持续增长的繁荣时期，企业预期投资收益上升，便会增加贷款需求以扩大生产和流通的规模；居民的消费倾向也会提高，也会使消费贷款需求上升，从而银行贷款规模才可能随之扩大。反之，在经济萧条、市场不景气的时期，企业预期投资收益下降，个人消费能力下降，使得贷款需求减少。这时若银行发放中长期贷款，则风险可能较大

2. 个人客户信用风险识别

个人客户的信用风险主要是通过分析客户的还款能力与还款意愿两个方面来识别。

（1）客户的还款能力。客户还款能力受其当前收入、家庭财产状况、负债状况、未来收入稳定性等多方面影响，而不仅仅由当期收入高低决定。主要从以下三个方面分析客户的还款能力。

要点	内容
是否具备还款能力	主要是看收入还贷比是否在银行规定的范围内。在借款人提供的收入信息真实的情况下，银行还要重点关注借款人的负债情况。不仅要看借款人在本行是否有其他负债，还要通过征信报告查阅借款人在其他金融机构是否有负债，掌握其完整的负债情况，才能准确推算其收入还贷比是否在规定范围内
还款能力是否有足够保障	主要是通过对借款人基本资料中有关稳定性内容来考察，如现居住地稳定性、职业稳定性、家庭稳定性；还要考察借款人工资收入、经营收入、家庭共有收入及财产情况等方面产生的现金流的稳定性，预测未来现金流在满足其正常生活开支以后能否覆盖还款额
借款人是否具有较强的财产实力	现金流只反映了借款人的流动性，而充足的资产则反映了借款人对工作或家庭等变故的承受能力，即使将来借款人没有了现金流，客户也有能力通过处置财产偿还银行贷款

实践中,银行把握借款人还款能力还存在相当大的难度,主要存在以下两方面的原因:

①国内尚未建立完善的个人财产登记制度与个人税收登记制度,全国性的个人征信系统还有待进一步完善,银行因而很难从整体上把握借款人的资产与负债状况并作出恰当的信贷决策。

②国内失信惩戒制度尚不完善,借款人所在单位、中介机构协助借款人出具包括假收入证明在内的虚假证明文件(如个人收入证明、营业执照等)的现象比较普遍,对主动作假或协助作假的行为尚缺乏有力的惩戒措施。

(2)客户的还款意愿。借款人的道德品质是决定借款人还款意愿的首要因素。在业务受理之初,可通过人民银行征信系统查询客户征信记录是否良好,也可通过客户的亲戚熟人、朋友等打听了解借款人为人处世的情况,是否有黄赌毒等不良嗜好;还可通过面谈,对借款人的性格特点进行把握等。

(三)信用风险的评估

抵御、防范信用风险的核心是要正确评估衡量信用风险。目前,信用风险衡量有专家判断方法、模型分析方法等。

1.专家判断法

专家判断法是一种最古老的信用风险分析方法,它是商业银行在长期信贷活动中所形成的一种行之有效的信贷风险分析和管理制度。其最重要的特征就是,银行信贷的决策权由银行经过长期训练、具有丰富经验的信贷人员所掌握,并由他们做出是否贷款的决定。因此,在信贷决策过程中,信贷人员的专业知识、主观判断以及某些要考虑的关键要素权重成为最重要的决定因素。

要点	内容
"5C"要素分析法	(1)道德品质(Character),用来度量客户声誉,包括其偿债意愿和偿债历史,客户的品德好坏主要根据过去的信用记录确定。 (2)能力(Capacity),指借款人财务状况稳定性,反映借款人的还款能力,主要根据借款人的收入、资产状况衡量。 (3)资本(Capital),是衡量财务状况的决定性因素,资本雄厚说明有巨大的物质基础和抗风险能力。 (4)担保(Collateral),指借款人用其资产对其所承诺的付款进行的担保,如果发生违约,债权人对于借款人抵押的物品拥有要求权。 (5)环境(Condition),指对借款人的偿付能力产生影响的社会经济发展的一般趋势和商业周期,以及某些地区或某些领域的特殊发展和变动
"5P"要素分析法	在专家判断法中,有时可将客户特征归纳为"5P"要素。"5P"要素,即个人因素(Personal Factor);资金用途因素(Purpose Factor);还款来源因素(Payment Factor);债权保障因素(Protection Factor);前景因素(Perspective Factor)
"5W"要素分析法	在专家判断法中,有时也可归纳为"5W"要素。"5W"要素,即借款人(Who)、借款用途(Why)、还款期限(When)、担保物(What)及如何还款(How)

专家判断法存在着许多难以克服的缺点和不足：

（1）要维持这样的专家制度需要相当数量的专业分析人员，这种制度对成本和效率的负面影响更为突出。

（2）专家判断法实施的效果很不稳定。

（3）难以确定共同遵循的标准，造成信贷评估的主观性、随意性和不一致性。

典题精练

【例19·多项选择题】下列关于个人贷款信用风险分析中的专家判断法，表述正确的有（   ）。

A. 专家判断法实施的效果比较稳定

B. 要维持专家制度，需要相当数量的专业分析人员

C. 专家判断法是一种最古老的信用风险分析方法

D. 运用专家判断法，容易造成信贷评估的不一致性

E. 专家判断法被广泛应用于信用卡生命周期管理中

BCD。【解析】专家判断法的缺陷之一是专家判断法实施的效果很不稳定。故 A 项错误。信用评分模型是个人信贷管理中先进的技术手段，是商业银行个人授信业务最核心的管理技术之一，被广泛应用于信用卡生命周期管理、购车贷款管理、住房贷款管理等领域。故 E 项错误。

2. 信用评分模型（中级考试内容）

信用评分模型是个人信贷管理中先进的技术手段，是商业银行个人授信业务最核心的管理技术之一。

信用评分模型运用先进的数据挖掘技术和统计分析方法，通过对消费者的人口特征、信用历史记录、行为记录、交易记录等大量数据进行系统分析，挖掘数据中蕴含的行为模式、信用特征，捕捉历史信息和未来信用表现之间的关系，发展出预测性的模型，以一个信用评分来综合评估消费者未来的某种信用表现。

风险评分种类很多，但常见的也是业内目前应用较为广泛的，主要有申请评分卡、行为评分卡和催收评分卡。

典题精练

【例20·多项选择题】信用评分模型主要包括（   ）。

A. 基础评分卡   B. 申请评分卡

C. 行为评分卡   D. 催收评分卡

E. 逾期评分卡

BCD。【解析】风险评分种类很多，但常见的也是业内目前应用较为广泛的，主要有申请评分卡、行为评分卡和催收评分卡。

（1）申请评分。

①申请评分的决策机制。申请评分模块是整个个贷审批流程中的一个环节，在贷款调查和审核之后，人工审批和贷款发放之前，是贷前风险识别评估的重要手段。基于申请评分的决策机制包括以下三种。

决策机制	内容
排除政策决策	对于符合排除政策的申请客户,不论其评分数处于何种区间,评分卡政策都将直接给出排除的结论,该笔客户申请将不会进入下一步流程。但退回给受理人员修改信息后,仍可再次提交评分
硬政策决策	符合硬政策的业务申请,评分卡会给出直接拒绝或直接通过的审批结论,考虑到某笔贷款可能会出现同时满足拒绝和通过硬政策的情形,一般拒绝政策会优先于通过政策。对于评分卡作出拒绝结论的客户申请,一般直接退回给受理人员处理
评分阈值和挑选政策决策	按照模型给出的评分分值,处于高分区的申请客户违约可能性低,一般认为应给予直接审批通过;处于低分区的客户申请违约率高,一般应给予直接拒绝。但考虑各分区均存在好客户和坏客户,需要将高分区的坏客户和低分区的好客户均挑选出来进行人工审批

②申请评分依据的关键信息。申请评分卡决策所依据的关键信息,即评分结果的影响因素,可以分为三类:客户基本信息、客户关系信息和征信信息。

关键信息	内容
客户基本信息	客户基本信息包括客户的基本情况、工作情况、经济收入情况、社会保障情况、其他信用情况等,主要来自客户贷款(信用卡)申请表等申请材料
客户关系信息	客户关系信息主要分为存款类信息和贷款类信息。 银行存款类信息,包括定期存款余额、活期存款余额、证券资金账户使用情况、理财账户使用情况。 银行贷款类信息包括个人贷款类信息、信用卡使用情况;银行综合类信息,包括黑名单信息、客户贡献度、是否为VIP客户
个人征信信息	理论上个人征信信息至少应该包括银行信用记录,社会保障数据如是否参加养老保险等,各类缴费情况如水电煤气缴费情况等,其他不良记录如破产记录、偷逃税记录等。 其中评分卡关注的征信信息主要包括:银行信贷汇总信息、信用卡汇总信息、准贷记卡汇总信息、为他人担保汇总信息,以及上述信息的明细信息,另外还包括人民银行征信信息的查询历史等

③申请评分结果及其应用。申请评分卡提供的客户评分可用于以下内容:不同客户的风险排序,自动审批决策,以及对每一笔未自动审批贷款的各种风险点提示。

要点	内容
风险排序	评分结果代表的是风险排序,一般而言,评分高风险低,评分低风险高
自动化的审批决策	符合自动通过条件的贷款申请,包括硬政策自动通过和高分自动通过,将会不再进行人工审批,而直接进入待放款环节;而符合自动拒绝条件的贷款申请,包括硬政策自动拒绝和低分自动拒绝,也不再进行人工审批,而直接拒绝该笔贷款

（续表）

要点	内容
人工审批贷款参考	对于不满足自动审批条件而需要人工审批的客户，评分卡通过挑选规则，自动展示客户申请评分分数（风险排序）、评分政策提示，对其风险点进行列明，为审批人的审批决策提供支持
信贷政策制定	"对于申请评分低于某一分数（低分阈值）的贷款，如果没有被低分挑选政策挑选，则会自动拒绝"，这是许多银行现行的一条信贷准入政策。 在其他方面，例如房贷贷款成数确定、消费额度确定、利率执行政策等方面，也可以利用申请评分对客户进行细分，在细分的基础上制定差异化的信贷政策
零售客户风险限额设置	限额管理主要用于对公客户授信额度管理以及零售客户的信用卡额度，而利用风险计量结果对于零售客户进行综合限额管理（包含信用额度、消费贷款额度以及其他个人类贷款）则是正在研究的一个新领域

典题精练

【例21·单项选择题】下列选项中，不属于申请评分卡关注的征信信息的是（　　）。

A. 客户存款类信息　　　　　　B. 信用卡汇总信息

C. 准贷记卡汇总信息　　　　　D. 为他人担保汇总信息

A。【解析】A项属于客户关系信息。评分卡关注的征信信息包括：银行信贷汇总信息、信用卡汇总信息、准贷记卡汇总信息、为他人担保汇总信息，以及上述信息的明细信息，另外还包括人民银行征信信息的查询历史等。

（2）行为评分。行为评分通过观测客户贷后行为特征，预测客户未来一定时间内变成"坏客户"的可能性，它通过观察客户特征和风险的关联性，总结风险出现、发展和分布的规律，从而做出管理决策，避免了过多主观干扰。

①行为评分决策机制。零售行为评分主要包括信用卡行为评分和个贷行为评分。个人行为评分包括房贷行为评分、消费贷行为评分和车贷行为评分。

要点	内容
信用卡行为评分决策	信用卡行为评分卡通过分析客户使用信用卡的历史数据，建立模型对客户进行评分，并计算出客户的影子额度
个贷行为评分决策	个贷行为评分通过分析客户的还款行为信息，对客户进行评分

②行为评分依据的关键信息。行为评分主要依据客户的账户历史使用行为进行评分，具体而言，又细分为还款与拖欠行为历史记录、账户使用记录、额度信息等几类行为信息。

关键信息	内容
还款与拖欠行为	对行为评分影响最大的就是客户的还款与拖欠行为。行为评分并不仅仅参考客户当前的逾期状况，而是综合考虑客户过去一年甚至更长时间的还款情况。 具体而言，可重点关注下列信息：当前拖欠天数；过去12个月曾经发生的拖欠；拖欠金额。拖欠天数越高，拖欠次数越多，拖欠金额越大，行为评分越低

（续表）

关键信息	内容
账户使用记录	账户使用记录是客户对贷款账户的使用情况,包括支用、取现、账龄等信息。 账户使用记录对信用卡行为评分的影响较大,使用频繁但不发生的拖欠的信用卡,往往具有较高的行为评分分数
额度信息	额度信息分为两类,对于普通个贷,额度就是客户的余额,余额占初始贷款金额越大,往往风险也就越大,行为评分越低;而信用卡则不完全是这样,额度是客户可以支用的最大金额,保持较高额度使用率但不拖欠的客户,其行为评分较高

③行为评分结果及其应用。行为评分本质上是对客户"变坏"的可能性的一种直观化的表现形式,评分越高,成为不良客户的可能性越低。行为评分的应用,是零售信贷管理精细化的一种体现,它具体包括以下内容。

要点	内容
零售分池	行为评分,包括个贷行为评分和信用卡行为评分,是零售分池系统的输入项,是零售资产分池的重要维度和标准
信用卡额度调整	信用卡行为评分卡已经用于信用卡额度调整的自动审批,包括主动调额和被动调额
贷后风险监控	行为评分在风险监控与报告方面的应用目前有两种实现方式: 第一,日常性的监控,主要通过报表系统实现,面向各级机构的管理者,展现若干零售风险指标动态情况。 第二,通过定期报告的方式,向管理层详细展现行为评分对应的违约概率在全行各零售资产组合中分布、趋势与变动情况,挖掘相关的风险信息,作为管理层的决策参考

典题精练

【例22·单项选择题】行为评分依据的关键信息不包括(　　　)。

A. 额度信息　　　　　　　　　B. 还款与拖欠信息

C. 信用卡汇总信息　　　　　　D. 账户使用记录

C。【解析】行为评分主要依据客户的账户历史使用行为进行评分,具体而言,又细分为还款与拖欠行为历史记录、账户使用记录、额度信息等几类行为信息。

（3）催收评分。催收评分是一系列计量分析模型的总称,根据客户行为特征、基本信息等内外部数据,对客户在逾期后可能发生的各种情况进行预测,并以分数形式展现,作为开展催收管理工作的量化依据。

①催收评分的种类。催收评分应用的模型包括违约概率模型、损失程度模型、催收响应模型。具体内容如下表。

种类	内容
违约概率模型	该模型用于早期逾期的客户,可判断客户最终进入违约（逾期90天以上）的概率。在实际应用时,其可细分为行为模型和无行为模型

（续表）

种类	内容
损失程度模型	该模型根据客户的历史行为,预测客户未来可能还款金额的多少,从而计算信贷的预期损失水平,该模型应用范围较广,可以用于 90 天以上的已违约客户
催收响应模型	该模型预测客户对催收方式是否响应的概率,由于客户对不同催收方式的反映情况不同,可以根据该模型选择最有效的方式。在实际应用时,根据客户是否已有历史催收行为,催收响应模型可细分为有催收历史和首次逾期两种

②催收评分决策依据的信息。催收评分中的违约概率模型和损失程度模型所使用的信息,与行为评分大致相同,一般包括还款与拖欠行为信息、账户使用记录等。此外,催收金额以及回收信息通常也纳入模型考虑。而催收响应模型所使用的信息,除违约概率模型使用全部信息类型外,还包括客户基本信息和贷款历史催收信息等。

③催收评分在贷款催收中的应用。制定催收策略时,需要综合考量回收金额、催收成本和客户满意度三方面因素。基于催收评分对客户进行分类,可以对不同客户制定有针对性的催收策略。具体流程:首先,根据催收评分,按照客户风险进行分类;其次,可以结合催收评分和余额,从三个维度上对客户进行分类;然后再采用多种催收评分进行多维分类;最后进一步优化催收策略。

典题精练

【例 23·多项选择题】催收评分中的催收响应模型所使用的信息包括(　　　)。

A.客户基本信息　　　　　　　　　B.贷款历史催收信息

C.账户使用记录　　　　　　　　　D.催收金额

E.还款与拖欠行为信息

ABCE。【解析】催收响应模型所使用的信息,除违约概率模型使用全部信息类型外(违约概率模型所使用的信息,一般包括还款与拖欠行为信息、账户使用记录等),还包括客户基本信息和贷款历史催收信息等。

(四)信用风险的监测报告

1.信用风险监测

监测报告是信用风险管理流程的重要环节,对风险管理的实施和改进极为重要。信用风险监测是指信用风险管理者通过各种监控手段,动态捕捉信用风险领域的异常变动,判断其是否已经达到引起关注的水平或已经超过阈值。信用风险监测是一个动态、连续的过程。

(1)客户风险监测。在实施个人贷款风险监控过程中,充分考虑不同风险评级客户的风险程度不同,按照差别管理、动态管理、重点关注的原则进行管理。具体内容如下表。

原则	内容
差别管理	授信风险越高的客户,贷后检查次数应越多、频率应越高
动态管理	客户风险状况变化时,贷后管理的频率、措施及考核的方式进行相应调整
重点关注	对风险级别较高的客户,如贷款金额超过一定金额(或根据当地市场情况及银行风险承受能力设定)的大额贷款客户、一人多贷的客户、曾经有过不良记录的客户、有开发商或经销商垫款的客户等,在风险监测过程中要求提高关注度,纳入重点关注客户清单管理

（2）资产组合风险监测。资产组合的风险监测通过观测风险指标变化进行。关键风险指标有四类，具体内容如下表。

风险指标	内容
不良资产率指标	不良资产率，一般是指不良资产（次级类贷款＋可疑类贷款＋损失类贷款）与信贷资产总额之比
贷款迁徙率指标	正常及关注类贷款迁徙率＝（期初正常贷款中转为不良贷款的余额＋关注类贷款转为不良贷款的余额）/（期初正常类贷款余额＋关注类贷款余额）
不良贷款拨备覆盖率指标	不良贷款拨备覆盖率是准备金占不良贷款余额的比例，反映了商业银行对贷款损失的弥补能力和对贷款风险的防范能力
风险运营效率指标	为了对信用风险管理策略的执行情况进行监控，需要统计分析风险管理运营效率指标，主要包括审批处理量变动、审批通过率变动、催收成功率变动等

2. 信用风险报告

商业银行应建立一整套信用风险内部报告体系，确保董事会、高级管理层、信用风险主管部门能够监测资产组合信用风险变化情况；根据信息重要性、类别及报告层级的不同，商业银行应明确内部报告的频度和内容。

典题精练

【例24·单项选择题】下列关于资产组合风险监控关键风险指标的表述，不正确的是（　　）。

A. 不良贷款拨备覆盖率是准备金占不良贷款余额的比例

B. 不良资产率，一般是指不良资产（可疑类贷款＋损失类贷款）与资产总额之比

C. 为了对信用风险管理策略的执行情况进行监控，需要统计分析风险管理运营效率指标

D. 正常及关注类贷款迁徙率＝（期初正常贷款中转为不良贷款的余额＋关注类贷款转为不良贷款的余额）/（期初正常类贷款余额＋关注类贷款余额）

B。【解析】不良资产率，一般是指不良资产（次级类贷款＋可疑类贷款＋损失类贷款）与信贷资产总额之比。故 B 项错误。

（五）信用风险的控制应对

1. 授信限额管理

限额管理对控制商业银行业务风险非常重要，目的是确保所发生的风险总能被事先设定的风险资本加以覆盖。从个贷业务的层面，银行分散信用风险、降低信贷集中度可以对客户、合作机构、区域、行业和产品组合实行授信限额管理。

要点	内容
客户统一授信管理	商业银行按照一定标准和程序，对单一客户统一确信授信额度，并加以集中统一控制的信用风险管理制度，就是统一授信管理
合作机构授信限额管理	要根据合作机构资质状况、财务状况、经营能力等确定合作额度，注意多渠道掌握充分信息，识别担保机构过度担保风险，加强跟踪监督

（续表）

要点	内容
区域限额管理	一定时期内对某一区域投放的个人信贷产品的规模限制。区域限额在一般情况下可作为指导性的弹性限额，但当某一地区受某些(政策、法规、自然灾害、社会环境等)因素的影响，导致区域内经营环境恶化、区域内部经营管理水平下降、区域信贷资产质量恶化时，区域风险限额应被严格、刚性控制
行业限额管理	以"有效分散风险"为原则，进行行业投向限额管理，设定合适的行业投向比例，结合贷后管理工作，定期对行业集中度进行监测，对于行业投向过于集中的，及时采取措施，适当压降该行业客户贷款
产品组合限额管理	商业银行在一定时期内，应对某类产品实施组合限额管理，尤其是新产品投产初期或基层机构

2. 利用客群特征优选客户

以国家和社会管理机构工作人员、私营企业主、高级专业技术人员、中高收入行业从业人员和个体工商户为六类目标客户群体，重点选择以下客户：

（1）国家公务员或外资企业的高管及营销人员。这部分人群收入较为稳定，一般都掌握了较好的专业技能，预期收入较高、失业风险较低。

（2）就职于优势行业且自身素质较高的年轻人。目前，发展形势较好的行业有医药、电信、电力、烟草、金融、教育互联网等。

（3）发展前景较好、信用度高的私营企业主。利用已有的个人贷款存量客户数据，通过数据挖掘和分析，分别找到信用水平高、违约率低的"好客户"和信用风险大、违约率高的"坏客户"具有的一般特征，在日常工作中有意识地去选择具有"好客户"特征的借款人，防范具有"坏客户"特征的借款人。

3. 利用信用评分工具优选客户

信用评分工具的应用可以有效减少银行由于主观判断失误导致劣质客户准入的概率。申请评分主要应用于个人贷款发放阶段，是对申请人履行承诺的能力和信誉程度进行全面评价，用于个人贷款申请的决策支持。

4. 关键业务流程控制

为有效控制信用风险，个贷业务流程应当结构清晰、职能明确，在业务处理过程中做到关键岗位相互分离、相互制约、相互协调，同时满足业务发展和风险管理的需要。在个贷业务流程中，应严格落实三查，即贷前调查、贷中审查与贷后检查。

要点	内容
贷前调查	要在确保客户信息真实的基础上，综合客户家庭、收入、职业等信息对客户合理信用状况作出判断，据以提出合理化授信方案建议
贷中审查	要对贷前授信方案的政策合规性、风险合理性作出分析判断，提出授信审批结论
贷后检查	贷后检查是贷后管理的重要内容，在履行好贷后检查职责的同时，还应加强与贷前审查、审批的衔接

5.有效的担保缓释措施

落实担保是缓释个人贷款信用风险的有效途径。担保措施包括保证、质押、抵押等，个人贷款担保方式应优先选择抵押方式。抵押担保重点关注抵押物是否合规，是否确实存在，权属是否清晰，抵押行为是否合法，实现抵押权是否存在障碍。贷款发放前应严格落实抵押登记要求，贷款发放后应对抵押物动态监控。

个人贷款也可以采取自然人保证、房屋抵押加开发商阶段性保证等，采用保证方式的，应严格落实保证人担保职能。个人贷款担保缓释措施的选择应结合借款人信用水平、贷款期限、贷款额度、贷款价格综合判断。贷款风险暴露后，应同时启动对借款人和担保方追偿，如追偿借款人无效，应第一时间要求保证人代偿或执行抵（质）押物。

6.违约贷款清收与处置

要点	内容
违约贷款的概念	违约贷款是指贷款出现借款合同约定的任一违约情形的贷款
贷款违约的救济措施	贷款一旦违约，应立即根据合同约定采取必要的救济措施，包括但不限于收取违约金、计收罚息和复利、要求追加担保、宣布贷款立即到期、行使抵销权利、行使担保权利、以合法手段催收处置
个人贷款常用的催收措施	对个人贷款常用的催收措施包括短信催收、电话催收、上门催收、委外催收、公告催收、司法催收
个人贷款常用的处置措施	处置措施包括协议变更或重组、处置抵押物、实现担保物权、以物抵债等

7.贷款核销

呆账核销指商业银行按照财政部呆账核销办法的规定，对符合财政部呆账认定条件的损失资产，通过使用呆账准备进行内部账务处理的行为。贷款损失的核销要建立严格的审核、审批制度，核销时银行内部进行账务处理，核销后表内不再进行会计确认和计量，但债权关系仍然存在，需建立贷款核销档案，即"账销案存"，继续保留对贷款的追索权。

个人贷款呆账认定用得较多的条件有强制执行、终结执行、终止执行、中止执行、追索等。呆账核销流程一般包括项目核查、申报准备、申报审批、执行和归档。

8.不良贷款证券化

资产证券化是指将缺乏流动性但能够产生可预计的未来现金流的资产（如银行贷款），通过一定的结构安排，对资产中的风险与收益要素进行分离、重新组合、打包，进而转换成为在金融市场上可以出售并流通的证券的过程。不良贷款证券化是商业银行处置不良贷款的渠道，加快不良贷款处置速度，有利于提高银行资产质量，同时，能够更好地发现不良贷款价格，有利于提高不良贷款回收水平。

（六）操作风险管理

1.操作风险的分类

分类	内容
内部欺诈事件	内部欺诈事件指故意骗取、盗用财产或违反监管规章、法律或公司政策导致的事件。此事件至少涉及内部一方，但不包括歧视及差别待遇事件

（续表）

分类	内容
外部欺诈事件	外部欺诈事件指第三方故意骗取、盗用、抢劫财产、伪造要件、攻击商业银行信息科技系统或逃避法律监管导致的损失事件
就业制度和工作场所安全事件	就业制度和工作场所安全事件指违反就业、健康或安全方面的法律或协议，个人工伤赔偿或者因歧视及差别待遇导致的损失事件
客户、产品和业务活动事件	客户、产品和业务活动事件指因未按有关规定造成未对特定客户履行分内义务（如诚信责任和适当性要求）或产品设计缺陷导致的损失事件
实物资产的损坏	实物资产的损坏指因自然灾害或其他事件（如恐怖袭击）导致实物资产丢失或毁坏的损失事件
信息科技系统事件	信息科技系统事件指因信息科技系统生产运行、应用开发、安全管理以及由于软件产品、硬件设备、服务提供商等第三方因素，造成系统无法正常办理业务或系统速度异常所导致的损失事件
执行、交割和流程管理事件	执行、交割和流程管理事件指因交易处理或流程管理失败，以及与交易对手方、外部供应商及销售商发生纠纷导致的损失事件

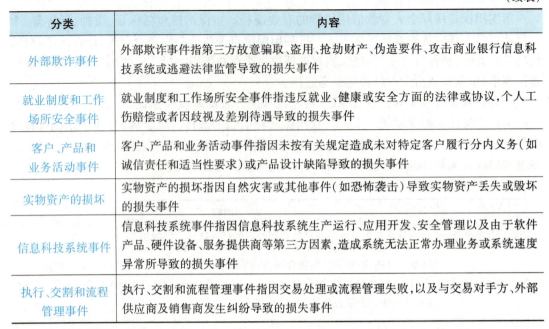

典题精练

【例25·多项选择题】操作风险的主要分类包括（   ）。

A. 内部欺诈事件　　　　　　　B. 外部欺诈事件

C. 实物资产的损坏　　　　　　D. 信息科技系统事件

E. 执行、交割和流程管理事件

ABCDE。【解析】操作风险的分类包括：内部欺诈事件，外部欺诈事件，就业制度和工作场所安全事件，客户、产品和业务活动事件，实物资产的损坏，信息科技系统事件，执行、交割和流程管理事件。

2. 操作风险管理工具

商业银行管理操作风险应用的工具主要有操作风险损失数据收集、风险与控制自我评估、关键风险指标监测等，实施巴塞尔协议高级计量法的银行还需开展情景分析工作。

应用工具	内容
损失数据收集	损失数据收集是银行对因操作风险引起的损失事件进行收集、报告并管理的相关工作。损失收集工作要明确损失的定义、损失形态、统计标准、职责分工和报告路径等内容，保障损失数据统计工作的规范性
风险与控制自我评估	风险与控制自我评估是银行对自身经营管理中存在的操作风险点进行识别，评估固有风险，再通过分析现有控制活动的有效性，评估剩余风险，进而提出控制优化措施的工作。 自评工作要坚持以下原则： （1）全面性。自我评估范围应包括各级行的操作风险相关机构，原则上覆盖所有业务品种。

（续表）

应用工具	内容
风险与控制自我评估	（2）**及时性**。自我评估工作应及时开展,评估结果应及时报送,管理行动应及时实施,对实施效果应及时追踪。 （3）**客观性**。自我评估工作应当谨慎、客观,从而保证作出恰当的决策并采取适当的管理行动。 （4）**前瞻性**。自我评估应当充分考虑本行内、外环境变化因素。 （5）**重要性**。自我评估应以操作风险管理薄弱或者风险易发、高发环节为主
关键风险指标监测	关键风险指标代表某一业务领域操作风险变化情况的统计指标,是识别、计量操作风险的重要工具。关键风险指标通常包括交易量、员工水平、技能水平、客户满意度、市场变动、产品成熟度、地区数量、变动水平、产品复杂度和自动化水平等。 设计良好的关键风险指标体系要满足整体性、重要性、敏感性、可靠性原则,且须明确数据口径、门槛值、报告路径等要素
情景分析	情景分析是银行对业务中潜在的重大操作风险事件进行分析,评估事件发生的可能性和造成的影响,并采取相应的控制措施的方法。开展情景分析工作有助于评估面临的重要风险因素,为操作风险资本计量及分配提供数据支持。 情景分析要满足**全面性**、**前瞻性**、**客观性**、**动态性**。 （1）全面性指情景分析的范围既包括当前面临的各种社会经济、法律等宏观情景因素,也包括业务经营中人员、流程等微观情景。 （2）前瞻性指情景分析应当综合考虑目前及未来的内、外部环境变化因素。 （3）客观性指应当谨慎、客观,从而保证作出恰当的决策并采取适当的管理行动。 （4）动态性指要根据行内、外部环境变化对既定情景的变化密切关注,必要时进行重新分析

3. 个贷业务操作风险控制

（1）**加强个贷业务集约化管理**。适应个人信贷业务批量化、标准化的特点,实施个人信贷业务集约化管理,提升管理层次,实现审贷分离。利用个人信贷业务中心,集中进行统一调查和审批,实现专业化经营和管理。

（2）**健全规章制度体系和工作机制**。完善的规章制度是规范操作的依据和防范操作风险的有力保障。要建立覆盖个人信贷业务各产品、各层级的业务管理规章,明确业务操作与岗位职责。明确个人信贷业务经营部门和操作风险管理负责部门的职责,建立分工合作、运行高效的工作机制。

（3）**推进操作风险管理工具应用**。推进操作风险与控制自评估在个贷业务各产品和各层级的应用,及时发现经营管理中的内控缺陷和薄弱环节,提出改进措施。建立个人信贷业务操作风险损失事件和分析工作机制,明确操作损失事件定义、形态、统计标准、分工、报告路径等,保障损失数据统计的规范性。

（4）**动态优化信息系统**。强化信息系统对个人信贷业务的支持力度,实现个贷业务风险操作流程系统化,信息流转电子化,档案资料管理影像化,风险监测预警自动化,对关键风险点逐步实现系统机控,减少人为干预。加强操作风险管理工具的系统化建设,建立支持操作风险与控制自评估、损失收集、关键风险指标监控等功能的操作风险管理系统,加强在个贷业务操作风险管理中的应用，不断提高系统的操作便利性和对个贷业务的适用性。

（5）责任追究，明晰奖惩。强化责任约束，明确责任认定与追究办法，建立不良贷款与重大风险事件问责与通报制度，严格损失追究要求，强化警示作用。在建立责任制的同时，配之以奖励制度，将经办人员的贷款发放质量与收入挂钩。

（6）重视内外部审计检查发现问题整改。落实业务检查规定动作，配合内外部审计与监管检查，关注风险预警提示问题，对发现的问题进行整改并分析问题成因，定位制度和内控缺陷，促进制度的完善。

（7）提高从业人员专业水平和职业道德。加强员工培训，提高对制度的敬畏感，掌握规章，按规定操作，避免因制度学习不到位导致的违规或"失误"。严格履行职责，按规定操作，遵程序办事，不越权处理问题；减少口头请示，按照正式签署意见处理问题。提升员工自身修养，杜绝不良嗜好，提高自我保护意识。

（七）其他风险管理

1. 市场风险管理

要点	内容
个人贷款市场风险的主要表现	个人贷款的借款人按合同约定还本付息，也可能会发生部分贷款本息损失，如固定利率贷款、外汇贷款等，因受到利率、汇率等市场风险的影响使得贷款本息受到损失
市场风险的影响	(1)固定利率的影响。一些有实力的客户对银行贷款定价往往会提出较高的要求，不仅要下浮贷款利率，还要在利率下浮的基础上再实行固定利率，锁定贷款利率。对这种利率的贷款，在市场利率或基准利率不发生变化的情况下，银行还可以承受，但是当利率预期进入上升通道时，市场（基准）利率持续上升，就会使银行的利差收窄，当贷款利率低于市场平均利率时，银行就得不到平均收益。如果这类贷款的数量比较多，那么就会影响银行的资产收益率（ROA）、资本收益率（ROE），对银行的市场形象、市场竞争力带来负面影响；如果当固定贷款利率等于银行经营成本时，那就只是一笔保本贷款了，这样的贷款对银行就没有经济意义了；如果固定利率低于银行经营成本，那么这笔贷款的损失就比较大了，不仅要损失利息，甚至还有可能要损失本金。 (2)汇率的影响。由于汇率的市场化程度更高，不仅贷款利息会受到影响，而且连贷款的本金也会同时受到损失
市场风险管理的主要措施	(1)开展市场风险监测分析。 (2)实施市场风险限额管理。 (3)合理评估市场风险影响程度。 (4)定期执行市场风险监控报告

典题精练

【例26·单项选择题】下列不属于市场风险管理主要措施的是（　　）。
A.开展市场风险监测分析　　B.实施市场风险限额管理
C.合理评估市场风险影响程度　　D.重视内外部审计检查发现问题整改
D。【解析】重视内外部审计检查发现问题整改属于个贷业务操作风险控制措施。

2.声誉风险管理

（1）声誉风险管理的必要性。

要点	内容
社会关注度高	个人信贷业务作为与居民生活密切相关的业务,如果出现负面新闻,被媒体、大众关注的可能性较大
客户维权意识增强	随着社会的进步和经济的发展,客户法律维权意识不断增强,商业银行销售误导、业务处理失误、投诉处理不力等客户投诉类声誉风险案例呈现出日渐增多的趋势,特别是聚众拉横幅上访,通过微博、博客、微信等发帖,找律师、媒体曝光等手段被效仿,加剧了声誉风险管理难度
新媒体传播能力强	新媒体的裂变式传播和互动属性,导致舆情扩散速度快,舆情的破坏性增强,传统应对手段如"删、堵、埋"不再有效。同时,相比传统媒体,新媒体发布门槛低、言论随意性强,情绪化非理性的偏激言论易受关注,银行的澄清信息却往往不易被广泛传播,声誉重塑工作难度增大

（2）声誉风险管理的内容。有效的声誉风险管理体系应当重点强调以下内容：

①强化公司治理在声誉风险管理中的作用,设立或指定声誉风险管理部门,明确银行的战略愿景和价值理念。

②有明确记录的声誉风险管理政策和流程,坚持全流程管理,建立声誉风险事前评估机制、声誉风险监测机制、声誉事件分级机制、声誉事件报告机制等。

③理解不同利益相关者（如股东、员工、客户、监管机构、社会公众等）的期望。

④培养开放、互信、互助的机构文化。

⑤建立强大的、动态的风险管理系统,有能力提供风险事件的早期预警。

⑥努力建设学习型组织,有能力在出现问题时及时纠正。

⑦建立公平的奖惩机制,支持发展目标和股东价值的实现。

⑧利用自身的价值理念、道德规范影响合作伙伴、供应商和客户。

⑨建立公开、诚恳的内外部交流机制,尽量满足不同利益持有者的要求。

⑩定期开展声誉风险隐患排查、声誉风险情景模拟和应急演练。

（3）声誉风险管理的主要做法。

要点	内容
强化声誉风险管理培训	对员工开展声誉风险管理培训,使员工理解、贯彻商业银行的价值理念和风险管理政策,遵守内部流程,将声誉风险管理渗透到工作的各个环节,从微观处减少潜在的声誉风险因素
兑现承诺	无论对利益持有者作出何种承诺,商业银行都必须努力兑现,如果因各种原因无法兑现承诺,则必须作出明确、诚恳的解释
及时处理投诉和批评	商业银行在运营和发展过程中,出现某些错误是不可避免的,及时纠正并且正确处理投诉和批评至关重要,有助于商业银行提高金融产品/服务的质量和效率。恰当处理投诉和批评对于维护商业银行的声誉固然重要。除此之外,通过接受利益持有者的投诉和批评,发掘商业银行的潜在风险,更具价值。商业银行应当从投诉和批评中积累早期声誉风险预警经验。风险管理人员应当有能力分析和判断投诉的起因、规模、趋势、规律与潜在风险之间的相关性

（续表）

要点	内容
维护大多数利益持有者的期望与商业银行的发展战略相一致	现实中，商业银行应当对不同利益持有者的期望进行分类并优先排序，一旦发现某些利益持有者的期望和商业银行的未来发展相冲突时，董事会和高级管理层应作出取舍
增强对客户/公众的透明度	传统上，商业银行通常都会因为竞争关系而将很多信息秘而不宣，如今越来越多的商业银行将产品研发、未来发展计划向客户/公众告知，并广泛征求意见，以提早预知和防范新产品/服务可能引发的声誉风险
将商业银行的企业社会责任和经营目标相结合	高级管理层应当制订详细的企业社会责任行动方案，力争更多地服务和回馈社会，创建更加友善的机构和人文环境，以利于更稳健、持久地实施商业战略。商业银行应当不仅在其内部广泛传播价值理念，也应当将这种价值观延续到其合作伙伴、客户和供应商/服务商，并在整个经济和社会环境中，树立富有责任感并值得信赖的机构形象
保持与媒体的良好接触	商业银行需要通过不同的媒体，定期或不定期地宣传商业银行的价值理念。发言人制度、首席执行官的媒体访谈，以及可信赖的第三方（如研究机构的客观评价）都可以成为商业银行在利益持有者以及公众心目中建立积极、良好声誉的重要媒介
制定危机管理规划	商业银行应当制定声誉风险管理应急机制，并定期测试以确保危急时刻商业银行的反应是及时、恰当的。对于难以评估/预期的风险威胁，可以参照其他商业银行的历史情景，测试自身在同样情况下的危机处理能力

 本节速览

风险管理	信用风险	专家判断法	信用评分模型
信用风险监测	授信限额管理	操作风险	市场风险

六、个人贷款押品管理

（一）押品管理概述

1.押品管理

押品是缓释银行信用风险的重要工具，又称担保物、抵质押品，是指由债务人或第三人所提供符合法律规定的财产或权利，债务人不履行债务偿还责任、发生当事人约定事项或者第三方纠纷等情形时，银行依法对该财产或权利享有优先受偿权。

实施押品的精细化管理是防范押品风险的重要举措，是实现银行债权的重要保证。

押品管理是指押品的受理、审查、评估、权利设立、监控、返还与处置等一系列活动。

2. 押品管理的原则

押品管理的原则包括合法性原则、有效性原则、审慎性原则、差别化原则、平衡制约原则。

原则	内容
合法性原则	押品准入、抵质押合同订立、登记手续办理、押品处置等活动应符合国家法律法规规定
有效性原则	选择具有缓释能力、易于变现的押品，充分考虑押品价值与债务人风险的相关性，及时开展押品的评估、抵质押权设立、监测和处置，采取有效措施控制化解可能发生的风险隐患
审慎性原则	开展押品价值评估，应充分考虑各种可能的风险因素，保守估计押品价值，审慎确定抵质押率
差别化原则	根据不同类型押品的特点，在准入、审查、价值评估和贷后监控等方面采取不同的政策、标准、方法和要求
平衡制约原则	完善岗位制衡机制，实现押品的评价与审查分离、押品权证的收取与保管分离

3. 押品种类

押品分类是押品管理的基础和前提。银行的存量押品分为金融质押品、应收账款、商用房地产和居住用房地产、其他押品四大类。

押品种类	内容
金融质押品	现金及其等价物、贵金属、债券、票据、股票/基金、保单、保本型理财产品等
应收账款	交易类应收账款、应收租金、公路收费权、学校收费权等
商用房地产和居住用房地产	商用房地产、居住用房地产、商用建设用地使用权和居住用建设用地使用权、房地产类在建工程等
其他押品	流动资产、出口退税账户、机器设备、交通运输设备、资源资产、设施类在建工程、知识产权、采矿权等

典题精练

【例27·单项选择题】公路收费权、学校收费权等属于银行存量押品种类的（　　　）。

A. 金融质押品　　　　　　　　B. 其他押品

C. 应收账款　　　　　　　　　D. 商用房地产和居住用房地产

C。【解析】银行的存量押品分为金融质押品、应收账款、商用房地产和居住用房地产、其他押品四大类。其中，应收账款包括交易类应收账款、应收租金、公路收费权、学校收费权等。

（二）押品管理基本流程

押品管理流程包括材料受理、审查、押品价值评估、抵质押权的设立与变更、押品日常管理、押品的返还与处置六个环节。

流程	内容
材料受理	受理债务人提供的拟接受押品、抵质押人的权属证明材料

（续表）

流程	内容
审查	对押品的形式要件和抵质押权设立的合法性、合规性、有效性进行审查
押品价值评估	根据各类押品的特点，综合考虑其押品类型、市场价格、变现难易程度及其各种影响价值的不确定因素，评估押品的价值
抵质押权的设立与变更	与借款人、担保人签订《抵质押合同》等文本，及时办理押品登记手续及变更登记手续
押品日常管理	对抵质押权证的保管、出入库、押品日常监控等环节进行管理
押品的返还与处置	对抵质押权证的返还、移交、处置等环节进行管理

（三）押品价值评估（中级考试内容）

1. 评估情形

押品价值评估是押品管理的重要环节，包括贷款发放前对押品价值的初次评估、贷款发放后对押品价值的重新评估和不良贷款项下的押品评估三种情形。

2. 评估方式

押品价值评估有内部评估和外部评估两种方式。

评估方式	内容
内部评估方式	内部评估方式是指由银行的内部评估人员对拟接受押品进行价值评估，并由内部评估人员所在部门负责人或其授权人负责对评估价值进行审核确认
外部评估方式	外部评估方式是指由银行认可的合作评估机构的外部评估师对银行拟接受的押品进行价值评估，并出具评估报告。经银行内部评估人员审核确认后，将评估报告明确的评估结果确认为押品的评估价值。 对于如下特殊类押品，可参考如下规则直接确定押品价值： (1)保证金、存单的价值为其现金价值。 (2)商业汇票、银行本票的价值为其面额。 (3)仓单、提单的价值为其项下货物总金额。 (4)上市公司流通股票的价值一般为评估日前1个交易日、前7个交易日与前30个交易日平均收盘价的较低值。 (5)基金份额的价值为估价日前20个交易日的基金份额净值的算术平均值。 (6)人寿保单的价值为估价日保单现金价值。 (7)理财产品的评估价值一般按估价日前5个公告日公告的平均净值计算，其中所投资基础资产未出现不利变化的固定收益类理财产品的价值可按最近一期的公告价值或投资本金计算

3. 评估方法

押品价值评估的主要方法有市场法、成本法和收益法等。

评估方法	内容
市场法	市场法又称为市场比较法或比较法，指利用市场上同样或类似资产的近期交易价格，经过直接比较或类比分析来估测资产价值的各种评估技术方法的总称。 采用市场法进行资产评估需要满足两个最基本的前提条件： (1)要有一个活跃的公开市场。 (2)公开市场上要有可比的资产及其交易活动

（续表）

评估方法	内容
收益法	收益法是指通过估测被评估资产未来预期收益的现值来确定资产价值的各种评估方法的总称。 采用收益法必须具备的前提条件是： （1）被评估资产的未来预期收益可以预测并可以用货币衡量。 （2）资产的拥有者获得预期收益所承担的风险也可以预测并可以用货币衡量。 （3）被评估资产预期获利年限可以预测
成本法	成本法是指首先估测被评估资产的重置成本，然后估测被评估资产业已存在的各种贬损因素，并将其从重置成本中予以扣除而得到被评估资产价值的各种评估方法的总称。 采用成本法评估资产的前提条件： （1）被评估资产处于继续使用状态或被假定处于继续使用状态。 （2）被评估资产的预期收益能够支持其重置及投入价值

典题精练

【例28·单项选择题】下列选项中,不属于押品价值评估采用收益法必须具备的前提条件是(　　)。

A. 被评估资产预期获利年限可以预测

B. 被评估资产的预期收益能够支持其重置及投入价值

C. 被评估资产的未来预期收益可以预测并可以用货币衡量

D. 资产的拥有者获得预期收益所承担的风险也可以预测并可以用货币衡量

B。【解析】A、C、D 三项是采用收益法必须具备的前提条件。B 项是采用成本法评估资产的前提条件之一。

4. 评估要求

抵质押期间,所有押品都应进行重新评估,且主要采用内部评估方式,如有必要,也可采用外部评估方式。

当发生下列情况,即使未到重估周期,也应对押品价值进行重新评估:

（1）押品市场价格发生大幅下降。

（2）债务人财务状况恶化或发生信贷违约事件,如公司类贷款逾期 90 天以上或发生其他重大风险事件。

（3）被认定为"假个贷"、疑似"假个贷",押品价值可能发生重大不良变化。

（4）押品担保的信贷资产风险分类向下迁徙为不良贷款。

（5）押品由信贷经营部门移交资产保全部门。

（6）发生重大风险事项等其他需要重估的事项。

（四）押品风险控制措施（中级考试内容）

现有的对押品风险的控制措施主要体现在以下几个环节:

1. 押品准入控制

要点	内容
押品准入控制的概述	押品准入的控制是银行防范押品风险的最主要措施。 在押品材料受理环节，我们需要判断拟接受押品是否符合银行押品受理的基本底线要求。对符合银行接受标准的押品，确定其选择次序和抵质押率，选择与客户的违约风险相匹配，缓释能力强的押品。 在授信环节和单笔授信业务支用环节均应对押品进行审查
接收标准	银行接受的押品应符合下列基本底线要求： (1)押品应是我国法律、行政法规规定可以接受的抵质押财产或权利。 (2)押品具有财产价值，并可依法转让变现。 (3)权属清晰，抵质押人对押品具有处分权。 (4)存在可及时、经济、有效处置押品的市场。 (5)押品需第三方托管的，托管机构应具备必要的设施和条件，确保押品与其他资产分离且具有明显的抵质押标识，并对托管资产实物与账务进行有效动态管理。对有特殊要求的货物，托管机构应具备专业仓储资质。 (6)当发生债务人违约、无力偿还债务或其他在借款合同中明确约定的情况时，银行有权及时、充分地实现抵质押权。 (7)不得接受已提交破产预案，或已进入破产程序的法人、其他组织提供的财产担保。 在接受押品时，除满足上述基本要求外，还应根据不同押品的风险特征，满足不同抵押品的具体标准
选择次序	押品的选择次序上需要考虑下列因素： (1)优先选择缓释能力强、押品价值稳定、容易变现的押品。在缓释能力相同的情况下，优先选择合格押品、同币种计价的金融质押品。 (2)抵押物应优先选择现房、以出让方式取得的国有土地使用权及其他价值相对稳定、变现能力较强、可设定第一顺位的押品。 (3)质押物应优先选择现金、存单、凭证式国债、银行承兑汇票等价值相对稳定、变现能力较强的金融质押品；对一年期以上应收账款、收费权等不易评估、不易监测、价值波动较大的物应谨慎接受
抵质押率	抵质押率又称"垫头"，是押品担保债权的本息金额与抵质押物评估价值之比

2. 押品准入控制的审查要点

审查要点	内容
抵质押人的权属资格	(1)具有权属证明。 (2)上市公司、有限责任公司、中外合作、外商独资和股份公司已出具董事会或股东会决议。 (3)财产为两人或两人以上共有，共有人应出具同意抵质押的文件。 (4)抵质押须经批准的，应出具有权国家机关的批准文件

（续表）

审查要点	内容
抵质押权设立的合规性	（1）土地上存在房屋或在建工程的，土地与房屋或在建工程应一并设定抵押。 （2）学校、幼儿园、医院、广播电台、电视台等以公益为目的的事业单位、社会团体为自身债务设立抵质押，押品应为社会公益设施以外的财产。 （3）以海关监管的货物抵押，如须经海关许可且未经许可的，不得抵押。 （4）押品的实际情况应与权属证明文件的记载相符合
抵质押权设立的有效性	（1）存在优先于银行抵质押权的权利的，他人顺位在先的抵押权等，应逐笔明确优先受偿权金额、生效时间和期限等。 （2）在房产和土地登记部门设定地役权及其他类型的用益物权的，应逐笔明确设定范围、剩余期限和支付费用等。 （3）以出让方式取得的国有土地使用权，应明确已缴清土地出让金和交付计划等。 （4）接受已出租财产抵押的，要重点了解出租人和承租人的关联关系、租赁期限和租金支付情况等可能影响押品变现或处置的潜在风险因素。 （5）原则上不接受超过授信所在一级分行管辖范围的异地财产抵押，确有必要接受的，经办行（机构）应与押品所在地分行协商落实押品管理措施，报送授信审批部门在信贷审批时一并决策。 （6）不接受存在冻结、查封、扣押、监管等限制情况的押品
押品价值的足值性	根据拟接受押品的特点，综合考虑其押品类型、市场价格、变现难易程度及其他各种影响价值的不确定因素，分析押品价值的评估方式、方法是否合适，评估价值是否足值
其他	若以银行承兑汇票作为押品的，还需要由票据审查人员按相关规定进行审核

3. 抵质押权设立与变更控制

有关合同订立、抵质押登记、保险办理的具体要求如下。

要点	内容
合同订立	经办行（机构）应根据授信方案和审批决策文件，与抵质押人签订抵质押合同。抵质押合同应为银行规定的标准格式文本，因特殊原因需签订非标准文本的，非标准文本应提交有权行法律部门审定。经办行（机构）应根据抵质押人和押品状况，确定是否需要办理公证。对需要办理公证的，应办理赋有强制执行效力的合同公证。经办行（机构）应与抵质押人共同办理公证手续
抵质押登记	抵质押合同签订后，经办行（机构）应按照法律法规的规定到登记部门办理押品登记手续，对需转移银行占有的动产及权利凭证等质物，经办行应及时要求出质人将押品交付银行占有

（续表）

要点	内容
保险办理	（1）对容易受到自然灾害或意外事故影响造成损失的押品,经办行（机构）应陪同投保人共同办理保险,原则上应购买财产综合险或财产一切险,保险费用由投保人承担。 （2）保单金额应至少覆盖贷款本息。 （3）保单期限不能短于授信业务期限,如短于应提供续保承诺,同时经办行（机构）还应要求投保人出具"抵质押有效期内,投保人不得以任何理由中断保险或退保"的承诺。 （4）办理抵质押担保前,已办理保险的,应要求保险公司出具变更为银行优先受偿人的批单,经办行（机构）应通过建行代理保险应用组件或保险公司等有效渠道核实保单的真实性

典题精练

【例29·单项选择题】下列关于抵质押权设立的有效性的说法,不正确的是(　　)。

A. 不得接受超过授信所在一级分行管辖范围的异地财产抵押

B. 以出让方式取得的国有土地使用权,应明确已缴清土地出让金和交付计划等

C. 存在优先于银行抵质押权的权利的,应逐笔明确优先受偿权金额、生效时间和期限等

D. 在房产和土地登记部门设定地役权及其他类型的用益物权的,应逐笔明确设定范围、剩余期限和支付费用等

A。【解析】抵质押权的设立,原则上不接受超过授信所在一级分行管辖范围的异地财产抵押,确有必要接受的,经办行（机构）应与押品所在地分行协商落实押品管理措施,报送授信审批部门在信贷审批时一并决策。

4.押品日常管理控制

押品日常管理控制是指对押品权证保管及其出入库流程进行规范管理来保证权证的安全。具体措施包括权证的管理、出入库的管理、台账的建立与日常监控等内容。

要点	内容
权证的管理	保管的权证包括他项权利证书或其他登记证明、存单、凭证式国债、仓单、提单、银行承兑汇票、银行本票、人寿保单、保险单据等。对办理抵质押授信业务收取的、能够证明银行拥有合法抵质押权利的权属证书和书面凭证实行分类统一管理。权证保管应明确各类权证的保管部门
出入库的管理	权证入库的要求:信贷经营部门应及时将收取的抵质押权证移交入库保管,原则上应在收取权证后的当日内将权证移交保管部门进行保管,涉及票据质押的,在入库前票据审核人员应对银行承兑汇票审核确认。 权证出库的要求:对于借阅、外借、结清贷款、重新设立担保、处置等原因需要转出权证的,应履行审批程序。经办行（机构）应对退回权证进行核实,包括是否存在变造、伪造、过期、作废或者重复抵质押等情形

（续表）

要点	内容
日常管理与监控	（1）岗位制约。保管部门应建立不相容的岗位制约机制，实行双人管理，表外记账与保管权证人员不能为同一人。 （2）台账制度。信贷经营部门与保管部门应分别建立台账制度，实行年终核对。 （3）权证核对。信贷经营部门与保管部门应建立押品权证的定期核对制度，按季逐项清点和核对，每年至少一次登记簿与权证的逐项清点和核对，确保账、实、簿三者相符。 （4）定期检查。保管人员应定期或不定期检查押品权证档案的保管情况。押品管理部门应按年组织对权证的日常保管情况、台账管理情况、账实簿的核对情况、交接与出库手续等实施检查。 （5）日常监控。通过现场检查和非现场监控方式，对押品的管理和使用状况、价值和变现能力等风险事项实施持续性监控

5.押品处置阶段控制

押品处置阶段包括押品变更、押品提前释放、押品返还、押品处置与移交等内容。具体要求如下表。

要点	内容
抵质押权的变更	抵质押期间，经办行（机构）或抵质押人需要对押品对应的债权数额等内容进行变更的，应由经办行（机构）与抵质押人签订变更协议。涉及变更授信方案的，应报有权行审批机构审批。变更对其他抵质押人可能产生不利影响或加重其担保责任的，应事先征得其他抵质押人的书面同意。需办理相关登记的，应按法律规定办理变更登记。变更后的抵质押率不得超过抵质押率上限或审批核定的抵质押率
提前释放	押品的提前释放应按照押品变更的要求进行办理。授信合同履行期限届满之前，债务人要求提前释放押品的，需将相应的款项存入指定账户或补充等值的押品。经办行（机构）在确认收妥款项、补充押品的抵质押手续办理齐全后，方可解除押品
返还	授信合同项下押品所担保的全部债务清偿完毕后，经办行（机构）客户经理应返还办理抵押（出质）人所保管的押品权属证明及有关单证。需要到原登记机关办理注销手续登记的，应同时出具解除抵质押相关材料。 以汇票、本票、仓单出质的，票据上应记载"解除质押"字样。采用质押监管的存货，应在《提货通知书》上记载"解除质押"字样
处置	授信合同履行期限届满，借款人未能按期清偿债务或者发生与银行事先约定的实现抵质押情形的，应采取协议或诉讼方法实现抵质押权。经办行（机构）应在主债权诉讼时效期间行使抵质押权
移交	对授信资产转入资产保全部门管理的，授信合同项下押品应随授信资产一并移交资产保全部门管理

6.押品信息录入及数据维护控制

押品信息的录入及数据维护涉及押品管理的整个流程。其具体要求如下表。

要点	内容
押品信息录入要求	(1)押品信息录入人员应及时、准确、完整地将押品类别、押品数量、合格押品信息、担保合同类型、合同期限、担保额度、抵质押人等信息录入相关系统。 (2)抵质押管理岗应把抵质押权生效方式、权利人、权证登记等信息及时、准确、完整地录入相关系统。 (3)内部评估人员应及时、准确、完整地将押品的评估基准日、评估方式、评估机构名称、评估方法、评估结果、评估价值等信息录入相关系统
押品信息更新要求	(1)重新评估后，押品信息录入人员应根据评估调查结果，及时更新系统中押品的基本信息和重估价值等评估信息。 (2)内部评估人员要及时更新押品估值适用模型及参数，对住房类房产指数模型的均价予以维护，确保及时反映所在城市房地产价格波动情况。 (3)押品处置部门要及时、准确、完整地录入押品处置信息，除押品基本信息外，还应包括最近一期押品评估价值、处置回收金额、各项费用、押品处置变现比率等信息
数据质量管理要求	押品管理部门应会同相关部门建立押品数据质量管理规则，信贷经营部门应明确押品信息录入人员的岗位职责，负责系统数据录入的及时性、准确性、完整性

典题精练

【例30·多项选择题】现有的押品风险的控制措施主要体现在(　　　　)。

A.押品准入控制
B.押品日常管理控制
C.押品处置阶段控制
D.抵押权设立与变更控制
E.押品信息录入及数据维护控制

ABCDE。【解析】现有的押品风险的控制措施主要体现在：押品准入控制、抵押权设立与变更控制、押品日常管理控制、押品处置阶段控制、押品信息录入及数据维护控制。

本节速览

押品管理	押品准入	押品价值评估	抵质押登记
保险办理	岗位制约	台账制度	押品变更

同步自测

一、单项选择题(在以下各小题所给出的四个选项中，只有一个选项符合题目要求，请将正确选项的代码填入括号内)

1.贷款人受理借款人贷款申请后，应履行尽职调查职责，对个人贷款申请内容和相关情况的(　　　)进行调查核实，形成调查评价意见。

A.真实性、准确性、完整性
B.真实性、风险性、合法性
C.准确性、合法性、完整性
D.合规性、准确性、完整性

2. 下列关于银行核实借款人提供的个人资信及收入状况材料的描述,错误的是(　　)。

  A. 提供个人金融及非金融资产证明的,需提供相关权利凭证

  B. 提供经营性收入证明的,需提供营业执照、财务报表及纳税证明等

  C. 提供租赁收入证明的,需提供租赁合同、租赁物所有权证明文件及租金入账证明等

  D. 提供的个人工资性收入证明,需提供申请人所在单位加盖公章的收入证明及营业执照等

3. 贷款审查的具体内容不包括(　　)。

  A. 借款人资格和条件是否具备

  B. 借款用途是否符合银行规定

  C. 借款人的风险偏好

  D. 借款人提供的材料是否完整、合法、有效

4. 下列关于个人贷款合同的审核,表述错误的是(　　)。

  A. 同笔贷款的合同填写人与合同复核人可以为同一人

  B. 合同填写完毕后,填写人员应及时将有关合同文本交合同复核人员进行复核

  C. 合同复核人员负责根据审批意见复核合同文本及附件填写的完整性、准确性和合规性

  D. 合同文本复核人员应就复核中发现的问题及时与合同填写人员沟通,并建立复核记录,交由合同填写人员签字确认

5. 采用多人审批时,一般采用(　　)原则。

  A. 2/3 多数票   B. 全票

  C. 1/2 多数票   D. 1/3 多数票

6. 开户放款包括一次性开户放款和(　　)。

  A. 分次放款   B. 直接放款

  C. 单次放款   D. 限制次数放款

7. 下列选项中,不属于个人贷款贷后检查范畴的是(　　)。

  A. 对借款人的检查   B. 对担保情况的检查

  C. 对抵押物、质押权利的检查   D. 对贷款银行的检查

8. 1 年以内(含)的个人贷款,展期期限累计不得超过(　　)。

  A. 2 年   B. 3 年

  C. 原贷款期限   D. 原贷款期限的一半

9. 贷款银行已要求借款人及有关责任人履行保证、保险责任、处理抵(质)押物,预计贷款可能发生一定损失,但损失金额尚不能确定,则该种贷款属于(　　)。

  A. 关注贷款   B. 损失贷款

  C. 次级贷款   D. 可疑贷款

10. 申请评分的评分环节是在贷款调查和审核(　　),人工审批和贷款发放(　　)。

  A. 之前;之后   B. 之前;之前

  C. 之后;之前   D. 之后;之后

11. 下列选项中,不属于申请评分决策机制的是(　　)。

  A. 排除政策决策   B. 硬政策决策

  C. 评分阈值和挑选政策决策   D. 自动化审批决策

12. 银行在制定催收策略时,不需要考虑的因素是(　　)。

    A. 回收金额   B. 催收成本

    C. 催收时间   D. 客户满意度

13. 当资金成本越高时,个人贷款定价(　　);当宏观经济趋热时,个人贷款定价(　　)。

    A. 越高;越低   B. 越高;越高

    C. 越低;越高   D. 越低;越低

14. 下列不属于操作风险诱导因素的是(　　)。

    A. 人员因素   B. 内部流程

    C. 系统缺陷   D. 股票风险

15. 下列关于押品管理的说法,错误的是(　　)。

    A. 押品应在准入、审查、价值评估等方面采取相同的政策

    B. 开展押品价值评估时,应保守估计押品价值,审慎确定抵质押率

    C. 应完善岗位制衡机制,实现押品的评价与审查分离、押品权证的收取与保管分离

    D. 应及时开展押品的评估、抵质押权设立、监测和处置,采取有效措施控制化解可能发生的风险隐患

16. 押品管理流程有6个环节,其中在"审查"之前的环节是(　　)。

    A. 材料受理   B. 押品价值评估

    C. 押品日常管理   D. 抵质押权的设立与变更

17. 公路收费权、应收租金、学校收费权等作为抵押品时,价值评估优先选择的估值方法是(　　)。

    A. 现金价值法   B. 市场比较法

    C. 收益现值法   D. 市场比较法和收益法孰低原则

18. 下列关于押品接收标准的描述,错误的是(　　)。

    A. 押品具有财产价值,并可依法转让变现

    B. 权属清晰,抵质押人对押品具有所有权

    C. 具有明确、可操作的抵质押权公示方法

    D. 存在可及时、经济、有效处置押品的市场

19. 2015 年 6 月,××公司到银行申请流动资金贷款 300 万元,贷款期限 12 个月,贷款年化利率为 5%,担保物为深圳证券交易所市场发行的记账式国债(记账式国债期限为一年期,到期日为 2016 年 7 月 30 日,发行价为 98 元/张,面值 100 元/张,市值 102 元/张) 3 250 手(10 张/手)。则该笔业务的抵质押率是(　　)。

    A. 96.92%   B. 98.90%

    C. 100%   D. 95.02%

20. 关于权证出入库的管理,下列说法错误的是(　　)。

    A. 客户经理只能借阅本人经办的客户押品权证

    B. 因行内外审计、检查、诉讼等原因,内部借阅期限 1 天

    C. 信贷经营部门应在收取权证后的三日内将权证移交保管部门进行保管

    D. 因办理户口迁移等原因需要外借权证的,应提出书面申请,承诺明确的归还日期

21. 信贷经营部门与保管部门应建立押品权证的定期核对制度,应至少( )一次登记簿与权证的逐项清点和核对,确保账、实、簿三者相符。

    A. 每天   B. 每月

    C. 每季   D. 每年

二、多项选择题(在以下各小题所给出的选项中,至少有两个选项符合题目要求,请将正确选项的代码填入括号内)

1. 商业银行对个人贷款采取保证担保方式的,应调查的内容包括( )。

    A. 保证人与借款人的关系

    B. 保证人是否具有保证资格

    C. 核实保证人保证责任的落实

    D. 保证人为自然人的,要查验贷款保证人提供的材料是否真实有效

    E. 保证人为法人的,要调查保证人是否具有保证人资格及代偿能力

2. 下列关于个人贷款审批意见的描述,正确的有( )。

    A. 贷款审批人对个贷业务的审批意见类型为"同意""否决""复议"三种

    B. 采用单人审批时,贷款审批人直接在个人信贷业务审批表上签署审批意见

    C. 采用双人或多人审批时,审批人各自签署审批意见

    D. 采用双人审批方式时,只有当两名贷款审批人同时签署"同意"意见时,审批结论意见方为"同意"

    E. "同意"表示完全同意申报的方案(包括借款人、金额、期限、还款方式、担保方式等各项要素)办理该笔业务

3. 在个人贷款业务的贷款审批中,需要注意的事项有( )。

    A. 严格执行逐级审批制度

    B. 确保符合转授权规定

    C. 确保贷款方案合理

    D. 确保业务办理符合银行政策和制度

    E. 确保贷款申请资料合规,资料审查流程严密

4. 在签订商业助学贷款借款合同时,借款人、担保人必须严格履行合同条款,构成借款人、担保人违约行为的情况有( )。

    A. 借款人拒绝或阻挠贷款银行监督检查贷款使用情况

    B. 借款人未能履行有关合同所规定的义务

    C. 抵押人取得银行书面同意赠与抵押物的情况

    D. 借款人未能及时足额偿还贷款本息

    E. 借款人和担保人提供虚假文件材料,可能造成贷款损失

5. 个人住房贷款的借款人申请贷款期限调整时,须具备的前提条件有( )。

    A. 贷款未到期   B. 贷款无积欠本金

    C. 贷款无积欠利息   D. 贷款本期本金已归还

    E. 贷款采用分期还款方式

6.关于个人贷款的档案管理，下列说法正确的有(　　)。

　A.贷款档案的查阅、借出必须进行登记

　B.贷款档案只能是原件，不能是复印件

　C.借款人还清贷款本息后，所有档案材料须由银行永久保管

　D.贷款档案主要包括借款人相关资料和贷后管理相关资料

　E.档案进行移交时，移交和接管双方应填写清单，并经双方签字

7.个人贷款的定价原则包括(　　)。

　A.成本收益原则　　　　　　　　　B.风险定价原则

　C.参照市场价格原则　　　　　　　D.组合定价原则

　E.与宏观经济政策一致原则

8.在用专家判断法对个人客户进行信用风险评估时，"5C"要素分析法中的"5C"包括(　　)。

　A.能力(Capacity)　　　　　　　　B.道德品质(Character)

　C.环境(Condition)　　　　　　　　D.资本(Capital)

　E.担保(Collateral)

9.信用卡行为评分决策流程包括(　　)。

　A.每月评分流程　　　　　　　　　B.硬政策决策流程

　C.挑选政策决策流程　　　　　　　D.客户申请额度调整流程

　E.银行主动额度调整流程

10.零售资产分池的重要维度和标准是(　　)。

　A.个贷行为评分　　　　　　　　　B.信用卡行为评分

　C.账户使用记录　　　　　　　　　D.客户额度信息

　E.客户最大可授信额度

11.押品管理的原则包括(　　)。

　A.合法性原则　　　　　　　　　　B.平衡制约原则

　C.有效性原则　　　　　　　　　　D.审慎性原则

　E.差别化原则

12.当发生下列(　　)情形时，即使未到重估周期，也应对押品价值进行重新评估。

　A.押品市场价格发生大幅下跌

　B.押品由信贷经营部门移交资产保全部门

　C.押品担保的信贷资产风险分类向下迁徙为不良贷款

　D.被认定为"假个贷"，押品价值可能发生重大不良变化

　E.被认定为疑似"假个贷"，押品价值可能发生重大不良变化

13.押品处置阶段包括(　　)。

　A.押品变更　　　　　　　　　　　B.押品提前释放

　C.押品返还　　　　　　　　　　　D.押品处置

　E.押品移交

三、判断题(请判断以下各小题的正误,正确的选A,错误的选B)

1. 银行业务部门应根据贷款审批人的审批意见,对未获批准的贷款申请,及时告知借款人,将有关材料退还,并做好解释工作,同时做好信贷拒批记录存档。 (　)

　　A. 正确　　　　　　　　　　　　B. 错误

2. 贷款申报机构(部门)申请复议时,需针对前次审批提出的不同意理由补充相关资料,原信贷审批部门收到申请后必须安排对该笔业务的复议。 (　)

　　A. 正确　　　　　　　　　　　　B. 错误

3. 个人客户的信用风险主要通过分析客户的还款能力来识别。 (　)

　　A. 正确　　　　　　　　　　　　B. 错误

4. 应用催收评分区分客户时,可以二维分类,也可以三维分类甚至多维分类。 (　)

　　A. 正确　　　　　　　　　　　　B. 错误

5. 内部欺诈事件指故意骗取、盗用财产或违反监管规章、法律或公司政策导致的事件。此事件至少涉及内部一方,包括歧视及差别待遇事件。 (　)

　　A. 正确　　　　　　　　　　　　B. 错误

🔍 答案详解

一、单项选择题

1. A。【解析】贷款人受理借款人贷款申请后,应履行尽职调查职责,对个人贷款申请内容和相关情况的真实性、准确性、完整性进行调查核实,并形成调查评价意见。

2. D。【解析】核实借款人提供的个人资信及收入状况材料的真实有效性,判断借款人还款资金来源是否稳定,是否能够按时偿还贷款本息。其中,提供的个人工资性收入证明,应由申请人所在单位确认收入证明,并加盖公章;提供经营性收入证明的,需提供营业执照、财务报表及纳税证明等;提供租赁收入证明的,需提供租赁合同、租赁物所有权证明文件及租金入账证明等;提供个人金融及非金融资产证明的,需提供相关权利凭证。

3. C。【解析】个人贷款的具体审查内容包括:(1)借款人资格和条件是否具备。(2)借款用途是否符合银行规定。(3)申请借款的金额、期限等是否符合有关贷款办法和规定。(4)借款人提供的材料是否完整、合法、有效。(5)贷前调查人的调查意见、对借款人资信状况的评价分析以及提出的贷款建议是否准确、合理。(6)对报批贷款的主要风险点及其风险防范措施是否合规有效。(7)其他需要审查的事项。

4. A。【解析】同笔贷款的合同填写人与合同复核人不得为同一人。

5. A。【解析】采用多人审批时,一般采用2/3多数票原则。

6. A。【解析】开户放款包括一次性开户放款和分次放款。

7. D。【解析】个人贷款贷后检查主要包括:对借款人的检查;对担保情况的检查。对担保情况的检查包括:对保证人的检查;对抵押物的检查;对质押权利的检查。

8. C。【解析】借款期限调整,1年以内(含)

的个人贷款,展期期限累计不得超过原贷款期限;1年以上的个人贷款,展期期限累计与原贷款期限相加,不得超过该贷款品种规定的最长贷款期限。

9. D。【解析】商业银行一般将贷款划分为正常、关注、次级、可疑和损失五类。其中,可疑贷款是指贷款银行已要求借款人及有关责任人履行保证、保险责任,处理抵(质)押物,预计贷款可能发生一定损失,但损失金额尚不能确定。

10. C。【解析】申请评分模块是整个个贷审批流程中的一个环节,在贷款调查和审核之后,人工审批和贷款发放之前,是贷前风险识别评估的重要手段。

11. D。【解析】基于申请评分的决策机制包括以下三种:排除政策决策、硬政策决策、评分阈值和挑选政策决策。

12. C。【解析】银行在制定催收策略时,需要综合考量回收金额、催收成本和客户满意度三方面因素。

13. B。【解析】商业银行的资金成本和个人贷款定价呈正相关关系。银行个人贷款定价对经济周期和宏观经济政策比较敏感,具有顺经济周期特性,当宏观经济趋热时,提高个人贷款定价;反之,降低个人贷款定价。

14. D。【解析】操作风险的诱因可分为人员因素、内部流程、系统缺陷和外部事件四大类别。

15. A。【解析】押品管理应遵循差别化原则,根据不同类型押品的特点,在准入、审查、价值评估和贷后监控等方面采取不同的政策、标准、方法和要求。

16. A。【解析】押品管理流程六环节:材料受理、审查、押品价值评估、抵质押权的设立与变更、押品日常管理、押品的返还与处置。

17. C。【解析】公路收费权、应收租金、学校收费权等作为抵押品时,价值评估优先选择的估值方法是收益现值法。故C项正确。另外,保单作为抵押品时,价值评估优先选择的估值方法是现金价值法;商用房地产作为抵押品时,应根据市场比较法和收益法孰低原则选择抵质押品价值评估方法。

18. B。【解析】B项正确的表述应是:权属清晰,抵质押人对押品具有处分权。

19. B。【解析】质押债权价值=Min{质押债券发行价;质押债券市价;质押债券面值}×质押债券数量=98×32 500=3 185 000(元),贷款本息金额=300×(1+5%)=315(万元),则抵质押率=抵押品担保债权的本息金额/押品评估价值×100% = 3 150 000/3 185 000×100% =98.90%。

20. C。【解析】信贷经营部门应及时将收取的抵质押权证移交入库保管,原则上应在收取权证后的当日内将权证移交保管部门进行保管,涉及票据质押的,在入库前票据审核人员应对银行承兑汇票审核确认。

21. D。【解析】信贷经营部门与保管部门应建立押品权证的定期核对制度,按季逐项清点和核对,每年至少一次登记簿与权证的逐项清点和核对,确保账、实、簿三者相符。

二、多项选择题

1. ABCDE。【解析】个人贷款采取保证担保方式的,应调查:(1)保证人是否符合《中华人民共和国民法典》及其司法解释规定,具备保证资格。(2)保证人为法人的,要调查保证人是否具备保证人资格、是否具有代偿能力。(3)保证人为自然人的,应要求保证人提交相关材料,应查验贷款保证人提供的资信证明材料是否真实有效。(4)保证人与借款人的关系。(5)核实保证人保证责任的落实,查验保证人是否具有保证意愿并确知其保证责任。

2.BCDE。【解析】贷款审批人对个贷业务的审批意见类型为"同意""否决"两种,故A项错误。

3.ABCDE。【解析】贷款审批中需要注意的事项包括:(1)确保业务办理符合银行政策和制度。(2)确保贷款申请资料合规,资料审查流程严密。(3)确保贷款方案合理,对每笔借款申请的风险情况进行综合判断,保证审批质量。(4)确保符合转授权规定,对于单笔贷款超过经办行审批权限的,必须逐笔将贷款申请及经办行审批材料报上级行进行后续审批。(5)严格按流程逐级审批。

4.ABDE。【解析】除题中四项外,借款人、担保人构成违约行为的情况还包括:(1)抵押物受毁损导致其价值明显减少或贬值,以致全部或部分失去了抵押价值,足以危害贷款银行利益,而借款人未按贷款银行要求重新落实抵押、质押或保证的。(2)抵押人、出质人未经贷款银行书面同意擅自变卖、赠与、出租、拆迁、转让、重复抵(质)押或以其他方式处置抵(质)押物的。(3)借款人、担保人在贷款期间的其他违约行为。

5.ABCD。【解析】借款人需要调整借款期限,应向银行提交期限调整申请书,并必须具备以下前提条件:贷款未到期;无欠息;无拖欠本金;本期本金已归还。期限调整

后,银行将重新为借款人计算分期还款额。

6.ADE。【解析】个人贷款档案可以是原件,也可以是具有法律效力的复印件,故B项错误。借款人还清贷款本息后,一些档案资料需要退还借款人,故C项错误。

7.ABCDE。【解析】个人贷款的定价原则包括成本收益原则、风险定价原则、参照市场价格原则、组合定价原则、与宏观经济政策一致原则。

8.ABCDE。【解析】在专家判断法中,"5C"要素分析法长期以来得到广泛应用。"5C"指借款人道德品质(Character)、能力(Capacity)、资本(Capital)、担保(Collateral)、环境(Condition)。

9.ADE。【解析】信用卡行为评分决策流程,通过启动每月评分流程、客户申请额度调整流程和银行主动额度调整流程,行为评分系统按照设定的规则和计算标准自动输出建议决策,包括同意给予额度调整、不给予额度调整或者通过人工审批额度调整,同时输出每个参与行为评分客户的影子额度和建议授信额度。

10.AB。【解析】行为评分,包括个贷行为评分和信用卡行为评分,是零售分池系统的输入项,是零售资产分池的重要维度和标准。

11.ABCDE。【解析】押品管理的原则包括合法性原则、有效性原则、审慎性原则、差别化原则、平衡制约原则。

12.ABCDE。【解析】当发生下列情况,即使未到重估周期,也应对押品价值进行重新评估:(1)押品市场价格发生大幅下跌。(2)债务人财务状况恶化或发生信贷违约事件,如公司类贷款逾期90天以上或发生其他重大风险事件。(3)被认定为

"假个贷"、疑似"假个贷"，押品价值可能发生重大不良变化。(4)押品担保的信贷资产风险分类向下迁徙为不良贷款。(5)押品由信贷经营部门移交资产保全部门。(6)发生重大风险事项等其他需要重估的事项。

13. ABCDE。【解析】押品处置阶段包括押品变更、押品提前释放、押品返还、押品处置与移交等内容。

三、判断题

1. A。【解析】业务部门应根据贷款审批人的审批意见做好的工作之一是：对未获批准的借款申请，贷前调查人应及时告知借款人，将有关材料退还，并做好解释工作，同时做好信贷拒批记录存档。

2. B。【解析】对于决策意见为"否决"的业务，申报机构（部门）认为有充分的理由时，可提请重新审议（称为复议），但申请复议时申报机构（部门）需针对前次审批提出的不同意理由补充相关资料，原信贷审批部门有权决定是否安排对该笔业务的复议。

3. B。【解析】个人客户的信用风险主要通过分析客户的还款能力与还款意愿两个方面来识别。

4. A。【解析】根据催收评分，按照客户风险可以进行二维分类；结合催收评分和余额，可以从三个维度上对客户进行分类；采用多种催收评分可进行多维分类。

5. B。【解析】内部欺诈事件指故意骗取、盗用财产或违反监管规章、法律或公司政策导致的事件。此事件至少涉及内部一方，但不包括歧视及差别待遇事件。

第三章 个人住房贷款

要点导图

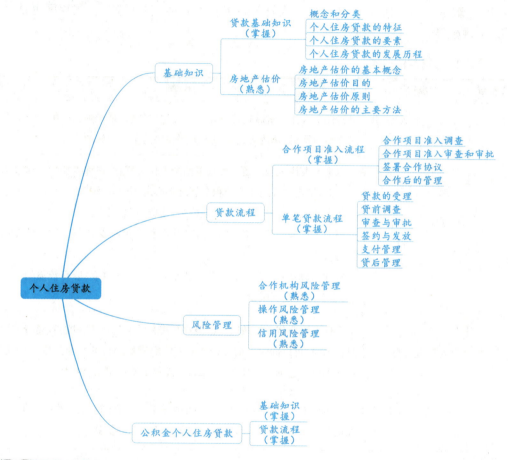

知识解读

一、基础知识

（一）贷款基础知识

1. 个人住房贷款概念

个人住房贷款是指银行向自然人发放的,用于购买、建造和大修理各类型住房的贷款。

个人住房贷款在各国个人贷款业务中都是最主要的产品,在我国也是最早开办、规模最大的个人贷款产品。

个人住房贷款业务是购房人（借款人）、贷款银行以及房屋卖方（开发商或二手房卖主）等多方交易主体以购房人所购的特定房屋为纽带，通过购房合同、借款合同、房屋抵押合同或其他担保合同所约定的权利、义务关系约束的市场交易行为。

典题精练

【例1·单项选择题】我国最早开办、规模最大的个人贷款产品是（　　）。

A. 个人教育贷款　　　　　　　　B. 个人住房贷款

C. 个人汽车贷款　　　　　　　　D. 个人经营性贷款

B。【解析】个人住房贷款在各国个人贷款业务中都是最主要的产品，在我国也是最早开办、规模最大的个人贷款产品。

2. 个人住房贷款的分类

分类依据	类型	内容
资金来源	自营性个人住房贷款	自营性个人住房贷款也称商业性个人住房贷款，是指银行运用信贷资金向在城镇购买、建造或大修理各类型住房的个人发放的贷款
	公积金个人住房贷款	公积金个人住房贷款是一种政策性个人住房贷款，也称委托性住房公积金贷款，是指由各地住房公积金管理中心运用个人及其所在单位所缴纳的住房公积金，委托商业银行向购买、建造、翻建或大修自住住房的住房公积金缴存人以及在职期间缴存住房公积金的离退休职工发放的专项住房贷款。 该贷款不以营利为目的，实行"低进低出"的利率政策，带有较强的政策性，贷款额度受到限制
	个人住房组合贷款	个人住房组合贷款指按时足额缴存住房公积金的职工在购买、建造或大修住房时，可以同时申请公积金个人住房贷款和自营性个人住房贷款，从而形成特定的个人住房贷款组合，简称个人住房组合贷款
住房交易形态	新建房个人住房贷款	新建房个人住房贷款俗称个人一手房贷款，是指银行向符合条件的个人发放的、用于在住房一级市场上购买新建住房的贷款
	个人二手房住房贷款	个人二手房住房贷款指银行向符合条件的个人发放的、用于购买在住房二级市场上合法交易的各类型个人住房的贷款
贷款利率的确定方式	固定利率个人住房贷款	固定利率个人住房贷款指在一定期间内，贷款利率保持不变的人民币个人住房贷款
	浮动利率个人住房贷款	浮动利率个人住房贷款指房贷利率采取浮动制，中长期贷款利率根据央行的基准利率变化及时调整的人民币个人住房贷款

典题精练

【例2·单项选择题】下列选项中,不属于按照资金来源划分的个人住房贷款种类的是(　　)。

　A. 个人住房组合贷款　　　　　　B. 自营性个人住房贷款

　C. 个人二手房住房贷款　　　　　D. 公积金个人住房贷款

C。【解析】按照资金来源划分,个人住房贷款可分为自营性个人住房贷款、公积金个人住房贷款和个人住房组合贷款。个人二手房住房贷款属于按照住房交易形态划分的种类。

3. 个人住房贷款的特征

要点	内容
贷款期限长	个人住房贷款相对其他个人贷款而言,金额较大,期限较长,通常为10～20年,最长可达30年,绝大多数采取分期还本付息的方式
大多以抵押为前提建立借贷关系	一般情况下,个人住房贷款是以住房作抵押这一前提条件发生的资金借贷行为。从融通资金的方式来说,个人住房贷款是以抵押物的抵押为前提而建立起来的一种借贷关系
风险具有系统性特点	由于个人住房贷款大多数为房产抵押担保贷款,因此风险相对较低,但由于大多数个人住房贷款具有类似的贷款模式,系统性风险也相对集中

典题精练

【例3·多项选择题】下列关于个人住房贷款特点的说法中,错误的有(　　)。

A. 贷款金额大、期限长

B. 绝大多数采取分期付款的方式

C. 风险具有系统性特点

D. 是以保证为前提建立的借贷关系

E. 实质是一种融资关系而非商品买卖关系

DE。【解析】个人住房贷款的特征:(1)贷款期限长。个人住房贷款相对其他个人贷款而言,金额较大,期限也较长,通常为10～20年,最长可达30年,绝大多数采取分期还本付息的方式。(2)大多以抵押为前提建立借贷关系。从融通资金的方式来说,个人住房贷款是以抵押物的抵押为前提而建立起来的一种借贷关系。(3)风险具有系统性特点。从第一个特征来看,A、B两项正确。从第二个特征来看,D、E选项错误。从第三个特征来看,C项正确。

4. 个人住房贷款的要素

要点	内容
贷款对象	个人住房贷款的对象应是具有完全民事行为能力的中华人民共和国公民或符合国家有关规定的境外自然人。同时，申请人还须满足贷款银行的其他要求： (1)合法有效的身份或居留证明。 (2)有稳定的经济收入，良好的信用状况，有偿还贷款本息的能力。 (3)有贷款银行认可的资产进行抵押或质押，或有足够代偿能力的法人、其他经济组织或自然人作为保证人。 (4)有合法有效的购买(建造、大修)住房的合同、协议、符合规定的首付款证明材料及贷款银行要求提供的其他证明文件。 (5)贷款银行规定的其他条件
贷款期限	个人一手房贷款和二手房贷款的期限由银行根据实际情况合理确定，最长期限都为30年。 个人二手房贷款的期限不能超过所购住房的剩余的土地使用权期限。 对于借款人已离退休或即将离退休的，贷款期限不宜过长，一般女性自然人的还款年限不超过60岁，男性自然人的还款期限不超过65岁。符合相关条件的，女性可放宽至65岁，男性可放宽至70岁
贷款利率	商业性个人住房贷款利率以最近一个月相应期限的贷款市场报价利率(LPR)为定价基准加点形成。加点数值应符合全国和当地住房信贷政策要求，体现贷款风险状况，合同期限内固定不变。其中，首套商业性个人住房贷款利率不得低于相应期限贷款市场报价利率，二套商业性个人住房贷款利率不得低于相应期限贷款市场报价利率加60个基点。 个人住房贷款的计息、结息和重定价方式，由借贷双方协商确定。其中，采用浮动利率的商业性个人住房贷款，利率重定价周期最短为1年。利率重定价日，定价基准调整为最近一个月相应期限的贷款市场报价利率。
还款方式	个人住房贷款可采取多种还款方式进行还款。其中，以等额本息还款法和等额本金还款法最为常用。 一般来说，贷款期限在1年以内(含1年)的，借款人可采取一次还本付息法，即在贷款到期日前一次性还清贷款本息。贷款期限在1年以上的，可采用等额本息还款法和等额本金还款法等。 借款人可以根据需要选择还款方法，但一笔借款合同只能选择一种还款方法
担保方式	在个人住房贷款业务中，采取的担保方式以抵押担保为主，在未实现抵押登记前，普遍采取抵押加阶段性保证的方式。在所抵押的住房取得房屋所有权证并办妥抵押登记后，根据合同约定，保证人不再承担保证责任。少数情况下，个人住房贷款可采用质押、保证的担保方式。 (1)采用抵押担保方式的，抵押的财产必须符合《中华人民共和国民法典》的法定条件。银行通常要求借款人以所购住房作抵押，往往规定其贷款额度不得超过抵押物价值的一定比例。 (2)采用质押担保方式的，质物必须符合《中华人民共和国民法典》的法定条件。 (3)采用保证担保方式的，保证人为借款人提供的贷款担保为全额连带责任保证，借款人之间、借款人与保证人之间不得相互提供保证

(续表)

要点	内容
贷款额度	根据现行规定,个人住房贷款最低首付款比例为20%,具体有以下规定: (1)在不实施"限购"措施的城市,居民家庭首次购买普通住房的商业性个人住房贷款,原则上最低首付比例为25%,各地可向下浮动5个百分点。对拥有1套住房并已结清相应购房贷款的家庭,为改善居住条件再次申请贷款购买普通商品住房,执行首套房贷款政策;对拥有1套住房且相应购房贷款未结清的居民家庭,为改善居住条件再次申请商业性个人住房贷款购买普通住房,最低首付款比例为不低于30%;对拥有2套及以上住房并已结清相应购房贷款的家庭,又申请贷款购买住房,根据借款人偿付能力、信用状况等因素审慎把握并具体确定首付款比例。 (2)在实施"限购"措施的城市,居民购买首套普通自住房的家庭,贷款最低首付比例为30%;对拥有1套住房并已结清相应购房贷款的家庭,为改善居住条件再次申请贷款购买普通商品住房的,执行首套房贷款政策;对拥有1套住房且相应购房贷款未结清的居民家庭,为改善居住条件再次申请商业性个人住房贷款购买普通自住房,最低首付款比例为不低于40%,具体首付款比例由银行业金融机构根据借款人的信用状况和还款能力等合理确定

典题精练

【例4·单项选择题】个人住房贷款业务中,在房屋未办妥正式抵押登记前,普遍采取的担保方式是(   )。

A. 保证
B. 预抵押
C. 阶段性保证
D. 抵押加阶段性保证

D。【解析】在个人住房贷款业务中,采取的担保方式以抵押担保为主,在未实现抵押登记前,普遍采取抵押加阶段性保证的方式。

5. 个人住房贷款的发展历程

(1)国内个人住房贷款最早萌芽于改革开放初期,源于城市住宅制度的改革。

(2)1980年,在全国城市房屋住宅工作会议上,住房商品化作为今后的工作设想被提了出来,同时提出了购房可分期付款的思路。

(3)1985年,中国建设银行率先开办了土地开发和商品房贷款,成为国内最早开办住房贷款业务的国有商业银行。

(4)1987年,作为首批住房体制改革的试点城市,烟台、蚌埠两市分别成立了住房储蓄银行,开始发放住房贷款。

(5)自1988年起,中国建设银行和中国工商银行相继成立了房地产信贷部,专门从事住房信贷业务,承办各个地方政府委托的住房金融业务,并出台了住房抵押贷款的相关管理办法,个人住房贷款开始陆续向规模化、制度化发展。

(6)1994年和1995年,中国人民银行先后印发《政策性住房贷款业务管理暂行规定》和《商业银行自营性住房贷款管理暂行规定》等文件,我国政策性和自营性住房信贷业务并行的信贷体系基本确立。

(7)1997年,中国人民银行颁布了《个人住房担保贷款管理试行办法》等一系列关于个人住房贷款的制度办法,标志着国内住房贷款业务的正式全面启动。

（8）1998 年,住房制度改革以及中国人民银行《个人住房贷款管理办法》的颁布标志着个人住房贷款真正的快速发展。

（9）1998 年 7 月 3 日,国务院正式宣布停止住房实物分配,逐步实行住房分配货币化,同时,"建立和完善以经济适用住房为主的多层次城镇住房供应体系"被确定为住房体制改革的基本方向,个人住房贷款业务逐步进入快速发展阶段。

（10）2003 年,房地产市场进入快速发展阶段,围绕房地产的宏观调控也全面开始,调控工具越来越丰富。从 2007 年开始,住房信贷政策也成为调控住房市场的重要工具之一。

（11）到 2006 年年末,全国个人住房贷款余额已达 2.25 万亿元,占各项贷款余额的 10%。

（12）当前,房地产市场进入新的调控阶段,即牢牢坚持房子是用来住的、不是用来炒的定位,按照"分类指导,因地施策"的原则,坚持稳地价、稳房价、稳预期,实施好房地产金融审慎管理制度,在热点城市和地区实施严格的个人住房贷款限贷政策。

（13）2020 年 12 月,中国人民银行、中国银行保险监督管理委员会联合发布《关于建立银行业金融机构房地产贷款集中度管理制度的通知》,建立了房地产贷款集中度管理制度,对银行业金融机构房地产贷款、个人住房贷款占全部贷款的比重设置上限要求。该制度有助于提高金融体系的韧性和稳健性,促进房地产市场平稳健康发展,也有助于强化银行业金融机构内在约束,优化信贷结构,推动金融、房地产同实体经济均衡发展。

📖 典题精练

【例5·单项选择题】(   )年,中国人民银行颁布了《个人住房担保贷款管理试行办法》等一系列关于个人住房贷款的制度办法,标志着国内住房贷款业务的正式全面启动。

A. 1998   B. 2001

C. 1992   D. 1997

D。【解析】1997 年,中国人民银行颁布了《个人住房担保贷款管理试行办法》等一系列关于个人住房贷款的制度办法,标志着国内住房贷款业务的正式全面启动。1998 年,住房制度改革以及中国人民银行《个人住房贷款管理办法》的颁布标志着个人住房贷款真正的快速发展。

（二）房地产估价（中级考试内容）

1. 房地产估价的基本概念

要点	内容
房地产概念	房地产是指土地、建筑物及其他地上定着物,它是实物、权益、区位的综合体。实体包括有形的实体、该实体的质量及组合完成的功能;权益包括权利、利益和收益;区位包括地理位置坐标位置、周围环境和景观、与重要场所的距离及通达的便捷性等
房地产估价的概念	房地产估价是指房地产专业估价人员,以房地产为对象,根据委托人不同的估价目的,遵循估价原则,按照估价程序,选用适宜的估价方法,在综合分析影响房地产价格因素的基础上,对房地产在估价时点的客观合理价格或价值进行测算和判定的活动

（续表）

要点	内容
房地产的特性	（1）独一无二。 （2）不可移动。 （3）供给有限。土地总量有限且不可再生，相对于人们对土地的需求日益扩大，土地总量供给是有限的；房地产供给不能集中于一处。 （4）寿命长久。土地具有不可毁灭的特性，但是政府可规定土地使用期限（目前我国政府规定土地使用权出让年限：居住用地70年，工业用地50年，教育、科技、文化卫生、体育用地50年，商业、旅游、娱乐用地40年、综合或其他用地50年）。 （5）流动性差。房地产由于不可移动、独一无二、价值量大等特性，加上交易手续较为复杂等原因，使得同一宗房地产的买卖不会频繁发生，一旦需要出售，通常需要较长的时间才能完成交易。 （6）用途多样。 （7）价值量大。与一般商品相比，房地产的单价高、总价大。对于普通居民而言，购买一套普通商品住宅，需要花费多年的积蓄。 （8）相互影响。房地产的价值与周边房地产的状况密切相关
房地产的类型	（1）按使用方式分为出租、销售、营业和自用房地产。 （2）按是否产生收益分为收益性和非收益性房地产。 （3）按开发程度分为生地、熟地、毛地、在建工程和现房。 （4）按用途分为居住、办公、旅游、商业、餐饮、农业、娱乐工业和仓储、特殊用途（机场、车站、医院、学校等）和综合房地产（具有前述两种以上用途）

典题精练

【例6·单项选择题】房地产按（　　　　）分类，可分为销售、出租、营业和自用房地产。

A. 用途　　　　　　　　　　B. 开发程度

C. 使用方式　　　　　　　　D. 是否产生收益

C。【解析】房地产的类型：（1）按用途分为居住、商业、办公、旅游、餐饮、娱乐工业和仓储、农业、特殊用途（机场、车站、医院、学校等）和综合房地产（具有前述两种以上用途）。（2）按开发程度分为生地、毛地、熟地、在建工程和现房。（3）按是否产生收益分为收益性和非收益性房地产。（4）按使用方式分为销售、出租、营业和自用房地产。

2. 房地产估价目的

房地产估价目的指的是房地产估价报告的期望用途，即委托方为了什么需要而聘请估价方估价。

不同的估价目的将影响估价结果。估价目的不同，估价的依据、估价时点的选取、所采用的价值标准、估价时应考虑的因素、估价方法的选用等就可能不同，甚至估价对象本身的范围界定也可能不同。因此，估价目的限制了估价报告的用途，针对某种估价目的得出的估价结果，不能盲目套用于与其不相符的用途。

针对不同估价目的所采用的价值标准，分为公开市场价值标准和非公开市场价值标准。采用公开市场价值标准时，要求评估价应是公开市场价值。

公开市场价值是指在下列交易条件下最可能实现的价格：

(1)交易双方具有必要的专业知识并了解交易对象。

(2)交易双方有较充裕的时间进行交易。

(3)交易双方掌握必要的市场信息。

(4)交易双方自愿进行交易。

(5)交易双方进行交易的目的是追求各自利益的最大化。

(6)不存在买者因特殊兴趣而给予附加出价。

3.房地产估价原则

要点	内容
最高最佳使用原则	要求以估价对象的最高最佳使用为前提进行估价。最高最佳使用是指法律上许可、技术上可能，经济上可行，并经过充分合理的论证，能使估价对象的价值达到最大的一种使用方式，包括最佳规模、最佳用途和最佳集约度
合法原则	要求以估价对象的合法权益为前提进行估价。合法权益包括合法产权、合法使用、合法处分等方面。履行合法原则应做到：在合法产权方面，应以房地产权属证书、权属档案的记载或其他合法证件为依据。在合法使用方面，应以使用管制（如城市规划、土地用途管制等）为依据。在合法处分方面，应以法律法规或合同（如土地使用权出让合同）等允许的处分方式为依据。在其他方面，包括评估价必须符合国家的价格政策等
公平原则	要求估价人员要坚持中立的立场，评估出对各方当事人都公平合理的价格
估价时点原则	要求估价结果应是估价对象在估价时点的客观合理价格或价值。由于影响房地产价格的因素不断变化，因此房地产价格具有很强的时间性。因此，估价中要注意估价目的、估价时点、估价对象状况和房地产市场状况四者的内在联系
替代原则	要求估价结果不得明显偏离类似房地产在同等条件下的正常价格。类似房地产是指在用途、规模、档次、建筑结构、权利性质等方面与估价对象处在同一供求范围内的房地产。同一供求范围是指与估价对象具有替代关系、价格会相互影响和其他房地产的总体范围

典题精练

【例7·多项选择题】下列关于房地产估价的说法中，正确的有(   )。

A.房地产估价目的限制了估价报告的用途

B.房地产价格具有很强的时间性

C.估价对象的最高最佳使用包括最佳用途、最佳规模和最佳集约度

D.要求估价结果不得明显偏离类似房地产在同等条件下的正常价格

E."交易双方进行交易的目的是追求各自利益的最大化"属于非公开市场价值标准的条件

ABCD。【解析】A项属于房地产估价目的，阐述正确。B项体现了房地产估价的估价时点原则。C项体现了房地产估价的最高最佳使用原则。D项体现了房地产估价的替代原则。E项，"交易双方进行交易的目的是追求各自利益的最大化"是房地产估价公开市场价值的条件之一。故E项错误。

4.房地产估价的主要方法

房地产估价方法主要有成本法、市场法、收益法、假设开发法、长期趋势法、基准地价修正法等。

(1)成本法。具体内容如下表。

要点	内容
理论依据	生产费用价值论——商品的价格是由其生产所必要的费用决定的
适用的对象和条件	只要是新近开发建设、可以假设重新开发建设或计划开发建设的房地产,都可以采用成本法估价。 成本法特别适用于那些既无收益又很少发生交易、有独特设计需要的房地产的估价,如学校、体育场馆、图书馆、医院、军队营房、政府办公楼、化工厂、码头、机场等。 单纯建筑物的估价以及市场不完善或市场狭小无法运用市场法时也多采用成本法估价。在房地产保险(包括投保和理赔)及其他损害赔偿中,通常也采用成本法估价
操作步骤	①搜集有关房地产开发建设的成本、税费、利润等资料。 ②测算重新构建价格:重新构建价格是指在估价时点重新取得或开发全新状况的估价对象所需付出的客观成本和应获得的平均水平利润之和。 ③测算折旧:估价对象为建筑物时需测算。估价上的"折旧"指市场价值的真实减损,非会计意义上的原始价值分摊、补偿或回收的"折旧"。 ④求取积算价格:积算价格 = 重新构建价格 − 折旧
难点	成本法的难点在于不同时期、不同地区、不同类型房地产的价格构成极其复杂,且折旧包含物质上、功能上和经济上的价值减损,求取的难度较大

(2)市场法。具体内容如下表。

要点	内容
理论依据	房地产价格形成的替代原理
适用的对象	市场法适用的对象是交易活跃的房地产,如房地产开发用地、商品住宅、写字楼、商场、标准工业厂房等。对于那些很少发生交易的房地产,如特殊工业厂房、教堂、学校、寺庙等,则难以采用市场法估价
适用的条件	市场法适用于在同一供求范围内存在较多类似房地产的交易。如在房地产市场发育不良、市场不活跃的地区,则难以采用市场法估价
操作步骤	①搜索交易实例:交易实例必须具有丰富性、真实性和完整性。 ②选取 3 ~ 10 个可比实例。 ③建立可比价格基础:统一付款方式、统一采用单价、统一面积内涵、统一面积单位。 ④交易情况修正。 ⑤交易日期修正。 ⑥房地产状况调整。 ⑦求取比准价格
难点	市场法的难点在于如何保证可比实例成交价格的客观合理性,以及如何对其各种因素进行修正或调整。如房地产市场不稳定,房价暴涨暴跌时,采用市场法估价的难度就很大。在出现房地产泡沫时,采用市场法有可能高估房价

（3）收益法。具体内容如下表。

要点	内容
理论依据	收益法是以预期原理为基础的。预期原理说明，决定房地产当前价值的，是市场参与者对其未来所能带来的收益或能得到的满足、乐趣等的预期
适用的对象	收益法适用的对象是有收益或有潜在收益的房地产，如公寓、旅馆、商店、写字楼、停车场、影剧院、标准厂房等，它不限于估价对象本身现在是否有收益，只要其所属的这类房地产有获取收益的能力即可
适用的条件	房地产的收益和风险都能够较准确的量化
操作步骤	①搜集并验证与估价对象未来预期收益相关的数据资料。 ②预测估价对象的未来收益（主要有潜在毛收入、有效毛收入、净运营收益和税前现金流量）。 ③求取回报率（排序插入法、市场提取法和累加法）或资本化率、收益乘数（市场提取法）。 ④选用适宜的收益法公式计算出收益价格
难点	收益法的难点在于求取净收益时的扣除项目"运营费用"如何准确界定以及如何确定合理的报酬率或资本化率。在房地产市场繁荣时期，收益法容易高估预期收益从而高估房价

（4）假设开发法。具体内容如下表。

要点	内容
理论依据	假设开发法是一种科学实用的估价方法，其理论依据与收益法相同，是预期原理。假设开发法在形式上是评估新开发完成的房地产价格的成本法的倒算法
适用的对象和条件	假设开发法适用于具有投资开发或再开发潜力的房地产的估价，如待开发的土地、在建工程、可装修改造或可改变用途的旧房等。对于有城市规划设计条件要求、但规划设计条件尚未明确的待开发房地产，难以采用假设开发法估价
操作步骤	①调查待开发房地产的基本情况。 ②选择最佳的开发利用方式。 ③估计开发经营期（起点是取得估价对象的日期，即估价时点，终点是预计开发完成后的房地产经营结束日期）。 ④预测开发完成后的房地产价值。 ⑤测算开发成本、税费和利润等。 ⑥求取待开发房地产价格（采用现金流量折现法或传统计算利息的方法）
难点	假设开发法的难点在于利润的估算和预计估价对象开发完成后的价格

（5）房地产估价方法的选用。

①对同一估价对象宜选用两种以上的估价方法进行估价。

②根据已明确的估价目的，若估价对象适宜采用多种估价方法进行，应同时采用多种估价方法进行估价，不得随意取舍。

③收益性房地产的估价，应选用收益法作为其中的一种估价方法。

④在无市场依据或市场依据不充分而不宜采用市场法、收益法、假设开发法进行估价的情况下,可采用成本法作为主要的估价方法。

⑤有条件选用市场法进行估价的,应以市场法为主要估价方法。

典题精练

【例8·多项选择题】房地产估价方法主要有(　　)。

A.市场法　　　　　　　　　B.假设开发法

C.工程进度法　　　　　　　D.长期趋势法

E.基准地价修正法

ABDE。【解析】房地产估价方法主要有成本法、市场法、收益法、假设开发法、长期趋势法、基准地价修正法等。

本节速览

个人住房组合贷款	新建房个人住房贷款	个人二手房住房贷款	房地产估价
市场法	成本法	收益法	假设开发法

二、贷款流程

(一)合作项目准入流程

1.合作项目准入调查

要点	内容
开发商资信调查	(1)房地产开发商资质调查。目前,房地产开发企业按照企业条件分为一、二、三、四共四个资质等级,新设立的房地产开发企业符合条件的核发《暂定资质证书》。其中,一级资质的房地产开发企业承担房地产项目的建设规模不受限制,可以在全国范围内承揽房地产开发项目。二级资质及二级资质以下的房地产开发企业可以承担建筑面积25万平方米以下的开发建设项目,承担业务的具体范围由省、自治区、直辖市人民政府建设行政主管部门确定。各资质等级企业应当在规定的业务范围内从事房地产开发经营业务,不得越级承担任务。 (2)企业资信等级或信用程度。 (3)企业法人营业执照。 (4)会计报表。 (5)开发商的债权债务和为其他债权人提供担保的情况。 (6)企业法人代表的个人信用程度和管理层的决策能力
项目调查	(1)项目资料的完整性、真实性和有效性调查。 (2)项目的合法性调查。 (3)项目工程进度调查。 (4)项目资金到位情况调查

（续表）

要点	内容
对项目的实地考察	（1）开发商从事房地产建筑和销售的资格认定，检查项目的工程进度是否到达政府部门规定预售的进度内。 （2）检查项目的位置是否理想，考察房屋售价是否符合市场价值，同时对项目的销售前景做出理性判断。 （3）检查开发商所提供的资料和数据是否与实际一致，是否经过政府部门批准，从而保证项目资料的真实性、合法性
撰写调查报告	信贷人员依照银行的有关规定通过对开发商资信调查、项目有关资料调查以及实地考察后撰写出项目调查报告，报告应包括以下内容： （1）开发商的企业概况、资信状况。 （2）开发商要求合作的资金到位情况、项目情况、工程进度情况、市场销售前景。 （3）通过商品房销售贷款的合作可给银行带来的效益和风险分析，即银行通过与开发商进行商品房销售合作，将对资产业务、负债业务、中间业务等各类业务带来哪些效益和风险。 （4）项目合作的可行性结论以及对可提供个人住房贷款的规模、相应年限及贷款成数提出建议

典题精练

【例9·单项选择题】在个人住房贷款的合作项目准入调查环节，下列不属于对开发商资信调查的内容的是（　　）。

A. 房地产开发商资质

B. 项目资金到位情况

C. 企业资信等级或信用程度

D. 企业法人代表的个人信用程度和管理层的决策能力

B。【解析】开发商资信调查具体包括：（1）房地产开发商资质调查。（2）企业资信等级或信用程度。（3）企业法人营业执照。（4）会计报表。（5）开发商的债权债务和为其他债权人提供担保的情况。（6）企业法人代表的个人信用程度和管理层的决策能力。

2. 合作项目准入审查和审批

（1）准入审查。审查人员审查内容主要包括：开发商及住房楼盘项目资料的完整性、有效性和合规性；开发商及住房楼盘项目是否符合准入条件；项目开发进度是否正常，项目到位资金是否充足；项目销售价格是否合理；项目销售前景是否良好；是否存在影响后续个人住房贷款安全性的不利因素；调查报告内容和结论是否合理。审查人员提出准入审查意见，并根据实际情况提出合作的限制性条件。

（2）准入审批。审批人员主要对开发商及住房楼盘项目的合法性、可行性，销售价格的合理性，项目市场前景，以及后续贷款合作的安全性等进行综合判断后，进行准入审批。

3. 签署合作协议

合作项目经审批同意准入的，银行与开发商签署商品房销售贷款合作协议，约定双方合作事宜、权利和义务，明确贷款阶段性保证担保、后续权证办理等重要内容。

合作项目签署合作协议后，可正式开展按揭合作，办理单笔个人住房贷款。

4. 合作后的管理

银行与开发商确立合作后，还需要加强对开发商和合作项目的后续管理，主要包括：及时了解开发商的工程进度，防止"烂尾"工程；及时了解开发商的经营及财务状况是否正常，担保责任的履行能力能否保证；借款人的入住情况及对住房的使用情况等；借款人早期发生违约行为后，及时通知开发商履行担保责任；密切注意和掌握房地产市场的动态等。

（二）单笔贷款流程

1. 贷款的受理

个人住房贷款的申请材料清单如下：

（1）合法有效的身份证件，包括居民身份证、户口本、军官证、警官证、文职干部证、港澳台居民还乡证、居留证件或其他有效身份证件及婚姻状况证明。

（2）借款人还款能力证明材料，包括收入证明材料和有关资产证明等。

（3）合法有效的购房合同。

（4）涉及抵押担保的，需提供抵押物的权属证明文件以及有处分权人同意抵押的书面证明，一般操作模式下，财产共有人在借款（抵押）合同上直接签字，可无书面声明。

（5）涉及保证担保的，需保证人出具同意提供担保的书面承诺，并提供能证明保证人保证能力的证明材料。

（6）购房首付款证明材料，包括借款人首付款交款单据（如发票、收据、银行进账单、现金交款单等），首付款尚未支付或者首付款未达到规定比例的，要提供用于购买住房的自筹资金的有关证明。

（7）银行规定的其他文件和资料。

2. 贷前调查

（1）调查的内容。

要点	内容
审核贷款真实性	贷前调查人应调查借款人家庭拥有住房情况是否符合规定，借款申请人购房行为的真实性，对存在虚假购房行为套贷的，不予贷款
审核首付款证明	个人一手住房贷款的首付款证明材料包括开发商开出的发票或收据、借款申请人支付首付款的银行进账单等，如果不能提供开发商开具的发票，须同时提供开发商开具的首付款收据及银行 POS 机单据，在对上述材料查验确认真实、有效后，可视为首付款证明材料齐备。 贷前调查人应查验首付款证明是否由售房单位开具并加盖售房单位的财务专用章；首付款证明原件与复印件是否一致、首付款金额是否达到贷款条件要求、交款单据上列明的所购房产是否与购房合同或协议一致；发票是否为税务局核发的商品房专用发票。 个人二手住房贷款的首付款证明材料包括借款申请人支付首付款的转账凭证，售房人签字确认的首付款收据等

（续表）

要点	内容
审核购房合同或协议	一手住房贷款贷前调查人应查验借款申请人提交的商品房销售合同或协议上的房屋坐落与房地产开发商的商品房销售许可证或售房单位的房地产权证是否一致，审核购房合同的销售登记备案手续是否办妥；所购住房面积、售价是否明确、合理等；查验合同签署日期是否明确，所购住房是现房还是期房，交房日期是否明确；商品房买卖合同中的买方是否与借款人姓名一致；核对商品房买卖合同中的卖方是否是该房产的所有人，签字人是否为有权签字人或其授权代理人，所盖公章是否真实有效等。 二手住房贷款贷前调查人应核存量房买卖合同上的房屋坐落与售房人房地产权证是否一致，合同中的买方是否与借款人姓名一致，成交价格是否合理等
审核担保材料	对住房置业担保公司提供保证担保的，要对住房置业担保公司的营业期限、实有资本、经营状况、或有负债和是否按贷款银行要求存入足额保证金等进行全面调查，核实其担保能力；对开发商提供阶段性保证担保的，要对开发商的经营情况、财务状况、信用情况（主要包括履行担保责任情况、履约情况等）、高级领导层变动情况、是否卷入纠纷、与银行合作情况（主要包括是否在银行有房地产开发贷款、以前合作是否顺利等）等进行调查
审核借款人还款能力	银行应着重考核借款人还款能力，将借款人住房贷款的月房产支出与收入比控制在50%以下（含50%），月所有债务支出与收入比控制在55%以下（含55%）。收入应该是指申请人自身的可支配收入，即单一申请的为申请人本人可支配收入，共同申请的为主申请人和共同申请人的可支配收入。但对于单一申请的贷款，如银行考虑将申请人配偶的收入计算在内，则应该先予以调查核实，同时对于已将配偶收入计算在内的贷款也应相应地把配偶的债务一并计入

（2）调查的方式和要求。

①审查借款申请材料：贷前调查人通过审核借款申请材料了解借款申请人的基本情况、借款所购（建）房屋情况、贷款担保情况等。

②面谈借款申请人：贷前调查人应通过面谈了解借款申请人的基本情况、借款所购（建）房屋情况以及贷前调查人认为应调查的其他内容，判断购房人及购房行为的真实性。

3. 审查与审批

（1）贷款审查。贷款审查人负责对借款申请人提交的材料进行合规性审查，对贷前调查人提交的个人住房贷款调查审批表、贷前调查的内容是否完整以及面谈记录进行审查。贷款审查人认为需要补充材料和完善调查内容的，可要求贷前调查人进一步落实。如果贷款审查人对贷前调查人提交的材料和调查内容的真实性有疑问，可以进行重新调查。

贷款审查人审查完毕后，应对贷前调查人提出的调查意见和贷款建议是否合规、合理等，在个人住房贷款调查审查表上签署审查意见，连同申请材料、面谈记录等一并送交贷款审批人进行审批。

（2）贷款审批。个人住房贷款的审批流程可参照第二章个人贷款管理部分，报批材料具体包括个人住房贷款调查审批表、个人信贷业务报批材料清单、个人住房贷款借款申请书以及个人住房贷款办法及操作规程规定需提供的材料等。

4. 签约与发放

（1）贷款的签约。经审批同意的，贷款银行与借款人、担保人签订个人住房担保借款合同，明确各方权利和义务。借款合同应符合法律规定，明确约定各方当事人的诚信承诺和贷款资金的用途、支付对象、支付条件、支付方式、支付金额等。贷款的签约流程可参照第二章个人贷款管理部分。

（2）贷款的发放。贷款发放前，贷款发放人应落实有关贷款发放条件。个人住房贷款应重点确认借款人首付款是否已全额支付到位。借款人所购房屋为新建房的，要确认项目工程进度符合人民银行规定的有关放款条件，其他内容请遵守个人贷款的规定。

典题精练

【例10·单项选择题】下列关于个人住房贷款的发放条件的说法中，错误的是(   )。
A. 确认贷款的担保手续是否已落实
B. 确认借款人首付款是否已部分支付到位
C. 确认采取委托扣划还款方式的借款人是否开立还本付息账户
D. 需要办理保险、公证等手续的，确认相关手续是否已办理完毕

B。【解析】首付款应全额支付，故 B 项错误。贷款发放前，个人住房贷款应重点确认借款人首付款是否已全额支付到位。借款人所购房屋为新建房的，要确认项目工程进度是否符合人民银行规定的有关放款条件，其他内容应遵守个人贷款的规定。

5. 支付管理

个人住房贷款应采用贷款人受托支付方式，银行直接将贷款支付给售房人。银行应规范受托支付的审核要件，明确受托支付的条件，要求借款人在使用贷款时提出支付申请，并授权贷款人按合同约定的方式支付贷款资金。银行应在贷款资金发放前审核借款人相关交易资料和凭证是否符合合同约定条件，支付后做好有关细节的认定工作。

贷款人受托支付完成后，应详细记录资金流向，归集保存相关凭证。

6. 贷后管理

（1）贷后检查。除参照个人贷款贷后检查的内容外，还应对开发商和项目以及合作机构进行调查。一手房贷款贷后检查的要点有：
①开发商的经营状况及账务状况。
②开发商涉诉情况。
③项目资金到位及使用情况。
④项目工程形象进度。
⑤项目销售情况及资金回笼情况。
⑥产权证办理的情况。
⑦履行担保责任的情况。
⑧开发商履行商品房销售贷款合作协议的情况。

其他合作机构还应检查：

①合作机构的资信情况、经营情况及财务情况等。

②其他可能影响借款人按时、足额还贷的因素。

（2）合同变更。经审批同意变更借款合同主体后，贷款银行与变更后的借款人、担保人重新签订有关合同文本。

个人住房贷款一般采用分期还款方式。这类方式中又有几种不同的还款方式，借款人在借款时采用何种还款方式，应根据个人住房贷款的贷款品种、贷款期限等条件，按借款人和银行双方协商结果在借款合同中予以明确。

（3）贷款的回收。银行根据借款合同的约定进行贷款的回收。借款人与银行应在借款合同中约定借款人归还借款采取的还款方式、支付方式和还款计划等。借款人按借款合同约定偿还贷款本息，银行则将还款情况定期告知借款人。

贷款的还款方式有委托扣款和柜面还款两种方式。借款人可在合同中约定其中一种方式，也可以根据情况在贷款期间进行变更。借款人要按照借款合同中规定的还款方式进行还款。常用的个人住房贷款还款方式包括等额本金还款法和等额本息还款法两种。

（4）贷款风险分类和不良贷款的管理。关于个人住房贷款的贷款风险分类和不良贷款的管理可参照第二章个人贷款管理部分。

（5）贷款档案管理。个人住房贷款档案管理可参照第二章个人贷款管理部分，贷款档案中的借款人的相关资料包括：

①借款人身份证件（居民身份证、户口本或其他有效证件）。

②符合规定的购买住房意向书、合同书或其他有效文件。

③贷款银行认可部门出具的借款人经济收入和偿债能力证明。

④所购住房的估价证明。

⑤购房交易收件收据。

⑥房屋他项权利证明书。

⑦保证人资信证明及同意提供担保的文件。

⑧抵押物或质物清单、权属证明、有处分权人同意抵押或质押的证明及有权部门出具的抵押物估价证明。

⑨借款合同。

⑩个人住房贷款借款申请书、调查审批表。

⑪个人住房贷款凭证。

⑫保险合同、保险单据。

⑬抵押合同（质押合同、保证合同）。

⑭委托转账付款授权书。

一般档案材料需要退还借款人的，档案管理员将材料复印后退还借款人或委托人，复印件归档进行有关信息登记。

典题精练

【例11·多项选择题】下列选项中,属于个人住房贷款档案内容的有(　　)。

A. 委托转账付款授权书

B. 房屋他项权利证明书

C. 个人住房贷款借款申请书、调查审批表

D. 保证人资信证明及同意提供担保的文件

E. 贷款银行认可部门出具的借款人经济收入和偿债能力证明

ABCDE。【解析】个人住房贷款档案中的借款人的相关资料包括:(1)借款人身份证件(居民身份证、户口本或其他有效证件)。(2)符合规定的购买住房意向书、合同书或其他有效文件。(3)贷款银行认可部门出具的借款人经济收入和偿债能力证明。(4)所购住房的估价证明。(5)购房交易收件收据。(6)房屋他项权利证明书。(7)保证人资信证明及同意提供担保的文件。(8)抵押物或质物清单、权属证明、有处分权人同意抵押或质押的证明及有权部门出具的抵押物估价证明。(9)借款合同。(10)个人住房贷款借款申请书、调查审批表。(11)个人住房贷款凭证。(12)保险合同、保险单据。(13)抵押合同(质押合同、保证合同)。(14)委托转账付款授权书。

本节速览

贷款受理	贷前调查	贷款审查	贷款审批
贷款签约	贷款发放	支付管理	贷后管理

三、风险管理

个人住房贷款中银行的风险无时不在,且风险来源多元化,表现形式多样化。

(一)合作机构风险管理

1.合作机构风险管理概述

与外部机构合作是当前和今后一段时间个人住房贷款业务开展的主要方式。合作机构除了为银行提供客源之外,大多数还承担一定的担保责任。现阶段,国内商业银行个人住房贷款业务大多要依赖于合作机构所提供的担保方式来规避风险。合作机构的资金实力、资信状况、管理水平往往对商业银行的个人住房贷款风险管理水平有着重要的影响作用。

在当前市场竞争过于激烈的情况下,这些合作机构在协商中占据主动地位。银行为了提高市场份额,取得客户资源,纷纷通过降低保证金标准等手段去争取更多的合作伙伴,却忽视了对合作机构资质水平的考察以及对其权责的约束。随着合作机构的风险逐步暴露,商业银行开始认识到选择优质的合作机构的重要性。当前和今后相当长一段时期,个人住房贷款市场中多种机构的参与将是一种主要的模式。因此,商业银行有必要建立对合作机构规范管理的机制,严格合作机构的准入、定期审核和退出,从而保证个人住房贷款第二还款来源的可靠性。

典题精练

【例12·判断题】在商业银行个人住房贷款业务中,房地产开发公司和二手房经纪公司等外部合作机构在银行贷款业务中的主要作用是提供客源和承担担保。（　　）

　　A. 正确　　　　　　　　　　　　B. 错误

A。【解析】与外部机构合作是当前和今后一段时间个人住房贷款业务开展的主要方式。大多数合作机构除了为银行提供客源之外,还承担一定的担保责任。

2.合作机构风险管理的内容

要点	内容
分析合作机构领导层素质	要想了解一个企业是否讲诚信,首先要从了解企业领导层着手。企业领导的素质及信誉往往在一定程度上代表了企业的素质和信誉。企业领导的决策能力往往决定企业的发展命运,左右企业的未来。对企业领导人作出评价时主要看领导层的身份、履历、学历、以往经营业绩、对团队的影响力、个人信用状况、决策能力、经营水平等
分析合作机构的业界声誉	业界声誉是指一个合作机构获得社会公众信任和赞美的程度,以及在社会公众中影响效果好坏的程度
分析合作机构的历史信用记录	从合作机构的历史信用记录,一方面,可以查看合作机构与银行历史合作的信用记录,通过公司业务部门了解合作机构在银行的公司贷款情况;了解合作机构与银行开展个人贷款业务有无"假个贷";是否能按照合作协议履行贷款保证责任和相关的义务,有无违约记录等。另一方面,也可以查看外部监管记录:在建设、工商、税务等国家管理部门及金融机构、司法部门查看合作机构有无不良记录
分析合作机构的管理规范程度	(1)重点分析合作机构的组织机构是否健全。 (2)有无完善的内部管理规章制度(包括公司章程、相关内部制度文件)。 (3)有无财务监督机制。 (4)对改制后的企业还要看其治理结构是否合理
分析合作机构的偿债能力	分析企业的偿债能力时,重点看资产负债表。对房地产开发企业而言,财务报表有它的特殊性,一般应关注资产项下的存货、应收账款、对外长短期投资、其他应收账款,负债项下的预收账款、银行借款、应付账款、或有负债情况,对外担保中的对法人担保情况可以通过人民银行信贷查询系统获得
分析企业的经营成果	企业的经营成果是一个企业经营情况的体现。分析企业的经营成果可以看企业的现金流量表和利润表。利润表反映企业的获利能力、经营效率,可以对其行业中的竞争地位、持续发展的能力作出判断

【例13·多项选择题】个人住房贷款对合作机构分析的要点包括(　　)。

A.合作机构的偿债能力　　　　B.合作机构的经营成果

C.合作机构的领导层素质　　　D.合作机构的管理规范程度

E.合作机构的历史信用记录

ABCDE。【解析】个人住房贷款对合作机构分析的要点包括：(1)分析合作机构领导层素质。(2)分析合作机构的业界声誉。(3)分析合作机构的历史信用记录。(4)分析合作机构的管理规范程度。(5)分析企业的经营成果。(6)分析合作机构的偿债能力。

3.合作机构风险的表现形式

要点	内容
房地产开发商和中介机构的欺诈风险	房地产开发商和中介机构的欺诈风险主要表现为"假个贷"。所谓"假个贷"一般是指借款人并不具有真实的购房目的，采取各种手段套取银行个人住房贷款资金的行为。"假个贷"的"假"指的是： (1)不具有真实的购房目的。 (2)虚构购房行为使其具有"真实"的表象。 (3)捏造借款人资料或者其他相关资料等。 "假个贷"的主要成因： (1)开发商利用"个贷"恶意套取银行资金进行诈骗。 (2)开发商为缓解楼盘销售窘境而通过"假个贷"获取资金。 (3)开发商为获得优惠贷款而实施"假个贷"。 (4)银行的管理漏洞给"假个贷"以可乘之机。 "假个贷"行为具有若干共性特征： (1)没有特殊原因，滞销楼盘突然热销。 (2)没有特殊原因，楼盘售价与周围楼盘相比明显偏高。 (3)开发企业员工或关联方集中购买同一楼盘，或一人购买多套。 (4)借款人收入证明与年龄、职业明显不相称，在一段时间内集中申请办理贷款。 (5)借款人对所购房屋位置、楼层、户型、朝向、交房时间等与所购房屋密切相关的信息不甚了解。 (6)借款人首付款非自己交付或实际没有交付。 (7)多名借款人还款账户内存款很少，还款日前由同一人或同一单位进行转账或现金支付来还款。 (8)开发商或中介机构代借款人统一还款。 (9)借款人集体中断还款
担保公司的担保风险	在个人住房贷款业务中，由专业担保公司为借款人提供连带责任保证的情况比较常见。当借款人采用专业担保公司提供的保证担保申请个人住房贷款时，担保公司的担保能力不足会给银行带来风险，主要的表现是"担保放大倍数"过大，即担保公司对外提供担保的余额与自身实收资本的倍数过大，造成过度担保而导致最终无力代偿
其他合作机构的风险	在二手房贷款业务中，往往涉及多个社会中介机构，如房屋中介机构、评估机构及律师事务所等。在二手房交易中由于房产的买卖双方均是通过代理机构进行交易，因此可能在社会中介机构环节出现风险

典题精练

【例14·单项选择题】下列关于"假个贷"的说法中,错误的是(　　　)。

A. 房地产开发商和中介机构的欺诈风险主要表现为"假个贷"

B. 没有特殊原因,滞销楼盘突然热销属于"假个贷"的特征

C. "假个贷"的成因包括开发商为缓解楼盘销售窘境而通过"假个贷"获取资金

D. "假个贷"的"假"是指借款人和所购房屋都是真实存在的,只是购房行为是"假"

D。【解析】"假个贷"一般是指借款人并不具有真实的购房目的,采取各种手段套取银行个人住房贷款资金的行为。"假个贷"的"假",一是指不具有真实的购房目的,二是指虚构购房行为使其具有"真实"的表象,三是指捏造借款人资料或者其他相关资料等。故 D 项错误。

4.合作机构风险的防范措施

(1)"假个贷"的防控措施。

①加强一线人员培训,严把贷款准入关。在具体的操作上,要注意检查:借款人身份的真实性、借款人信用情况、各类证件的真实性、申报价格的合理性。

②积极利用法律手段,追究当事人刑事责任,加大"假个贷"的实施成本。

③进一步完善个人住房贷款风险保证金制度。

④深入调查分析合作机构资质情况。

(2)其他合作机构风险的防控措施。

①深入调查,选择讲信用、重诚信的合作机构。一般来讲,银行在选择合作机构时应重点选择具有以下特征的合作机构:

a.企业和主要领导人在业内具有良好的声誉,取得高等级专业资质。

b.具有较强的资金实力和偿债能力。

c.企业领导层比较稳定、从业时间长、专业技术高、团队稳定、在社会上有一定的地位。

d.具有良好的信用记录,近期无重大经济纠纷及诉讼。

e.具有良好的历史经营业绩和较强的盈利能力。

f.企业组织机构健全、具有较为完善的内部管理规章制度、企业治理结构合理。

②严格执行准入退出制度。一般来说,对具有担保性质的合作机构的准入需要考虑以下几个方面:

a.注册资金是否达到一定规模。

b.公司及主要经营者是否存在不良信用记录、违法涉案行为等。

c.是否具有一定的信贷担保经验。

d.资信状况是否达到银行规定的要求。

e.是否具备符合担保业务要求的人员配置、业务流程和系统支持。

③业务合作中不过分依赖合作机构。个人住房贷款经办人员应注意银行不能过分依赖合作机构,只有贷款银行履行了银行应尽的职责,才能防范合作机构割断银行与客户的关系而从中牟利。

④有效利用保证金制度。对承担担保责任的合作机构,银行应要求留存担保保证金,需要开立保证金专户存储,并在担保合作协议中明确该账户内保证金的用途及担保人使用限制条款,在借款人不履行合同义务时,银行直接扣收担保人的保证金。

⑤严格执行回访制度。对客户进行回访是银行贷后管理工作之一。存在下列情况的,应暂停与相应机构的合作:

a.有违法违规经营行为的。

b.经营出现明显问题的。

c.所进行的合作对银行业务拓展没有明显促进作用的。

d.与银行合作的存量业务出现严重不良贷款的。

e.其他对银行业务发展不利的因素。

📖 **典题精练**

【例15·单项选择题】下列选项中,不属于个人住房贷款业务中"假个贷"防控措施的是(   )。

A.进一步完善风险保证金制度

B.准确把握借款人的还款意愿和还款能力

C.加强一线人员培训,严把贷款准入关

D.积极利用法律手段,追究当事人刑事责任,加大"假个贷"的实施成本

B。【解析】"假个贷"的防控措施包括:(1)加强一线人员培训,严把贷款准入关。(2)积极利用法律手段,追究当事人刑事责任,加大"假个贷"的实施成本。(3)进一步完善个人住房贷款风险保证金制度。(4)深入调查分析合作机构资质情况。

(二)操作风险管理

1.贷款流程中的风险

要点	内容
贷款受理和调查中的风险	(1)贷款受理中的风险。个人住房贷款的受理环节是经办人员与借款人接触的重要环节,对于贷款质量的高低有着至关重要的作用,这一环节的风险点主要有以下几个方面: ①借款申请人的主体资格是否符合所申请贷款管理办法的规定。包括:是否具有完全民事行为能力;是否具备个人住房贷款资格。 ②借款申请人提交的资料是否齐全,格式是否符合银行的要求;所有原件和复印件之间是否一致。 (2)贷前调查中的风险。个人住房贷款贷前调查中的风险来自对项目的调查和对借款人的调查两个方面: ①项目调查中的风险。提供贷款业务的项目未按规定上报审批,或审批未批准的情况下开展业务。提供贷款业务的项目,根据情况应当落实有关方面承担相应责任的,未按规定与之签订协议或签订的协议无效。 ②借款人调查中的风险。借款申请人的担保措施是否足额、有效;借款申请人第一还款来源是否稳定、充足;借款申请人所提交的资料是否真实、合法、合规

（续表）

要点	内容
贷款审查和审批中的风险	贷款审批环节主要业务风险控制点为： （1）不按权限审批贷款，使得贷款超授权发放。 （2）审批人员对应审查的内容审查不严，导致向不符合条件的借款人发放贷款。 （3）未按独立公正原则审批
贷款签约和发放中的风险	（1）合同签订的风险。这一环节主要有以下风险点： ①未签订合同或是签订无效合同。 ②合同文本中的不规范行为。 ③未对合同签署人及签字（签章）进行核实。 （2）贷款发放的风险。贷款发放是资金划拨的过程，主要从贷款发放的条件审查与贷款资金的划拨两个方面加以考虑，主要风险点如下： ①贷款发放程序是否合规；个人信贷信息录入是否准确。 ②抵（质）押物是否办理抵（质）押登记手续；贷款担保手续是否齐备、有效。 ③在发放条件不齐全的情况下放款，例如贷款未经审批或是审批手续不全，各级签字（签章）不全；借款人未在借款凭证上签字（签章）；未按规定办妥相关评估、公证等事宜；担保未落实等。 ④在资金划拨中的风险点有未对会计凭证进行审查；会计凭证填制不合要求。 ⑤未按规定的贷款金额、贷款的担保方式、贷款期限、贴息等发放贷款，导致贷款错误核算，发放金额、期限与审批表不一致，造成错误发放贷款
贷款支付管理中的风险	个人住房贷款支付管理环节的主要风险点包括： （1）未按规定将贷款发放至相应账户。 （2）未详细记录资金流向和归集保存相关凭证。 （3）贷款资金发放前，未审核借款人相关交易资料和凭证。 （4）在未接到借款人支付申请、支付委托的情况下，直接将贷款资金支付出去
贷后管理中的风险	（1）贷后管理的风险： ①房屋他项权证办理不及时。 ②未按规定保管借款合同、担保合同等重要贷款档案资料，造成合同损毁，他项权利证书未按规定进行保管，造成他项权证遗失，他项权利灭失。 ③逾期贷款催收不及时，不良贷款处置不力，造成贷款损失。 ④未建立贷后监控检查制度，未对重点贷款使用情况进行跟踪检查。 ⑤只关注借款人按月还款情况，在还款正常的情况下，未对其经营情况及抵押物价值、用途等变动情况进行持续跟踪监测。 （2）档案管理中的风险： ①是否对每笔贷款设立专卷，是否按贷款种类、业务发生时间编序，是否核对"个人贷款档案清单"。 ②重要单证保管是否及时移交会计部门专管，档案资料使用是否实施借阅审批登记制度。 ③是否按照要求收集整理贷款档案资料，是否按要求立卷归档

典题精练

【例16·多项选择题】下列选项中,属于个人住房贷款审批环节主要操作风险点的有(　　)。

A. 贷款担保手续未齐备

B. 未按公开公正原则审批

C. 未对合同签署人及签字(签章)进行核实

D. 未按权限审批贷款,使得贷款超授权发放

E. 审批人员对应审查的内容审查不严,导致向不符合条件的借款人发放贷款

DE。【解析】个人住房贷款审批环节主要业务风险控制点为:(1)不按权限审批贷款,使得贷款超授权发放。(2)审批人员对应审查的内容审查不严,导致向不符合条件的借款人发放贷款。(3)未按独立公正原则审批。

2.法律和政策风险

对于个人住房贷款业务,各种法律、法规等强制性规范很复杂。个人住房贷款的法律和政策风险点很多,主要集中在以下几个方面。

(1)借款人主体资格风险。

①未成年人能否申请个人住房贷款的问题。根据我国现行法律规定,未成年人可作为购房人购买房屋,但需由其监护人作为法定代理人进行代理。根据《个人住房贷款管理办法》规定,贷款对象应是具有完全民事行为能力的自然人。按照上述规定,未成年人作为无民事行为能力人或限制行为能力人,不能以贷款方式购买房屋。银行不宜办理房屋唯一产权人为未成年人的住房贷款申请,而应该由未成年人及其法定监护人共同申请。

②外籍自然人能否办理住房贷款的问题。境外机构在境内设立的分支、代表机构(经批准从事经营房地产业的企业除外)和在境内工作、学习的境外个人可以购买符合实际需要的自用、自住商品房。对于实施住房限购政策的城市,境外个人购房应当符合当地政策规定。

(2)合同有效性风险。目前,个人贷款业务中所采用的借款合同基本都是统一的格式文本,但实际业务中还会根据不同情况与客户签订补充协议及特别条款,这就要求银行必须注意合同及协议的有效性,防止相关条款或具体内容等出现问题,以规避可能的法律风险。具体规定如下表。

要点	内容
格式条款无效的风险	个人住房贷款经办人员需要拟定格式条款(合同)时,应注意遵循公平原则确定当事人之间的权利义务,为避免造成合同条款无效的法律风险,既要维护银行的合法权益,又要保障客户的利益
未履行法定提示义务的风险	作为格式条款的提供方,商业银行应当遵循公平原则确定当事人之间的权利和义务,并采取合理的方式提示对方注意免除或者减轻其责任等与对方有重大利害关系的条款,按照对方的要求,对该条款予以说明

（续表）

要点	内容
格式条款解释风险	银行在拟定合同书及相关资料时，应尽可能做到文字用语规范、内容具体明确，避免出现矛盾或产生歧义；对于客户有争议的条款尽可能按照条款最直接表述的意思进行解释
格式条款与非格式条款不一致的风险	依照规定，格式条款与非格式条款不一致时，应当采用非格式条款。可见，补充条款、特别约定条款等非格式条款的效力优于格式条款。因此，贷款经办人在填写或录入非格式条款信息，或对格式条款进行修改时，应当更加慎重

（3）担保风险。银行个人住房贷款业务的担保方式主要有抵押、质押、保证三种方式。其法律风险如下表。

要点	内容
抵押担保的法律风险	①抵押物的合法有效性。《中华人民共和国民法典》规定，学校、幼儿园、医疗机构等为公益目的成立的非营利法人的教育设施、医疗卫生设施和其他公益设施，不得设定抵押。有争议的、所有权不明以及宅基地使用权不得设定抵押，共有财产的抵押须取得共有人的同意等，公司董事、经理不得以公司财产为个人提供抵押担保等。 ②抵押登记存在瑕疵，使得抵押担保处于抵押不生效的风险中。 ③约定抵押物禁止转让的局限性
质押担保的法律风险	质押担保目前主要是权利质押，较多的是保单、存单、国债、收费权质押。 主要风险在于： ①质押物的合法性。 ②非法所得、不当得利所得的权利进行质押。 ③对于无处分权的权利进行质押。 ④非为被监护人利益以其所有权利进行质押
保证担保的法律风险	保证担保的法律风险主要表现在： ①未明确连带责任保证，按照《中华人民共和国民法典》第六百八十六条的规定，当事人在保证合同中对保证方式没有约定或者约定不明确的，按照一般保证承担保证责任，是对担保责任的重大修订，如果在保证合同约定不明，将导致追索的难度大。 ②未明确保证期间或保证期间不明。 ③保证人保证资格有瑕疵或缺乏保证能力。 ④借款人互相提供保证无异于发放信用贷款

（4）政策风险。政策风险是指政府的金融政策或相关法律、法规发生重大变化或是有重要的举措出台，引起市场波动，从而给商业银行带来的风险。政策风险是个人住房贷款的系统性风险之一，是单一行业、单一银行所无法避免的，因为它来自外部。

比较常见的政策风险如下：

①对境外人士购房的限制。实践中，一些地方政府出于住房市场调控等目的，对境外人士购买我国境内住房进行一定的限制。

②对购房人资格的政策性限制。对于以经济适用房等特殊种类住房为对象的住房贷

款,银行在审核购房人贷款申请的主体资格时,应当严格落实政府的有关政策性规定。对于经济适用房等实行定向销售的住房,政府一般对购房人的资格进行严格的限制,如对购房人的收入水平、户籍(居住地)、现有居住条件等作出特别要求。

(5)诉讼时效风险。在个人住房贷款实践中,由于经办人员法律知识的缺陷或工作责任心问题,未能及时中断诉讼时效或虽有中断诉讼时效行为但没有及时保留中断诉讼时效证据,导致诉讼中处于不利或被动的地位。

典题精练

【例17·多项选择题】下列关于个人住房贷款保证担保法律风险的说法中,正确的有(　　)。

A. 未明确连带责任保证,追索的难度大

B. 保证人保证资格有瑕疵或缺乏保证能力

C. 借款人互相提供保证更有利于增强保证效力

D. 未明确保证期间或保证期间不明

E. 公司或企业的职能部门、董事、经理越权对外提供保证

ABDE。【解析】个人住房贷款保证担保的法律风险主要表现在:(1)未明确保证期间或保证期间不明。(2)未明确连带责任保证,追索的难度大。(3)借款人互相提供保证无异于发放信用贷款。(4)保证人保证资格有瑕疵或缺乏保证能力。(5)公司、企业职能部门、董事、经理越权对外提供保证。(6)公司、企业的分支机构为个人提供保证等。

3. 操作风险的防范措施

个人住房贷款的经办人员应该提高操作风险的认识水平,增强对操作风险的应对能力。针对操作风险的防范措施应有以下几个方面。

要点	内容
提高贷款经办人员职业操守和敬业精神	防范人员导致的操作风险: (1)需要个人住房贷款经办人员努力培养自身的职业道德。 (2)要加强法制教育,加重对违规违纪行为的处罚力度。 (3)要加强并完善银行内控制度
掌握并严格遵守个人住房贷款相关的规章制度和法律法规	为应对个人住房贷款的法律风险和政策风险,个人住房贷款的经办人员需要学习相关的法律知识,具体包括签订合同、借贷、担保、商品房销售、抵押登记、诉讼和执行等法律常识。更重要的是,在实践工作中,个人住房贷款的经办人员应尽职尽责,避免违法违规操作
严格落实贷前调查和贷后检查	个人住房贷款的经办人员应该认真负责地进行资料收集和实地调查,获取真实、全面的信息资料,独立地对借款人信用和经济收入作出评价和判断。调查和检查的工作重点如下: (1)建立并严格执行贷款面谈制度。 (2)提高贷前调查深度。 (3)加强对贷款用途的审查。

(续表)

要点	内容
严格落实贷前调查 和贷后检查	(4)合理确定贷款额度。 (5)加强抵押物管理。 (6)完善授权管理。 (7)加强贷款合同管理。 (8)加强对贷款的发放和支付管理。 (9)强化贷后管理

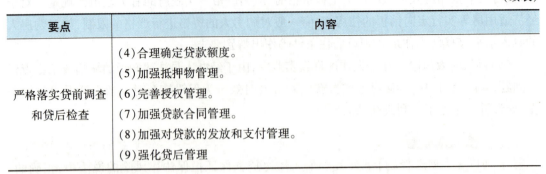

【例18·单项选择题】下列选项中,不属于个人住房贷款操作风险的防范措施的是(   )。

A. 严格落实贷前调查和贷后检查

B. 加强对借款人还款能力的甄别

C. 提高经办人员的职业操守和敬业精神

D. 掌握并严格遵守个人住房贷款相关的规章制度和法律法规

B。【解析】针对操作风险的防范措施应有以下几个方面:(1)提高贷款经办人员职业操守和敬业精神。(2)掌握并严格遵守个人住房贷款相关的规章制度和法律法规。(3)严格落实贷前调查和贷后检查。

(三)信用风险管理

通常因借款人的还款能力和还款意愿的下降而导致了个人住房贷款的信用风险。因此,防范个人住房贷款的信用风险,就要求个人住房贷款的经办人员通过细致的工作,把握好借款人的还款能力和还款意愿。

1. 信用风险表现形式

借款人的信用风险主要表现为还款能力风险和还款意愿风险两个方面。

要点	内容
还款能力风险	从信用风险的角度来看,还款能力是在客观情况下借款人能够按时足额还款的能力,体现的是借款人客观的财务状况。对于银行而言,把握住借款人的还款能力,就基本把握住了第一还款来源,就能够保证个人住房贷款的安全。 个人住房贷款属于中长期贷款,其还款期限通常要持续在 20~30 年,在这段时间里,个人资信状况面临着巨大的不确定性,个人支付能力下降的情况很容易发生,这往往就可能转化为银行的贷款风险。同时,我国目前个人住房贷款中的浮动利率制度,使借款人承担了相当大比率的利率风险,这就导致了借款人在利率上升周期中出现贷款违约的可能性加大
还款意愿风险	还款意愿是指借款人对偿还银行贷款的态度。在还款能力确定的情况下,借款人可能由于多种原因,主观不履行还款责任,从而产生还款意愿风险

典题精练

【例19·判断题】防范个人住房贷款违约风险需首先把握借款人的还款能力。（　　　）

A. 正确　　　　　　　　　　　　　　B. 错误

A。【解析】对于银行而言，把握住借款人的还款能力，就基本把握住了第一还款来源，就能够保证个人住房贷款的安全。

2. 信用风险防范措施

（1）加强对借款人还款能力的甄别。防范个人住房贷款违约风险需改变以往"重抵押物、轻还款能力"的贷款审批思路，而应特别重视把握借款人的还款能力。在审核个人住房贷款申请时，必须对借款人的收入证明严格把关，尤其是自雇人士或自由职业者。具体的措施将从验证借款人的工资收入、租金收入、投资收入和经营收入四个方面来介绍。

要点	内容
验证工资收入的真实性	①通过了解其公积金数额及存折上流水情况来验证收入证明的真实情况。 ②对于难以提供工资单或公积金数额的客户，可以通过验证借款人缴纳个人所得税税单的数额来判定其真实收入水平。 ③通过电话调查、面谈核实其工作单位和收入的真实性。 ④在验证工资收入真实性的工作中，借款人需提供可靠的证明材料
验证租金收入的真实性	①在条件允许的情况下，通过实地考察验证房产面积和位置等情况确认租金收入的稳定性。 ②通过房地产中介机构来调查该房产附近地区的房产租赁市场租金收入的平均水平，验证该借款人是否有故意提高其租金收入的行为。 ③通过验证房屋产权和租赁合同来确认借款人对房产的所有权及租赁行为的真实性
验证投资收入的真实性	对于借款人的投资收入，个人住房贷款的经办人验证起来的难度相对较大，主要可以通过投资证明、被投资方的分红决议及支付凭证等相关资料的齐备性和真实性来确认借款人投资收入的真实性
验证经营收入的真实性	经营收入的真实性最难把握的是部分小手工业者，没有进行正规的企业申办手续，更无正规的财务资料，相关的收入较难核实。贷款经办人应该通过面谈、电话访谈、侧面了解等方式，来分析其经营的规模和盈利情况，判断其月收入是否符合贷款条件

（2）深入了解客户还款意愿。如果是新客户，往往可以通过职业、家庭、教育、年龄、稳定性等个人背景因素来综合判断。如果借款人是老客户，通常可以通过检查其以往的账户记录、还款记录以及当前贷款状态，了解其还款意愿。这些信息可以通过借款人提交的申请资料和人民银行的个人征信系统的信用报告来获取。而借款人的稳定性可以通过借款人在现职公司的工作年限、在现住址的年限来判断。银行查证借款人的身份证明文件、核实其就业状况及收入情况，审查借款人申请资料的真实性、准确性及品格特征是必不可少的贷款审查内容。同时，坚持贷款面谈制度，对申请人的还款意愿从细节上进行把握。此外，贷后管理中应高度重视抵押物管理，开展动态的、连续的监管，遇有导致抵押物价值大幅减值、灭失等不利于银行抵押权实现和信贷资产安全的风险因素，要及时采取措施，确保押品有效、足值。

【例20·多项选择题】个人住房贷款信用风险管理中,验证借款人工资收入的真实性可采取的做法包括(   )。

A.要求借款人提供可靠的证明材料

B.通过电话调查借款人收入的真实性

C.通过面谈核实借款人工作单位的真实性

D.通过了解公积金数额及存折流水情况验证收入证明的真实性

E.对难以提供工资单和公积金数额的客户,可通过验证借款人缴纳个人所得税税单的数额来判断其真实收入水平

ABCDE。【解析】个人住房贷款信用风险管理中,验证工资收入的真实性的防范措施有:(1)通过了解其公积金数额及存折上流水情况来验证收入证明的真实情况。(2)对于难以提供工资单或公积金数额的客户,可以通过验证借款人缴纳个人所得税税单的数额来判定其真实收入水平。(3)通过电话调查、面谈核实其工作单位和收入的真实性。(4)在验证工资收入真实性的工作中,借款人需提供可靠的证明材料。

本节速览

| 合作机构风险管理 | 欺诈风险 | 操作风险管理 | 贷款流程风险 |
| 法律和政策风险 | 信用风险管理 | 还款能力风险 | 还款意愿风险 |

四、公积金个人住房贷款

(一)基础知识

1.公积金个人住房贷款的概念

公积金个人住房贷款也称委托性住房公积金贷款,是指由各地住房公积金管理中心运用个人及其所在单位所缴纳的住房公积金,委托商业银行向购买、翻建、建造、大修自住住房的住房公积金缴存人以及在职期间缴存住房公积金的离退休职工发放的专项住房消费贷款。公积金个人住房贷款实行"存贷结合、先存后贷、整借零还和贷款担保"的原则。

典题精练

【例21·多项选择题】公积金个人住房贷款实行的原则包括(   )。

A.存贷结合   B.先存后贷

C.贷款担保   D.先贷后存

E.整借零还

ABCE。【解析】公积金个人住房贷款实行"存贷结合、先存后贷、整借零还和贷款担保"的原则。

2.公积金个人住房贷款的特点

要点	内容
互助性	公积金个人住房贷款其资金来源是单位和个人共同缴存的住房公积金
普遍性	只要是具有完全民事行为能力、正常缴存住房公积金的职工都可以申请公积金个人住房贷款
利率低	公积金个人住房贷款的利率相对商业贷款较低
期限长	目前,公积金个人住房贷款最长期限为30年(贷款期限不得超过法定离退休年龄后5年)

3.公积金个人住房贷款的要素

要点	内容
贷款对象	公积金个人住房贷款是缴存公积金的职工才享有的一种贷款权利,只要是公积金缴存的职工,都可申请公积金个人住房贷款。申请公积金个人住房贷款应具备的基本条件为: (1)具有城镇常住户口或有效居留身份。 (2)有合法有效的购买、大修住房的合同、协议以及贷款银行要求提供的其他证明文件。 (3)有当地住房公积金管理部门规定的最低额度以上的自筹资金,并保证用于支付所购(大修、翻建、建造)住房的首付款。 (4)按时足额缴存住房公积金并具有个人住房公积金存款账户。 (5)有符合要求的资产进行抵押或质押,或有足够代偿能力的法人、其他经济组织或自然人作为保证人。 (6)有稳定的经济收入,信用良好,有偿还贷款本息的能力。 (7)符合当地住房公积金管理部门规定的其他借款条件
贷款利率	公积金个人住房贷款的利率按中国人民银行规定的公积金个人住房贷款利率执行
贷款期限	公积金个人住房贷款的期限最长为30年,如当地公积金管理中心有特殊规定,则按当地住房公积金信贷政策执行
还款方式	公积金个人住房贷款的还款方式包括等额本金还款法、等额本息还款法和一次还本付息法。一般而言,贷款期限在1年以内(含1年)的实行到期一次还本付息;贷款期限在1年以上的,借款人从发放贷款的次月起偿还贷款本息,一般采取等额本金还款法或等额本息还款法
贷款额度	目前,个人住房公积金贷款最低首付款比例为20%,实施限购限贷政策的城市,按当地住房公积金信贷政策执行
担保方式	目前,公积金个人住房贷款担保方式一般有抵押、质押和保证三种。实践中,住房置业担保公司所提供的连带责任担保是常见的保证方式

典题精练

【例22·单项选择题】下列选项中,不属于公积金个人住房贷款的还款方式的是(   )。

A. 等额本金还款法　　　　　　　B. 等比累进还款法

C. 等额本息还款法　　　　　　　D. 一次还本付息法

B。【解析】公积金个人住房贷款的还款方式包括等额本息还款法、等额本金还款法和一次还本付息法。

4. 公积金个人住房贷款业务的职责分工和操作模式

要点	内容
职责分工	(1)公积金管理中心基本职责:制定公积金信贷政策、负责信贷审批和承担公积金信贷风险。 (2)承办银行职责。 ①基本职责:公积金借款合同签约、发放、职工贷款账户设立和计结息以及金融手续操作。 ②可委托代理职责:贷前咨询受理、调查审核、信息录入,贷后审核、催收、查询对账
操作模式	(1)"公积金管理中心和承办银行联动"模式。银行受理职工公积金借款申请,通过网络实时将资料、审查结果和审查信息传达给公积金管理中心,公积金管理中心进行联机审核审批后,将审批意见通过网络发送给银行,银行根据审批意见办理具体贷款手续,将相关账务信息通过网络传送给公积金管理中心,与公积金管理中心联机记账和对账。 (2)"银行受理,公积金管理中心审核审批,银行操作"模式。银行受托受理职工公积金借款申请,公积金管理中心负责审批,银行负责审核审批、办理合同签约和贷款发放等具体贷款手续。 (3)"公积金管理中心受理、审核和审批,银行操作"模式。公积金管理中心受理职工公积金借款申请,审核审批后,由银行办理合同签约、贷款发放等具体贷款手续

5. 公积金个人住房贷款与商业银行自营性个人住房贷款的区别

要点	内容
承担风险的主体不同	公积金个人住房贷款是一种委托性住房贷款,它是国家住房公积金管理部门利用归集的住房公积金资金,由政府设立的住房置业担保机构提供担保,委托商业银行发放给公积金缴存人的住房贷款。从风险承担的角度上讲,商业银行本身不承担贷款风险。而自营性个人住房贷款是商业银行利用自有信贷资金发放的住房贷款,商业银行自己承担贷款风险
资金来源不同	商业银行的自营性个人住房贷款来源于银行自有的信贷资金,而公积金个人住房贷款的资金来自公积金管理部门归集的住房公积金
贷款对象不同	公积金个人住房贷款的对象是住房公积金缴存人,而商业银行自营性个人住房贷款不要求是住房公积金缴存人,而是符合商业银行自营性个人住房贷款条件的、具有完全民事行为能力的自然人

（续表）

要点	内容
贷款利率不同	公积金个人住房贷款的利率比自营性个人住房贷款利率低
审批主体不同	公积金个人住房贷款与商业银行自营性个人住房贷款审批之间存在区别。公积金个人住房贷款的申请由各地方公积金管理中心负责审批,而自营性个人住房贷款由商业银行自己审批

典题精练

【例23·单项选择题】下列关于公积金个人住房贷款和商业银行自营性个人住房贷款的区别的说法中,错误的是( )。

A. 公积金个人住房贷款的贷款利率更加优惠

B. 商业银行对前者不承担风险,而对后者要承担一定的风险

C. 公积金个人住房贷款的贷款对象比商业银行自营性个人住房贷款范围大

D. 前者的资金来源于公积金管理部门归集的住房公积金,后者的贷款资金来自银行自有的信贷资金

C。【解析】公积金个人住房贷款的对象需要是住房公积金缴存人,而商业银行自营性个人住房贷款不要求是住房公积金缴存人,而是符合商业银行自营性个人住房贷款条件的、具有完全民事行为能力的自然人,故公积金个人住房贷款的贷款对象范围相对较小,C项错误。

（二）贷款流程

1. 贷款的受理与调查

银行要先和公积金管理中心签订《住房公积金贷款业务委托协议书》,想要接受委托办理公积金个人住房贷款业务必须先取得公积金个人住房贷款业务的承办权。

借款人在符合基本条件后,申请不同的公积金个人住房贷款,还需要提供的补充材料有:

（1）借款人及参贷人（共同还款人、担保人）的居民身份证、户口簿原件及复印件和共同还款承诺书。

（2）借款人及参贷人所在单位提供的个人资信证明。

（3）婚姻状况证明（已婚的提供结婚证复印件,其他情况由所在单位或派出所出具证明）。

（4）有效的担保证明。

（5）合法的商品房购房合同或协议。

（6）借款人已交付符合现行规定首付比例购房款的有效凭据。

（7）办理公积金个人住房贷款的期房楼盘,必须是由开发商与受委托银行签订个贷合作协议的楼盘,借款人可通过个贷银行办理贷款手续。

二手房办理是以所购住房作抵押担保,申请二手房公积金贷款的借款人,还须提供以下补充材料:

（1）卖方身份证、户口簿复印件。

（2）房产证原件和复印件。

（3）由公积金管理中心认可的中介机构与买卖双方签订的三方协议。

（4）由区级以上房产交易部门进行抵押登记。

（5）由公积金管理中心认可的评估机构出具的评估报告。

根据委托协议，银行对借款人是否符合贷款条件，提供资料是否完整、有效，以及提供的担保是否合法、安全、可靠等进行调查和初审，提出初审意见。银行对借款人的各种证件、资料审查合格后，签署意见并注明时间报送公积金管理中心。

典题精练

【例24·单项选择题】商业银行先要和公积金管理中心签订(   )，取得公积金个人住房贷款业务的承办权之后才能接受委托办理公积金个人住房贷款业务。

A.《委托贷款通知书》　　　　　　　B.《委托放款协议书》

C.《住房公积金借款合同》　　　　　D.《住房公积金贷款业务委托协议书》

D。**【解析】**银行要先和公积金管理中心签订《住房公积金贷款业务委托协议书》，想要接受委托办理公积金个人住房贷款业务必须先取得公积金个人住房贷款业务的承办权。

2. 贷款的审查与审批

（1）贷前审查。具体内容如下表。

要点	内容
借款人缴存住房公积金情况	借款人缴存住房公积金情况包括借款人是否建立住房公积金，是否按时足额缴存住房公积金，是否欠缴住房公积金等
借款内容	对借款人提出的贷款额度、期限等申请进行审核，看其是否符合有关公积金个人住房贷款的规定
借款用途	审核借款人提供的购买住房合同或协议，建造、翻建或大修自住住房的由城市规划行政管理部门、房地产行政管理部门出具的证明文件
贷款资信审查	住房公积金管理中心应对借款人信用状况及偿还能力进行审查，并核实贷款担保情况，包括抵押物或质物清单、权属证明以及有处分权人同意抵押或质押证明，有关部门出具的抵押物估价证明，保证人同意提供担保的书面文件和保证人资信证明等

（2）贷款审批。具体内容如下表。

要点	内容
登记台账	承办银行将通过初步审核的公积金贷款登记台账，按照公积金管理中心委托要求和管理规定，将贷款初步审核意见连同借款申请材料、面谈记录等公积金管理中心所需要的资料全部送交公积金管理中心审批
贷款审批	公积金贷款的贷款风险由公积金管理中心承担，公积金管理中心拥有公积金贷款的审批决策权，作为贷款审批环节的执行者，对贷款额度、成数、年限作出最终的决策
核对或登记台账	承办银行取回公积金管理中心出具的审批意见和委托放款通知书后，核对已登记台账。对于公积金管理中心受理贷款申请的，承办银行要跟踪公积金管理中心审批进程，及时取回公积金管理中心出具的审批意见、委托放款通知书及贷款资料，并登记台账

3. 贷款的签约与发放

要点	内容
贷款签约	借款人的申请通过公积金管理中心审批后,公积金管理中心向受委托主办银行出具委托贷款通知书,明确贷款的金额、对象、期限、利率等内容,同时将委托贷款基金划入银行的住房委托贷款基金账户。银行凭委托放款通知书与借款人签订借款合同和担保合同,办理抵押手续。借款合同生效后填制各类会计凭证,办理贷款划付手续。交易完成后,向客户出具借款回单,向公积金管理中心移交和报送公积金贷款发放明细资料。 (1)合同签约。承办银行按照公积金管理中心委托放款通知书,审核预签合同或制作借款合同;落实借款人、住房置业公司等合同签约人在合同上盖章、签字(章),经有权签字人审核同意,在合同上加盖合同专用章及有权签字人个人名章,由承办银行经办人员录入并检查修改系统中的信息。 (2)担保落实。由承办银行办理与公积金贷款担保相关事宜,包括抵押登记手续和住房置业担保公司担保手续等。 (3)申领和存拨基金。承办银行按公积金管理中心审批后待放的公积金贷款金额,向公积金管理中心申请住房委托贷款基金。公积金管理中心受理申请基金的申请和拨存住房委托贷款基金。承办银行为公积金管理中心建立住房委托贷款基金账户,根据公积金管理中心拨存委托贷款基金资金划转通知单划拨资金,核实委托贷款基金是否到账,并对住房委托贷款基金的使用、结余等方面进行统计管理,按委托要求定期与公积金管理中心对账,报送业务资料和报表等
贷款的发放	承办银行必须在收到公积金管理中心拨付的住房委托贷款基金,办妥所购房屋抵押登记(备案)手续,审核放款资料齐全性、真实性和有效性后发放贷款

4. 支付管理

除当地公积金管理中心有特殊规定外,公积金个人住房贷款必须采用委托支付的支付管理方式,即贷款资金必须由贷款银行以转账的方式划入售房人账户,不得由借款人提取现金。发放完贷款,承办银行向客户提供回单,并将有关放款资料报送公积金管理中心。

支付的操作要点包括:

(1)完善操作流程。

(2)合理确定流动资金贷款的受托支付标准。

(3)明确借款人应提交的资料要求。

(4)要合规使用放款专户。

(5)明确支付审核要求。

贷款人受托支付完成后,应详细记录资金流向,归集保存相关凭证。

5. 贷后管理

按照公积金管理中心委托要求,承办银行定期(按日)将有关公积金管理中心的账户记账回单、逾期及结清、公积金贷款回收等资料移交和报送公积金管理中心,定期与公积金管理中心核对公积金个人住房贷款账务,协助不良贷款的催收,及时结算住房委托贷款手续费。

要点	内容
贷款检查	按照委托协议,承办银行应定期对公积金贷款的办理情况进行检查,检查内容包括业务操作的合规性、贷款账户的催收情况、是否按委托协议要求的工作时限办理贷款业务等
协助催收贷款	贷款银行一般采取的催收措施为: (1)逾期90天以内的,选择短信、电话和信函等方式进行催收。 (2)如果借款人超过90天不履行还款义务,会给借款人发出提前还款通知书,有权要求借款人提前偿还全部借款,并支付逾期期间的罚息。 (3)如果在提前还款通知书确定的还款期限届满时,仍未履行还款义务,将就抵押物的处置与借款人达成协议。 (4)逾期180天以上,将对拒不还款的借款人提起诉讼,对抵押物进行处置;处分抵押物所得价款用于偿还贷款利息、罚金及本金
对账工作	(1)与公积金管理中心对账。为了保证贷款业务的真实性和准确性,保障住房委托贷款资金的安全,承办银行应与公积金管理中心定期对账,核对银行住房回收贷款本息金额与公积金管理中心收到的回收贷款本息是否一致;核对公积金管理中心划拨基金与银行收到的基金是否一致。 (2)与借款人对账。承办银行以定期(按月、按季、按年)寄发对账单或电子银行查询对账的形式与借款人进行账务核对
基金清退和利息划回	承办银行应根据公积金管理中心的委托要求和具体规定,按时将回收贷款本金与利息划入公积金管理中心指定的结算账户和增值收益账户,及时进行资金清算
贷款手续费的结算	按委托协议的约定,公积金管理中心应定期(每月、每季、每年)按比例将委托贷款手续费划归给承办银行
担保贷后管理	对已发放贷款,具备抵押登记(含预登记)办理条件后及时办理抵押登记手续,并及时修改维护抵押登记信息及完成抵押物账务的处理和他项权证的移交入库;结清贷款的,对注销的抵押登记相关资料进行核实审查,及时办理抵押登记注销手续和处理相关账务
贷款数据的报送	承办银行应根据公积金管理中心的委托要求和具体规定,按时向公积金管理中心报送公积金贷款数据、报表及其他资料,并确保报送资料的真实性、准确性和完整性
委托协议终止	公积金管理中心与承办银行的委托贷款协议终止时,承办银行应清算住房委托贷款手续费,办理公积金管理中心存款账户的销户交易,最后移交和报送公积金管理中心账户记账回单及相关业务资料
档案管理	贷款档案是贷款在申请、审查、发放和回收等过程中形成的文件和资料。贷款发放后,经办人员应在一定时间内,对贷款资料进行复查和清理,检查资料的有效性和完整性,对文件材料进行整理,合理编排顺序

【例25·判断题】一般情况下,公积金个人住房贷款手续费的结算,由公积金管理中心按规定比例将委托贷款手续费在放款次日划归承办银行。(　　)

　　A.正确　　　　　　　　　　B.错误

　　B。【解析】按委托协议的约定,公积金管理中心应定期(每月、每季、每年)按比例将委托贷款手续费划归给承办银行。

本节速览

公积金个人住房 贷款的原则	连带责任担保	住房公积金 缴存人	公积金管理中心

同步自测

一、单项选择题(在以下各小题所给出的四个选项中,只有一个选项符合题目要求,请将正确选项的代码填入括号内)

1. 下列关于个人住房贷款特征的说法中,错误的是(　　)。

　　A.个人住房贷款期限长

　　B.个人住房贷款金额、期限相等

　　C.个人住房贷款风险具有系统性特点

　　D.个人住房贷款大多是以抵押为前提建立的借贷关系

2. 个人住房贷款的期限最长可达(　　)年。

　　A.15　　　　　　　　　　　　B.20

　　C.30　　　　　　　　　　　　D.35

3. 个人住房贷款的计息、结息和重定价方式,由借贷双方协商确定。其中,采用浮动利率的商业性个人住房贷款,利率重定价周期最短为(　　)年。

　　A.1　　　　　　　　　　　　B.3

　　C.5　　　　　　　　　　　　D.10

4. 下列选项中,适用于成本法估价的是(　　)。

　　A.写字楼　　　　　　　　　　B.学校

　　C.旅馆　　　　　　　　　　　D.商场

5. 房地产估价方法中(　　)的难点在于如何保证可比实例成交价格的客观合理性,以及如何对其中各种因素进行修正或调整。

　　A.成本法　　　　　　　　　　B.市场法

　　C.收益法　　　　　　　　　　D.假设开发法

6. 下列选项中,不属于个人住房贷款的借款人合法有效的身份证件是(　　)。

　　A.驾驶证　　　　　　　　　　B.军官证

　　C.文职干部证　　　　　　　　D.居民身份证

7. 个人住房贷款审查人审查完毕后,应对贷前调查人提出的调查意见和贷款建议是否合理、合规等在(　　)上签署审查意见。

    A. 个人住房贷款合同   B. 个人住房贷款申请书

    C. 个人住房贷款面谈记录   D. 个人住房贷款调查审查表

8. 下列不属于个人住房贷款项目调查事项的是(　　)。

    A. 项目资金到位情况调查

    B. 项目的合法性调查

    C. 开发商资质调查

    D. 项目资料的完整性、真实性和有效性调查

9. 商业银行对个人住房贷款合作机构进行审查,分析其偿债能力时,重点看(　　)。

    A. 利润表   B. 权益表

    C. 资产负债表   D. 现金流量表

10. 下列关于个人住房贷款受理与调查阶段的说法中,错误的是(　　)。

    A. 涉及抵押担保的,在一般操作模式下,须提供财产共有人同意抵押的声明书

    B. 首付款尚未支付或者首付款未达到规定比例的,要提供用于购买住房的自筹资金的有关证明

    C. 对个人住房贷款楼盘项目的准入调查包括对开发商资信的调查、项目本身的调查以及对项目的实地考察

    D. 涉及保证担保的,需保证人出具同意提供担保的书面承诺,并提供能证明保证人保证能力的证明材料

11. 下列选项中,不属于个人住房贷款中合作机构的主要风险表现形式的是(　　)。

    A. 开发商的"假个贷"   B. 担保公司担保放大倍数过大

    C. 评估机构房产评估价值失实   D. 住房公积金管理中心贷款期限调整

12. 在个人住房贷款业务中,担保公司的"担保放大倍数"是指(　　)。

    A. 担保公司的营业利润与自身实收资本的倍数

    B. 担保公司向银行的贷款与自身实收资本的倍数

    C. 担保公司提供给借款者的贷款与自身实收资本的倍数

    D. 担保公司对外提供担保的余额与自身实收资本的倍数

13. 个人住房贷款签约环节是风险防控的主要环节,下列不属于签约环节风险点的是(　　)。

    A. 合同中存在不规范行为   B. 未签订合同或是签订无效合同

    C. 贷款担保手续不齐备   D. 未对合同签署人及签字(签章)进行核实

14. 下列选项中,不属于个人住房贷款质押担保的法律风险的是(　　)。

    A. 质押物的合法性

    B. 对于无处分权的权利进行质押

    C. 质押物价值不足值或质押率偏高

    D. 非为被监护人利益以其所有权利进行质押

15. 下列选项中,属于个人住房贷款中常见的政策性风险的是(　　)。

　　A. 对境外人士购房的限制

　　B. 对楼盘建设规划的限制

　　C. 对抵押品执行的政策性限制

　　D. 对售房人资格的政策性限制

16. 下列关于公积金个人住房贷款的说法中,错误的是(　　)。

　　A. 所有城乡居民都享有公积金个人住房贷款的权利

　　B. 相对商业贷款,公积金个人住房贷款的利率相对较低

　　C. 公积金个人住房贷款的资金来源为单位和个人共同缴存的住房公积金

　　D. 申请公积金个人住房贷款必须符合住房公积金管理部门有关公积金个人住房贷款的规定

17. 公积金个人住房贷款最长期限为(　　)年。

　　A. 10

　　B. 20

　　C. 30

　　D. 35

18. 公积金个人住房贷款业务中,承办银行的可委托代理职责是(　　)。

　　A. 借款合同签约

　　B. 贷款发放

　　C. 贷前咨询受理

　　D. 职工贷款账户设立

19. 公积金个人住房贷款业务的信用风险,由(　　)承担。

　　A. 银行

　　B. 借款人

　　C. 公积金管理中心

　　D. 银行和公积金管理中心共同

20. 下列关于公积金个人住房贷款合同签约的说法中,错误的是(　　)。

　　A. 由承办银行经办人员录入并检查修改系统中的信息

　　B. 合同上应加盖专用章和有权签字人个人名章

　　C. 承办银行按照公积金管理中心委托放款通知书制作借款合同

　　D. 只需受委托的承办银行与借款人双方在担保借款合同上签字、盖章

二、多项选择题(在以下各小题所给出的选项中,至少有两个选项符合题目要求,请将正确选项的代码填入括号内)

1. 下列关于个人住房贷款的说法中,正确的有(　　)。

　　A. 个人住房贷款的计息、结息方式,由银行确定

　　B. 个人住房贷款采取的担保方式以抵押担保为主

　　C. 个人住房贷款利率可采用固定利率和浮动利率

　　D. 个人住房贷款实质是一种融资关系加上商品买卖关系

　　E. 个人住房贷款的利率按商业性贷款利率执行,上限放开,实行下限管理

2. 拟申请个人住房贷款的借款人,必须符合的条件包括(　　)。

　　A. 信用状况良好

　　B. 稳定的经济收入

　　C. 有贷款银行认可的资产进行抵押

　　D. 合法有效的身份或居留证明

　　E. 有合法有效的购买、建造、修理普通住房的合同、协议

3.下列关于个人住房贷款的还款方式的说法中,正确的有(　　)。

　　A.贷款合同签订后,未经贷款银行同意,不得更改还款方式

　　B.还款方式应在借款合同中予以明确

　　C.一笔借款合同只能明确一种还款方法

　　D.个人住房贷款常用的还款方式有等额本息还款法和等额本金还款法

　　E.借款人采用何种还款方式,应根据贷款品种、贷款期限等条件,由银行自行决定

4.房地产的特性包括(　　)。

　　A.独一无二　　　　　　　　　　B.供给有限

　　C.流动性差　　　　　　　　　　D.用途多样

　　E.寿命长久

5.下列属于个人住房贷款项目开发的合法性调查的有(　　)。

　　A.确定开发商是否已缴纳完土地出让金

　　B.土地使用是否经批准

　　C.外销房是否经过有关审批程序

　　D.工程建筑时间是否在有效期间内

　　E.建筑物的结构是否与规划许可证相符

6.个人住房贷款贷后检查中,调查的要点包括(　　)。

　　A.抵押物的价值

　　B.项目工程形象进度

　　C.履行担保责任情况

　　D.项目销售情况及资金回笼情况

　　E.合作机构的资信情况、经营情况及财务情况

7.个人住房贷款业务中,银行与开发商确立合作后,需要加强对开发商和合作项目的管理,采取的措施主要有(　　)。

　　A.借款人的入住情况及对住房的使用情况等

　　B.借款人发生违约行为后应及时通知开发商履行担保责任

　　C.及时了解开发商的工程进度,防止"烂尾"工程

　　D.密切注意和掌握房地产市场的动态

　　E.开发商的经营及财务状况是否正常,担保责任的履行能力能否保证

8.个人住房贷款中"假个贷"表现的一般特征包括(　　)。

　　A.借款人首付款非自己交付

　　B.开发企业员工或关联方集中购买同一楼盘

　　C.没有特殊原因,滞销楼盘突然热销

　　D.借款人每月集中在同一日还款

　　E.没有特殊原因,楼盘售价与周围楼盘相比明显偏高

9. 在个人住房贷款业务中,与银行合作的机构出现下列(　　)情况时,银行应暂停与其合作。

　A. 经营出现明显问题的

　B. 有违法违规经营行为的

　C. 存在其他对商业银行业务发展不利因素的

　D. 与商业银行合作的存量业务出现严重不良贷款的

　E. 所进行的合作对商业银行业务拓展没有明显促进作用的

10. 下列选项中,属于个人住房贷款贷后管理风险的有(　　)。

　A. 逾期贷款催收不及时

　B. 房屋他项权证办理不及时

　C. 未对重点贷款使用情况进行跟踪检查

　D. 未按照规定保管借款合同、担保合同等重要贷款档案资料,造成合同损毁

　E. 在还款正常的情况下,未对其经营情况及抵押物价值、用途等变动情况持续跟踪监测

11. 银行在审核个人住房贷款申请时,必须对借款人的收入证明严格把关,验证收入的真实性,验证范围包括(　　)。

　A. 融资收入的真实性　　　　　　　B. 经营收入的真实性

　C. 投资收入的真实性　　　　　　　D. 租金收入的真实性

　E. 工资收入的真实性

12. 公积金个人住房贷款的特点有(　　)。

　A. 期限长　　　　　　　　　　　　B. 利率低

　C. 互助性　　　　　　　　　　　　D. 普遍性

　E. 营利性

13. 拟申请公积金个人住房贷款的借款人,须具备的条件包括(　　)。

　A. 拥有县城常住户口或有效居留身份

　B. 有稳定的职业和收入,有偿还贷款本息的能力

　C. 按时足额缴存公积金并具有个人住房公积金存款账户

　D. 有当地住房公积金管理部门规定的最低额度以上的自筹资金

　E. 符合住房公积金管理中心及所属分中心同意的担保方式的要求

三、判断题(请判断以下各小题的正误,正确的选 A,错误的选 B)

1. 依据《中华人民共和国民法典》第四百九十六条的规定,商业银行作为格式条款的提供方,应当遵循公平原则确定当事人之间的权利和义务,并采取合理的方式提示对方注意免除或者减轻其责任等与对方有重大利害关系的条款,按照对方的要求,对该条款予以说明。

　　　　　　　　　　　　　　　　　　　　　　　　　　　　　　　　(　　)

　A. 正确　　　　　　　　　　　　　B. 错误

2. 根据规定,我国境内商业银行可以向境外自然人发放个人住房贷款。　(　　)

　A. 正确　　　　　　　　　　　　　B. 错误

3. 根据现行规定,在不实施"限购"措施的城市,居民家庭首次购买普通住房的商业性个人住房贷款,原则上最低首付款比例为20%。 （ ）

　　A. 正确　　　　　　　　　　　　　B. 错误

4. 个人住房贷款采用抵押担保方式的,抵押的财产必须符合《中华人民共和国民法典》的法定条件,借款人以所购住房作抵押的,不必将住房价值的全额用于贷款抵押。 （ ）

　　A. 正确　　　　　　　　　　　　　B. 错误

5. 个人住房贷款业务中,在所抵押的住房取得房屋所有权证并办妥抵押登记后,根据合同约定,保证人不再承担保证责任。 （ ）

　　A. 正确　　　　　　　　　　　　　B. 错误

6. 个人住房贷款业务中,对承担担保责任的按揭合作开发商,银行应要求留存担保保证金,实行专户存储、专户管理。 （ ）

　　A. 正确　　　　　　　　　　　　　B. 错误

7. 公积金个人住房贷款的审批由公积金管理中心委托主办方商业银行代为执行,对贷款额度、年限、成数等作出审批意见。 （ ）

　　A. 正确　　　　　　　　　　　　　B. 错误

8. 公积金管理中心与承办银行的委托贷款协议终止时,承办银行应清算住房委托贷款手续费,办理公积金管理中心存款账户的销户交易,最后移交和报送公积金管理中心账户记账回单及相关业务资料。 （ ）

　　A. 正确　　　　　　　　　　　　　B. 错误

答案详解

一、单项选择题

1. B。【解析】个人住房贷款具有以下特征:(1)贷款期限长。(2)大多以抵押为前提建立借贷关系。(3)风险具有系统性特点。

2. C。【解析】个人住房贷款相对其他个人贷款而言金额较大,期限也较长,通常为10~20年,最长可达30年。

3. A。【解析】个人住房贷款的计息、结息和重定价方式,由借贷双方协商确定。其中,采用浮动利率的商业性个人住房贷款,利率重定价周期最短为1年。

4. B。【解析】房地产估价方法中的成本法特别适用于那些既无收益又很少发生交易、有独特设计需要的房地产的估价,如学校、图书馆、医院、政府办公楼、码头等。A、D两项适用于市场法,C项适用于收益法。

5. B。【解析】市场法的难点在于如何保证可比实例成交价格的客观合理性,以及如何对其各种因素进行修正或调整。成本法的难点在于不同时期、不同地区、不同类型房地产的价格构成极其复杂,且折旧包含物质上、功能上和经济上的价值减损,求取的难度较大。收益法的难点在于求取净收益时的扣除项目"运营费用"如何准确界定以及如何确定合理的报酬率或资本化率。假设开发法的难点在于利润的估算和预计估价对象开发完成后的价格。

6.A。【解析】个人住房贷款的借款人合法有效的身份证件包括居民身份证、户口本、军官证、警官证、文职干部证、港澳台居民还乡证、居留证件或其他有效身份证件及婚姻状况证明。

7.D。【解析】个人住房贷款审查人审查完毕后,应对贷前调查人提出的调查意见和贷款建议是否合理、合规等,在个人住房贷款调查审查表上签署审查意见,连同申请材料、面谈记录等一并送交贷款审批人进行审批。

8.C。【解析】个人住房贷款的项目调查包括:(1)项目资料的完整性、真实性和有效性调查。(2)项目的合法性调查。(3)项目工程进度调查。(4)项目资金到位情况调查。

9.C。【解析】商业银行对个人住房贷款合作机构进行审查,分析合作机构的偿债能力时,重点看资产负债表。

10.A。【解析】涉及抵押担保的,在一般操作模式下,财产共有人在借款(抵押)合同上直接签字,可无书面声明。

11.D。【解析】个人住房贷款中,合作机构风险的表现形式主要有:(1)房地产开发商和中介机构的欺诈风险,主要表现为"假个贷"。(2)担保公司的担保风险,主要的表现是"担保放大倍数"过大。(3)其他合作机构的风险,在二手房贷款业务中,往往涉及多个社会中介机构,如房屋中介机构、评估机构及律师事务所等,可能在社会中介机构环节出现风险。

12.D。【解析】"担保放大倍数"即担保公司对外提供担保的余额与自身实收资本的倍数,倍数过大会造成过度担保而导致最终无力代偿。

13.C。【解析】个人住房贷款签约环节主要有以下风险点:(1)未签订合同或是签订无效合同。(2)合同文本中的不规范行为。(3)未对合同签署人及签字(签章)进行核实。C项属于贷款发放风险。

14.C。【解析】质押担保目前主要是权利质押,较多的是存单、保单、国债、收费权质押。主要风险在于:(1)质押物的合法性。(2)对于无处分权的权利进行质押。(3)非为被监护人利益以其所有权利进行质押。(4)非法所得、不当得利所得的权利进行质押等。

15.A。【解析】政策风险是指政府的金融政策或相关法律、法规发生重大变化或是有重要的举措出台,引起市场波动,从而给商业银行带来的风险。比较常见的政策风险如下:(1)对境外人士购房的限制。(2)对购房人资格的政策性限制。

16.A。【解析】公积金个人住房贷款是缴存公积金的职工才享有的一种贷款权利,只要是公积金缴存的职工,均可申请公积金个人住房贷款。

17.C。【解析】目前,公积金个人住房贷款最长期限为30年。

18.C。【解析】公积金个人住房贷款业务中,承办银行的基本职责是:公积金借款合同签约、发放、职工贷款账户设立和计结息以及金融手续操作。可委托代理职责是:贷前咨询受理、调查审核、信息录入,贷后审核、催收、查询对账。

19.C。【解析】公积金管理中心基本职责:制定公积金信贷政策、负责信贷审批和承担公积金信贷风险。

20.D。【解析】公积金个人住房贷款合同签约时,承办银行按照公积金管理中心委托放款通知书,审核预签合同或制作借款合同;落实借款人、住房置业公司等合同签约人在合同上盖章、签字(章),经有权签字人审核同意,在合同上加盖合同专用章及有权签字人个人名章,由承办银行经办人员录入并检查修改系统中的信息。

二、多项选择题

1. BCE。【解析】个人住房贷款的计息、结息方式,由借贷双方协商确定。从融通资金的方式来说,个人住房贷款是以抵押物的抵押为前提而建立起来的一种借贷关系。

2. ABCDE。【解析】个人住房贷款的对象应是具有完全民事行为能力的中华人民共和国公民或符合国家有关规定的境外自然人。申请人还须满足贷款银行的其他要求:(1)合法有效的身份或居留证明。(2)有稳定的经济收入,信用状况良好,有偿还贷款本息的能力。(3)有合法有效的购买(建造、大修)住房的合同、协议、符合规定的首付款证明材料及贷款银行要求提供的其他证明文件。(4)有贷款银行认可的资产进行抵押或质押,或有足够代偿能力的法人、其他经济组织或自然人作为保证人。(5)贷款银行规定的其他条件。

3. ABCD。【解析】借款人可以根据需要选择还款方法,但一笔借款合同只能选择一种还款方法。

4. ABCDE。【解析】房地产的特性包括:(1)不可移动。(2)独一无二。(3)寿命长久。(4)供给有限。(5)价值量大。(6)流动性差。(7)用途多样。(8)相互影响。

5. ABDE。【解析】个人住房贷款项目的合法性调查包括项目开发的合法性调查和项目销售的合法性调查。(1)项目开发的合法性调查。通过调查开发商的国有土地使用权证和建设用地规划许可证等证书:①确定开发商是否已按政府规定缴纳完土地出让金。②土地使用是否经批准。③工程建筑时间是否在有效期间内。④建筑物的结构是否与规划许可证相符,从而确定项目的开发是否合法。(2)项目销售的合法性调查。通过调查项目的预售许可证:①确定项目的销售是否经当地政府房管部门批准。②销售的商品房是否被抵押。③销售的对象是否符合规定。④外销房是否经过有关审批程序等。

6. BCDE。【解析】个人贷款贷后调查的要点有:(1)开发商的经营状况及账务状况。(2)项目资金到位及使用情况。(3)项目工程形象进度。(4)项目销售情况及资金回笼情况。(5)产权证办理的情况。(6)履行担保责任的情况。(7)开发商履行商品房销售贷款合作协议的情况。(8)开发商涉诉情况。(9)合作机构的资信情况、经营情况及财务情况等。(10)其他可能影响借款人按时、足额还贷的因素。

7. ABCDE。【解析】银行与开发商确立合作后,还需要加强对开发商和合作项目的管理,采取的措施主要包括:(1)及时了解开发商的工程进度,防止"烂尾"工程。(2)及时了解开发商的经营及财务状况是否正常,担保责任的履行能力能否保证。(3)借款人的入住情况及对住房的使用情况等。(4)借款人早期发生违约行为后,及时通知开发商履行担保责任。(5)密切注意和掌握房地产市场的动态等。

8. ABCE。【解析】"假个贷"行为具有若干共性特征,包括:(1)没有特殊原因,滞销楼盘突然热销。(2)没有特殊原因,楼盘售价与周围楼盘相比明显偏高。(3)开发企业员工或关联方集中购买同一楼盘,或一人购买多套。(4)借款人收入证明与年龄、职业明显不相称,在一段时间内集中申请办理贷款。(5)借款人对所购房屋位置、朝向、楼层、户型、交房时间等与所购房屋密切相关的信息不甚了解。(6)借款人首付款非自己交付或实际没有交付。(7)多名借款人还款账户内存款很少,还款日前由同一人或同一单位进行转账或现金支付来还款。(8)开发商或中介机构代借款人统一还款。(9)借款人集体中断还款等。

9. ABCDE。【解析】对客户进行回访是银行贷后管理工作之一。严格执行回访制度,关注合作机构的经营情况。对已经准入的合作机构,银行应进行实时关注,随时根据其业务发展情况调整合作策略。存在下列情况的,应暂停与相应机构的合作:(1)经营出现明显问题的。(2)有违法违规经营行为的。(3)与银行合作的存量业务出现严重不良贷款的。(4)所进行的合作对银行业务拓展没有明显促进作用的。(5)其他对银行业务发展不利的因素。

10. ABCDE。【解析】贷后管理的风险,主要包括:(1)未建立贷后监控检查制度,未对重点贷款使用情况进行跟踪检查。(2)房屋他项权证办理不及时。(3)逾期贷款催收不及时,不良贷款处置不力,造成贷款损失。(4)未按规定保管借款合同、担保合同等重要贷款档案资料,造成合同损毁,他项权利证书未按规定进行保管,造成他项权证遗失,他项权利灭失。(5)只关注借款人按月还款情况,在还款正常的情况下,未对其经营情况及抵押物价值、用途等变动情况进行持续跟踪监测。

11. BCDE。【解析】在审核个人住房贷款申请时,必须对借款人的收入证明严格把关,在验证借款人收入的真实性时,应主要验证借款人的工资收入、租金收入、投资收入和经营收入四个方面。

12. ABCD。【解析】公积金个人住房贷款的特点有:(1)互助性。公积金个人住房贷款其资金来源为单位和个人共同缴存的住房公积金。(2)普遍性。只要是具有完全民事行为能力、正常缴存住房公积金的职工,都可申请公积金个人住房贷款。(3)利率低。相对商业贷款,公积金个人住房贷款的利率相对较低。(4)期限长。目前,公积金个人住房贷款最长期限为30年(贷款期限不得超过法定离退休年龄后5年)。

13. BCDE。【解析】申请公积金个人住房贷款应具备的基本条件为:(1)具有城镇常住户口或有效居留身份。(2)按时足额缴存住房公积金并具有个人住房公积金存款账户。(3)有稳定的经济收入,信用良好,有偿还贷款本息的能力。(4)有合法有效的购买、大修住房的合同、协议以及贷款银行要求提供的其他证明文件。(5)有当地住房公积金管理部门规定的最低额度以上的自筹资金,并保证用于支付所购(大修)住房的首付款。(6)有符合要求的资产进行抵押或质押,或有足够代偿能力的法人、其他经济组织或自然人作为保证人。(7)符合当地住房公积金管理部门规定的其他借款条件。

三、判断题

1. A。【解析】依据《中华人民共和国民法典》第四百九十六条的规定,商业银行作为格式条款的提供方,应当遵循公平原则确定当事人之间的权利和义务，并采取合理的方式提示对方注意免除或者减轻其责任等与对方有重大利害关系的条款，按照对方的要求，对该条款予以说明。

2.A。【解析】个人住房贷款的对象应是具有完全民事行为能力的中华人民共和国公民或符合国家有关规定的境外自然人。

3.B。【解析】在不实施"限购"措施的城市，居民家庭首次购买普通住房的商业性个人住房贷款，原则上最低首付款比例为25%，各地可向下浮动5个百分点。对于实施"限购"措施的城市，贷款购买首套普通自住房的家庭，个人住房贷款最低首付款比例为30%。

4.B。【解析】个人住房贷款采用抵押担保方式的，抵押的财产必须符合《中华人民共和国民法典》的法定条件。借款人以所购住房作抵押的，银行通常要求将住房价值全额用于贷款抵押；若以贷款银行认可的其他财产作抵押的，银行往往规定其贷款额度不得超过抵押物价值的一定比例。

5.A。【解析】在个人住房贷款业务中，采取的担保方式以抵押担保为主，在未实现抵押登记前，普遍采取抵押加阶段性保证的方式。在所抵押的住房取得房屋所有权证并办妥抵押登记后，根据合同约定，保证人不再承担保证责任。

6.A。【解析】对承担担保责任的合作机构，银行应要求留存担保保证金，需要开立保证金专户存储，并在担保合作协议中明确该账户内保证金的用途及担保人使用限制条款，在借款人不履行合同义务时，银行直接扣收担保人的保证金。

7.B。【解析】公积金个人住房贷款与商业银行自营性个人住房贷款审批不同，公积金个人住房贷款的申请由各地方公积金管理中心负责审批，而自营性个人住房贷款由商业银行自己审批。

8.A。【解析】银行要先和公积金管理中心签订《住房公积金贷款业务委托协议书》，取得公积金个人住房贷款业务的承办权之后才能接受委托办理公积金个人住房贷款业务。公积金管理中心与承办银行的委托贷款协议终止时，承办银行应清算住房委托贷款手续费，办理公积金管理中心存款账户的销户交易，最后移交和报送公积金管理中心账户记账回单及相关业务资料。

第四章 个人消费类贷款

要点导图

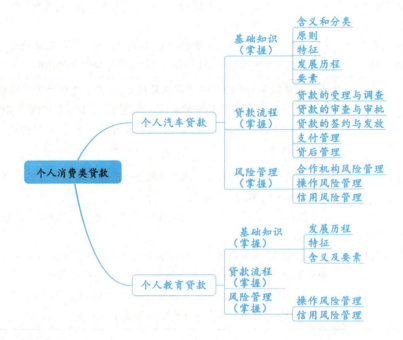

一、个人汽车贷款

（一）基础知识

1. 个人汽车贷款的含义

个人汽车贷款指的是贷款人向个人借款人发放的用于购买汽车的贷款。

2. 个人汽车贷款的分类

（1）按所购车辆注册登记情况分类。个人汽车贷款按所购车辆注册登记情况分为一手车贷款和二手车贷款。一手车贷款是指借款人用以购买新车而申请的个人贷款。二手车贷款是指借款人用以购买非新车而申请的个人贷款,此类车辆一般是指从办理完机动车注册登记手续到规定报废年限一年之前进行所有权变更并依法办理过户手续的汽车。

（2）按所购车辆用途分类。个人汽车贷款按所购车辆用途分为自用车贷款和营运车贷款。自用车贷款是指借款人用以购买不以营利为目的的汽车而申请的个人贷款;营运车贷

121

款是指借款人用以购买以营利为目的的汽车(包括工程机械类汽车)而申请的个人贷款。

（3）按所购车辆汽车动力不同分类。个人汽车贷款按所购车辆汽车动力不同分为传统动力汽车贷款和新能源汽车贷款。其中新能源汽车贷款是指用以购买采用新型动力系统，完全或者主要依靠新型能源驱动的汽车而申请的个人贷款，此类汽车包括插电式混合动力(含增程式)汽车、纯电动汽车和燃料电池汽车等。

3. 个人汽车贷款的特征

特点	内容
作为汽车金融服务领域的主要内容之一,在汽车产业和汽车市场发展中占有一席之地	(1)汽车贷款除了是商业银行个人信贷的重要产品外,其在汽车市场中的地位和作用也非常突出。 (2)汽车产业属于资金密集型产业,对资金融通方面的需求较大。 (3)在汽车销售市场中,汽车贷款日益起到举足轻重的作用
风险管理难度相对较大	汽车贷款购买的标的产品为移动易耗品,以汽车作抵押的风险缓释作用有限,所以风险相对于住房贷款来说更难把握。尤其是在国内信用体系尚不完善的情况下,商业银行对借款人的资信状况较难评价,对其违约行为缺乏有效的约束力
与汽车市场的多种行业机构具有密切关系	由于汽车销售领域的特色,汽车贷款业务的办理需要多方的协调配合,并不是商业银行能够独立完成的。 (1)借款申请人要从汽车经销商处购买汽车,银行贷款的资金将直接转移至经销商处。 (2)汽车贷款业务拓展中还有可能涉及多种担保机构和服务中介等,甚至在业务拓展方面商业银行还要与汽车生产企业进行联系沟通。 (3)由于汽车贷款多对所购车辆作抵押,贷款银行会要求借款人及时足额购买汽车产品的保险,从而与保险公司建立业务关系

典题精练

【例1·多项选择题】汽车贷款风险控制的难度相对较大的原因有(　　　)。

A. 以汽车作抵押的风险缓释作用有限

B. 商业银行对借款人的资信状况较难评价

C. 汽车贷款购买的标的产品为移动易耗品

D. 商业银行对借款人的违约行为缺乏有效的约束力

E. 汽车产业属于资金密集型产业,对资金融通方面的需求较大

ABCD。【解析】汽车贷款购买的标的产品为移动易耗品,以汽车作抵押的风险缓释作用有限,所以风险相对于住房贷款来说更难把握。尤其是在国内信用体系尚不完善的情况下,商业银行对借款人的资信状况较难评价,对其违约行为缺乏有效的约束力。因此,汽车贷款风险控制的难度相对较大。

4. 个人汽车贷款的发展历程

1993 年,国内最初的汽车贷款业务,作为促进国内汽车市场发展、支持国内汽车产业的金融手段而出现。

1996 年,中国建设银行与一汽集团建立合作关系,此时为银行业的汽车贷款业务的萌芽时期。

1998 年 9 月,中国人民银行颁布了《汽车消费贷款管理办法(试点办法)》,是继 1997 年出台个人住房贷款业务的政策之后,推动消费信贷业务的又一新举措。

1998 年 10 月,中国建设银行率先完成了汽车贷款业务开办的准备工作,成为中国人民银行批复开办汽车贷款业务的第一家商业银行。

21 世纪初,汽车贷款业务迅猛增长。

2004 年 8 月,中国人民银行、银行业监督管理机构联合颁布了《汽车贷款管理办法》。在贷款人、借款人范围、车贷首付比例和年限等关键问题上,《汽车贷款管理办法》都与 1998 年的《汽车消费贷款管理办法(试点办法)》有很大不同,主要表现为:

(1)调整了贷款人主体范围。

(2)细化了借款人类型。

(3)扩大了贷款购车的品种。

(4)明确规定了购买二手车也可以申请贷款。

2016 年为促进国内消费升级,扩大汽车消费市场,中国人民银行、银行业监督管理机构联合印发了《关于加大对新消费领域金融支持的指导意见》(银发〔2016〕92 号,以下简称《指导意见》),对新消费重点领域加大了金融支持。其中提到:"加快修订《汽车贷款管理办法》。经营个人汽车贷款业务的金融机构办理新能源汽车和二手车贷款的首付款比例,可分别在 15% 和 30% 最低要求基础上自主决定。"该《指导意见》体现了对于新能源汽车和二手汽车的支持力度,将新能源汽车作为一个单独品种提出,首付要求也低于《汽车贷款管理办法》对于个人消费类汽车贷款的要求。同时,《指导意见》大幅降低了二手汽车贷款的首付款要求。

2017 年在《指导意见》基础上,人民银行、银行业监督管理机构下发《关于调整汽车贷款有关政策的通知》(银发〔2017〕234 号),进一步区分传统动力和新能源汽车,并自 2018 年 1 月 1 日起,调整个人汽车贷款最高发放比例要求。具体为:自用传统动力汽车贷款最高发放比例为 80%,商用传统动力汽车贷款最高发放比例为 70%;自用新能源汽车贷款最高发放比例为 85%,商用新能源汽车贷款最高发放比例为 75%;二手车贷款最高发放比例为 70%。

5. 个人汽车贷款的原则

个人汽车贷款实行"设定担保,分类管理,特定用途"的原则。

原则	内容
设定担保	借款人申请个人汽车贷款需提供所购汽车抵押或其他有效担保
分类管理	按照贷款所购车辆种类和用途的不同,对个人汽车贷款设定不同的贷款条件
特定用途	个人汽车贷款专项用于借款人购买汽车,不允许挪作他用

📖 典题精练

【例 2·单项选择题】下列选项中,不属于个人汽车贷款原则的是(　　)。

A. 设定担保　　　　　　　　B. 风险补偿

C. 分类管理　　　　　　　　D. 特定用途

B。【解析】个人汽车贷款实行"设定担保,分类管理,特定用途"的原则。

6.个人汽车贷款的贷款要素

要素	内容
贷款对象	个人汽车贷款的对象应该是具有完全民事行为能力的中华人民共和国公民或符合国家有关规定的境外自然人。 借款人申请个人汽车贷款,须具备贷款银行要求的条件,主要有: (1)中华人民共和国公民,或在中华人民共和国境内连续居住1年以上(含1年)的中国港、澳、台居民及外国人。 (2)具有有效身份证明、固定和详细住址且具有完全民事行为能力。 (3)个人信用良好。 (4)能够支付贷款银行规定的首期付款。 (5)具有稳定的合法收入或足够偿还贷款本息的个人合法资产。 (6)贷款银行要求的其他条件
贷款期限	个人汽车贷款的贷款期限(含展期)不得超过5年,其中,二手车贷款的贷款期限(含展期)不得超过3年。 借款人应按合同约定的计划按时还款,如果确实无法按照计划偿还贷款,可以申请展期。贷款银行须按照审批程序对借款人的申请进行审批。借款人须在贷款全部到期前30天提出展期申请。展期之后全部贷款期限不得超过贷款银行规定的最长期限,同时对展期的贷款应重新落实担保
贷款利率	银行会根据客户的风险进行差异化定价,个人汽车贷款利率根据对应期限档次的LPR利率、客户的风险状况等综合确定
还款方式	个人汽车贷款的还款方式包括等额本金还款法、等额本息还款法、一次还本付息法、按月还息任意还本法等多种还款方式,具体方式根据各商业银行的规定来执行
担保方式	申请个人汽车贷款,借款人须提供一定的担保措施,包括以贷款所购车辆作抵押、质押、房地产抵押和第三方保证等,还可采用购买个人汽车贷款履约保证保险的方式。 (1)以质押方式申请个人汽车贷款的,质押权利范围包括凭证式国债(电子记账)和记账式国债、定期储蓄存单、个人寿险保险单等,贷款额度最高为质押权利凭证的90%,贷款期限最长为5年,按照相关规定办理手续。 (2)以贷款所购车辆作抵押的,借款人须在办理完购车手续后,及时到贷款经办行所在地的车辆管理部门办理车辆抵押登记手续,并将购车发票原件、各种缴费凭证原件、行驶证复印件、机动车登记证原件、保险单等交予贷款银行进行保管。如果在车辆抵押登记手续办妥之前贷款已经发放,需由经销商或中介机构提供阶段性担保。在贷款期限内,借款人须持续按照贷款银行的要求为贷款所购车辆购买指定险种的车辆保险,并在保险单中明确第一受益人为贷款银行。在贷款期间要确保续保的连续性和有效性。 (3)以房地产作抵押的,抵押物必须符合《中华人民共和国民法典》的有关规定,并且价值稳定、产权明晰、变现能力强、易于处置。银行不接受尚未还清贷款银行以外的其他金融机构的个人住房贷款、商用房贷款的房地产作抵押

（续表）

要素	内容
贷款额度	（1）所购车辆为自用传统动力汽车的,贷款额度不得超过80%,所购车辆为商用传统动力汽车的,贷款额度不得超过70%。 （2）所购车辆为自用新能源汽车的,贷款额度不得超过85%,所购车辆为商用新能源汽车的,贷款额度不得超过75%。 （3）所购车辆为二手车的,贷款额度不得超过70%。 汽车价格,对于新车是指汽车实际成交价格与汽车生产商公布价格中的较低者;对于二手车是指汽车实际成交价格与贷款银行认可的评估价格中的较低者。 上述成交价格均扣除政府补贴,且不得含有各类附加税费及保费等

📖 典题精练

【例3·判断题】个人汽车贷款的贷款期限（含展期）不得超过6年,其中二手车辆贷款期限（含展期）不得超过3年。（　　　）

A. 正确　　　　　　　　　　　　B. 错误

B。【解析】个人汽车贷款的贷款期限（含展期）不得超过5年,其中二手车贷款的贷款期限（含展期）不得超过3年。

（二）贷款流程

1. 贷款的受理与调查

要点	内容
贷款的受理	贷款受理人应要求借款申请人以书面形式提出个人汽车贷款借款申请,并按银行要求提交能证明其符合贷款条件的相关申请材料。对于有共同申请人的,应同时要求共同申请人提交有关申请材料。申请材料清单如下: （1）合法有效的身份证件,包括居民身份证、户口本或其他有效身份证件,借款人已婚的还需要提供配偶的身份证明材料。 （2）以所购车辆抵押以外的方式进行抵押或质押担保的,需提供抵押物或质押权利的权属证明文件和有处分权人（包括财产共有人）同意抵（质）押的书面证明（也可由财产共有人在借款合同、抵押合同上直接签字）,以及贷款银行认可部门出具的抵押物估价证明。 （3）贷款银行认可的借款人还款能力证明材料,包括收入证明材料和有关资产证明等。 （4）如借款所购车辆为二手车,还需提供购车意向证明或购车合同、贷款银行认可的评估机构出具的车辆评估报告书、车辆出卖人的车辆产权证明、所交易车辆的机动车辆登记证和车辆年检证明等。 （5）由汽车经销商出具的购车意向证明或购车合同。 （6）如借款所购车辆为商用车,还需提供所购车辆可合法用于运营的证明,如车辆挂靠运输车队的挂靠协议和租赁协议等。 （7）购车首付款证明材料。

（续表）

要点	内容
贷款的受理	(8)涉及保证担保的,需保证人出具同意提供担保的书面承诺,并提供能证明保证人保证能力的证明材料。 (9)贷款银行要求提供的其他文件、证明和资料
贷前调查	(1)调查方式。贷前调查应以实地调查为主、间接调查为辅,贷前调查可以采取面谈借款申请人、审查借款申请材料、查询个人征信、电话调查和实地调查及委托第三方调查等多种方式进行。 (2)调查内容。贷前调查人在调查贷款用途、申请人基本情况和贷款担保等情况时,除参考个人贷款管理部分内容,还应重点调查以下内容: ①贷前调查人应通过借款申请人对所购汽车的了解程度、所购买汽车价格与本地区价格是否差异很大和二手车的交易双方是否有关联关系等判断借款申请人购车行为的真实性、了解借款申请人购车动机是否正常、额度是否合理。 ②通过与借款人的交谈、审查借款人提供的收入材料、电话查询等方式,了解借款人正常的月均消费支出,核实借款人收入情况,判断借款人支出情况,除购车贷款之外的债务支出情况等,了解和评估借款人实际还款能力。 ③通过与经销商、保险公司的沟通,登录车管所查询所购车辆抵押情况等,了解车辆权属是否清晰、明确。此外,商用车还应查阅了解该车辆是否具备营运资格证、借款人经营企业和车辆年检情况等,二手车还应综合评估考虑折旧情况等。 贷前调查完成后,贷前调查人应对调查结果进行整理、分析,提出是否同意贷款的明确意见及对贷款额度、贷款期限、贷款利率、担保方式、还款方式、划款方式等方面的建议

典题精练

【例4·单项选择题】下列关于个人汽车贷款贷前调查的说法中,错误的是(　　)。

A.贷前调查应以实地调查为主、间接调查为辅

B.贷前调查人应以审查借款申请材料为主要方式了解申请人抵押物状况

C.可通过审查借款申请材料、面谈借款申请人、查询个人征信等方式进行

D.可通过委托第三方调查借款申请人的基本情况、贷款用途和贷款担保等情况

B。【解析】个人贷款贷前调查规定贷前调查人应通过实地调查了解申请人抵押物状况等。个人汽车贷款中,贷前调查应以实地调查为主、间接调查为辅,贷前调查可以采取面谈借款申请人、审查借款申请材料、查询个人征信、实地调查和电话调查及委托第三方调查等多种方式进行。

2.贷款的审查与审批

关于个人汽车贷款的审查与审批可参考个人贷款流程部分。

3. 贷款的签约与发放

要点	内容
贷款的签约	对经审批同意的贷款,要及时通知借款申请人以及其他相关人(包括抵押人和出质人等),确认签约的时间,签署《个人汽车贷款借款合同》和相关担保合同。 借款合同应符合法律规定,明确约定各方当事人的诚信承诺和贷款资金的用途、支付对象、支付条件、支付金额、支付方式等。对采取抵押担保方式的,应要求抵押物共有人当面签署个人汽车借款抵押合同
贷款的发放	(1)落实贷款发放条件。贷款发放前,应落实有关贷款发放条件: ①以质押和房产抵押方式办理个人汽车贷款的,分别按照质押贷款业务流程和房产抵押登记流程办理。 ②以贷款所购车辆作抵押的,借款人须在办理完购车手续后,及时到贷款银行所在地的车辆管理部门办理车辆抵押登记手续,并将购车发票原件、各种缴费凭证原件、机动车登记证原件、行驶证复印件、保险单等交予贷款银行进行保管。 在贷款期限内,借款人须持续按照贷款银行的要求为贷款所购车辆购买指定险种的车辆保险,并在保险单中明确第一受益人为贷款银行。在担保条件的落实上,不得存在担保空白。 (2)贷款发放。贷款发放的具体流程如下: ①出账前审核。审核放款通知:业务部门在接到放款通知书后,对其真实性、合法性和完整性进行审核。 ②开户放款。业务部门在确定有关审核无误后,进行开户放款。 在开户放款时应注意:借款人与贷款银行签约时,要明确告知在放款时遇LPR利率调整,应执行具体放款日当日利率。因此,贷款签约后遇LPR贷款利率调整时,业务部门在开户放款时发现"放款通知"贷款利率与贷款账户执行利率不一致,要通知相关部门按最新利率档次重新修改信贷发放信息,并重新办理开户放款有关手续。 ③放款通知。当开户放款完成后,银行应将放款通知书、个人贷款信息卡等一并交借款人作回单

典题精练

【例5·单项选择题】下列选项中,不属于个人汽车贷款发放的具体流程的是(　　)。

A. 放款通知　　　　　　　　B. 开户放款

C. 出账前审核　　　　　　　D. 建立"贷款台账"

D。【解析】个人汽车贷款发放的具体流程如下:(1)出账前审核。(2)开户放款。(3)放款通知。贷款发放后,业务部门应依据借款人相关信息建立贷款台账,并随时更新台账数据。

4. 支付管理

个人汽车贷款的支付包括划款至经销商在贷款银行开立的存款账户和直接转入借款人在贷款银行开立的存款账户两种方式,即通过贷款人受托支付或借款人自主支付的方式发放贷款资金。贷款银行须与借款人以合同或协议的形式对资金的使用与提取等内容作书面约定,保证贷款使用符合合同要求。

5. 贷后管理

要点	内容
概念	个人汽车贷款的贷后检查是以借款人、抵（质）押物、保证人等为对象，通过客户提供、访谈、实地检查和行内资源查询等途径获取信息，对影响个人汽车贷款资产质量的因素进行持续跟踪调查、分析，并采取相应补救措施的过程
目的	贷后检查的目的就是对可能影响贷款质量的有关因素进行监控，及早发现预警信号，从而采取相应的预防或补救措施
内容	对借款人进行贷后检查的主要内容有： （1）借款人是否按期足额归还贷款。 （2）借款人工作单位、收入水平是否发生变化。 （3）借款人的住所、联系电话有无变动。 （4）有无发生可能影响借款人还款能力或还款意愿的突发事件，如卷入重大经济纠纷、诉讼或仲裁程序，借款人身体状况恶化或突然死亡等。 （5）对于经营类车辆应监测借款人经营的实际情况。 对保证人及抵（质）押物进行检查的主要内容有： （1）保证人的经营状况和财务状况。 （2）抵押物的存续状况、使用状况和价值变化情况等。 （3）质押权利凭证的时效性和价值变化情况。 （4）经销商及其他担保机构的保证金情况。 （5）对以车辆抵押的，对车辆的使用情况及其车辆保险有效性和车辆实际价值进行检查评估。 （6）其他可能影响担保有效性的因素

典题精练

【例6·多项选择题】下列选项中，属于个人汽车贷款对其借款人贷后检查的主要内容的有（   ）。

A. 借款人的住所和联系电话是否变动

B. 经销商及其他担保机构的保证金情况

C. 质押权利凭证的时效性和价值变化情况

D. 有无发生可能影响借款人还款能力的突发事件

E. 对经营类车辆应监测借款人经营的实际情况

ADE。【解析】贷后检查的主要内容包括借款人情况检查和担保情况检查两个方面。对借款人进行贷后检查的主要内容包括：（1）借款人是否按期足额归还贷款。（2）借款人工作单位、收入水平是否发生变化。（3）借款人的住所、联系电话有无变动。（4）有无发生可能影响借款人还款能力或还款意愿的突发事件，如卷入重大经济纠纷、诉讼或仲裁程序，借款人身体状况恶化或突然死亡等。（5）对于经营类车辆应监测借款人经营的实际情况。B、C两项属于对保证人及抵（质）押物进行检查的主要内容。

(三)风险管理

随着个人汽车贷款市场的快速发展,由于操作不规范和法律规定不明确,汽车贷款风险凸显,甚至出现了一些不法分子利用商业银行的风险控制漏洞恶意骗贷的现象,严重影响了银行的信贷资金安全。

1.合作机构风险管理

(1)合作机构风险的内容。

①汽车经销商的欺诈风险。汽车经销商的欺诈行为如下表所示。

欺诈行为	内容
一车多贷	汽车经销商与购车人相互勾结,以同一套完全真实的购车资料向多家银行申请贷款
甲贷乙用	实际用款人取得名义借款人的支持,以名义借款人的身份套取购车贷款。情节较轻的,实际用款人基本能以名义借款人的身份还本付息;情节严重的,名义借款人失踪,实际用款人悬空贷款
虚报车价	经销商和借款人互相勾结,采取提高车辆合同价格、签订与实际买卖的汽车型号不相同的购车合同等方式虚报车价,并以该价格向银行申请贷款,致使购车人实际上以零首付甚至负首付形式购买汽车
冒名顶替	盗用普通客户的身份资料购买汽车并申请银行贷款
全部造假	犯罪分子伪造包括身份资料、购车资料、资产证明等一整套资料套取银行贷款
虚假车行	不法分子注册成立经销汽车的空壳公司,在没有一辆现货汽车可卖的情况下,以无抵押贷款为诱惑,吸引居民办理个人汽车贷款,以达到骗贷、骗保的目的

典题精练

【例7·单项选择题】个人汽车贷款业务中,借款人盗用普通客户的身份资料购买汽车并申请银行贷款,属于汽车经销商欺诈行为中的(　　)。

A.甲贷乙用　　　　　　B.冒名顶替

C.全部造假　　　　　　D.虚报车价

B。【解析】甲贷乙用指实际用款人取得名义借款人的支持,以名义借款人的身份套取购车贷款;全部造假指犯罪分子伪造包括身份资料、购车资料、资产证明等一整套资料套取银行贷款;虚报车价指经销商和借款人互相勾结,采取提高车辆合同价格、签订与实际买卖的汽车型号不相同的购车合同等方式虚报车价,并以该价格向银行申请贷款,致使购车人实质上以零首付甚至负首付形式购买汽车。

②合作机构的担保风险。合作机构的担保风险主要是汽车经销商以及专业担保公司的第三方保证担保和保险公司的履约保证保险。

要点	内容
第三方保证担保	第三方保证担保主要包括汽车经销商保证担保和专业担保公司保证担保。这一担保方式存在的主要风险是保证人往往缺乏足够的风险承担能力，在仅提供少量保证金的情况下提供巨额贷款担保，一旦借款人违约，担保公司往往难以承担保证责任，造成风险隐患
保险公司履约保证保险	银行在与保险公司的合作过程中可能存在下列风险： a.保险公司依法解除保险合同，贷款银行的债权难以得到保障。《中华人民共和国保险法》赋予保险公司解除保险合同的权利，即如果投保人故意或过失不履行如实告知义务，足以影响保险人决定是否同意承保或提高保险费率的，保险人有权解除保险合同；投保人故意不履行如实告知义务的，保险人对于保险合同解除前发生的保险事故，不承担赔偿或者给付保险金的责任。 b.保证保险的责任限制造成风险缺口。保证保险的责任范围仅限于贷款本金和利息，而并非像保证担保那样包括贷款本金及利息、损害赔偿金、违约金和实现债权的费用等。 c.银保合作协议的效力有待确认，银行降低风险的努力难以达到预期效果。 d.免责条款成为保险公司的"护身符"，贷款银行难以追究保险公司的保险责任。即使保险合同合法订立且未被保险公司依法解除，保险合同中的免责条款也往往使得保险公司能够"金蝉脱壳"

典题精练

【例8·单项选择题】下列选项中，不属于个人汽车贷款业务中合作机构担保风险的是（　　）。

A. 评估公司的保证担保

B. 汽车经销商的保证担保

C. 专业担保公司的保证担保

D. 保险公司的履约保证保险

A。【解析】个人汽车贷款业务中合作机构的担保风险主要是保险公司的履约保证保险以及汽车经销商和专业担保公司的第三方保证担保。

（2）合作机构管理的风险防控措施。

①加强贷前调查，切实核查经销商的资信状况。

②按照银行的相关要求，严格控制合作担保机构的准入，动态监控合作担保机构的经营管理资质、对外担保情况、实际担保能力和资金实力，及时调整其担保额度。

③如果贷款是由经销商、专业担保机构担保的，应实时监控担保方是否保持足额的保证金。

④应严格按照有关规定拟定与保险公司的履约保证保险合作的协议，约定履约保证保险的办理、出险理赔、免责条款等事项，避免事后因合作协议的无效或漏洞无法理赔，造成贷款损失情况的发生。

【例9·多项选择题】个人汽车贷款业务中,下列选项属于加强合作机构管理的风险防控措施的有(　　)。

　　A.加强一线人员建设,严把贷款准入关

　　B.加强贷前调查,切实核查经销商的资信状况

　　C.按照银行的相关要求,严格控制合作担保机构的准入

　　D.由经销商、专业担保机构担保的贷款,应实时监控担保方是否保持足额的保证金

　　E.动态监控合作担保机构的经营管理资质、资金实力、对外担保情况和实际担保能力,及时调整其担保额度

BCDE。【解析】合作机构管理的风险防控措施:(1)加强贷前调查,切实核查经销商的资信状况。(2)按照银行的相关要求,严格控制合作担保机构的准入,动态监控合作担保机构的经营管理资质、对外担保情况、实际担保能力和资金实力,及时调整其担保额度。(3)如果贷款是由经销商、专业担保机构担保的,应实时监控担保方是否保持足额的保证金。(4)应严格按照有关规定拟定与保险公司的履约保证保险合作的协议,约定履约保证保险的办理、出险理赔、免责条款等事项,避免事后因合作协议的无效或漏洞无法理赔,造成贷款损失情况的发生。

2.操作风险管理

要点	内容
操作风险的内容	个人汽车贷款操作风险与个人住房贷款操作风险内容相似,在参照个人住房贷款相关内容的基础上,还应重点关注: (1)借款申请人的主体资格是否符合银行个人汽车贷款管理办法的相关规定,包括是否具有完全民事行为能力;如借款人为非中国籍公民,应重点关注是否在我国境内连续居住1年(含)以上;是否有稳定、合法的收入来源以及按期偿还本息的能力等。 (2)借款申请人所提交的材料是否真实、合法,包括借款人、保证人、抵押人和出质人的身份证件是否真实、有效;抵(质)押物的权属证明材料是否真实,有无涂改现象;借款人提供的直接划拨账户是否是借款人本人所有的活期存款账户等。 (3)借款申请人的担保措施是否足额、有效,包括担保物所有权是否合法、真实、有效;担保物共有人或所有人授权情况是否核实;担保物是否容易变现,同区域同类型担保物价值的市场走势如何;贷款额度是否控制在抵押物价值的规定比率内;抵押物是否由贷款银行认可的评估机构评估;是否办理车辆抵押登记手续;第三方保证人是否具备保证资格和保证能力等
操作风险的防控措施	(1)掌握个人汽车贷款业务的规章制度,严格按照制度规定开展业务。 (2)完善汽车经销商和银行在贷款管理方面的职责分工。 (3)及时办理车辆抵押登记手续,确保抵押权的有效落实

3.信用风险管理

作为第一还款义务人，借款人的资信状况直接影响到汽车贷款的质量。个人汽车贷款信用风险主要表现为还款意愿的变化和借款人还款能力的降低。另外，借款人的信用欺诈和恶意逃债行为也是对贷款资金安全威胁很大的信用风险。

（1）信用风险的内容。

要点	内容
借款人的还款能力风险	借款人的还款能力是个人汽车贷款资金安全的根本保证。借款人及其家庭的收入来源或者其他的再融资渠道，从根本上决定借款人能否按时足额偿还贷款本息，这就是所谓的还款能力。 除非借款人主观恶意骗贷，影响借款人还款能力的因素主要有借款人及其家庭成员收入锐减、单位经济效益恶化、工作岗位变化、个人经营失败、借款人及其家庭成员重病死亡或家庭遭遇其他不可预见或不可克服的灾难。 因此，银行在个人汽车贷款业务中偏好于职业稳定、预期收入较高、从事行业具有较好发展前景的个人客户，从而降低信用风险，或是在第二还款来源上想办法——即要求借款人提供符合银行要求的担保（如较低的抵押率）
借款人的还款意愿风险	借款人的还款意愿是信贷资金安全，特别是个人汽车贷款资金安全的重要前提。 容易导致个人还款意愿变化的因素有： ①目前，在人们的思想中还没有根深蒂固地树立起诚实信用、公平有偿的市场契约原则，对此也缺乏有效制约机制和惩罚措施。 ②当前个人贷款违约成本较低，既没有高的罚息和违约金，也没有有效的黑名单制裁制度。 ③还有很多人对贷款资金的性质缺乏正确的认识，认为银行的钱就是国家的钱，借银行的钱就是借国家的钱，大量不良资产的出现更使得不少借款人产生了"银行的贷款能不还就不还"的想法
借款人的欺诈风险	借款人恶意欺诈、骗贷和贷款后恶意转移资产的逃废债等现象，是借款人信用风险的重要表现形式。借款人一般具有谋取非法所得的动机和行为，如伪造申报材料、虚假陈述等
抵押物风险	个人汽车贷款一般以所购车辆为抵押，以此为担保方式会存在以下风险： ①抵押物损毁和消失。 ②抵押物担保效力不足。 抵押物损毁消失或担保效力不足影响的是借款人的第二还款来源，因此从广义上来说抵押物风险也可以归为还款能力风险

（2）信用风险的防控措施。具体内容如下表。

要点	内容
严格审查客户信息资料的真实性	①借款人提交申请材料后,要认真审查申请人的真实身份、居住地址、家庭状况、联系方法等个人信息。 ②对认为有必要的,要到借款人单位或经营场所,通过了解其收入水平及个人信誉,正确判断借款人的还款能力。 ③查看借款人的个人信用报告,是否有逾期欠款记录并了解其欠款原因,是否有存量负债会影响其还款能力。④坚持与借款人面谈的原则,不允许保险公司和经销商包办从借款申请到签订合同的全部手续。 ⑤认真审查借款人购车行为的真实性,严防经销商为虚构借款人购车事实而伪造合同的行为。 ⑥经办机构应指定专人负责个人汽车贷款的贷前调查工作,贷前调查人应对客户信息资料的真实性负责
详细调查客户的还款能力	①了解客户是否具有稳定的收入或合法资产来按期还款。 ②在贷后管理工作中,要积极发挥汽车经销商或保险公司在贷后管理方面的作用,应及时了解客户的经济状况。 ③经办机构要及时进行贷后客户信息的调查了解,掌握借款人收入的变动状况
科学合理地确定客户还款方式	在受理客户申请时,为确保客户的还款能力和风险可控性,应根据客户现金流状况和贷款风险管理的需要等因素灵活、合理地与客户协商确定还款方式。对于贷款期限在一年以上的,原则上应采取等额本金或等额本息还款方式
切实做好押品管理	在开展个人汽车贷款业务过程中,加强与经销商和厂商合作,可要求所抵押车辆安装 GPS 定位系统,以确保抵押物可追踪定位。同时加强贷后管理工作提升贷后押品价值重估频率和准确性

典题精练

【例 10·多项选择题】下列选项中,属于个人汽车贷款信用风险防控措施的有(　　)。

A.详细调查客户还款能力

B.科学合理地确定客户还款的方式

C.严格审查客户信息资料的真实性

D.对于关键操作,完成后做好记录备查

E.熟练掌握个人汽车贷款业务的规章制度

ABC。【解析】个人汽车贷款信用风险的防控措施包括:(1)严格审查客户信息资料的真实性。(2)详细调查客户的还款能力。(3)科学合理地确定客户还款方式。(4)切实做好押品管理。

 本节速览

个人汽车贷款	贷前调查	贷款期限	贷款额度
贷款审批	贷后管理	提前还款	期限调整
合作机构管理	操作风险管理	信用风险管理	还款能力风险

二、个人教育贷款

（一）基础知识

1. 个人教育贷款的含义

个人教育贷款是银行向在读学生或其直系亲属、法定监护人发放的用于满足其就学及在校期间正常学习、生活所需资金的贷款。

2. 个人教育贷款的分类

目前，个人教育贷款主要包括国家助学贷款、商业助学贷款、个人留学贷款等。

（1）商业助学贷款。具体内容如下表。

要点	内容
定义	商业助学贷款是指银行按商业原则自主向借款人或其直系亲属、法定监护人发放的用于满足其就学资金需求的商业贷款
原则	商业助学贷款实行"部分自筹、有效担保、专款专用和按期偿还"的原则
特点	与国家助学贷款相比，商业助学贷款财政不贴息
发放银行	各商业银行、城市信用社和农村信用社等金融机构均可开办

（2）国家助学贷款。具体内容如下表。

要点	内容
定义	国家助学贷款是由政府主导、财政贴息、财政和高校共同给予银行一定风险补偿金，银行、教育行政部门与高校共同操作的，帮助高校家庭经济困难学生支付在校学习期间所需的学费、住宿费的银行贷款。国家助学贷款有生源地国家助学贷款和校园地国家助学贷款两种。生源地国家助学贷款是商业银行向符合条件的家庭经济困难的普通高校新生和在校生发放的，在学生入学前户籍所在县（市、区）办理的助学贷款。生源地贷款为信用贷款，学生和家长（或其他法定监护人）为共同借款人，共同承担还款责任。校园地国家助学贷款是商业银行向符合条件的家庭经济困难的普通高校新生和在校生发放的，在学生入学后，在就读学校办理的助学贷款。校园地国家助学贷款为信用贷款，学生本人为借款人。
性质	国家助学贷款是信用贷款，学生不需要办理贷款担保或抵押，但需要承诺按期还款，并承担相关法律责任
方式	国家助学贷款采取"借款人一次申请、贷款银行一次审批、单户核算、分次发放"的方式

（续表）

要点	内容
原则	国家助学贷款实行"财政贴息、风险补偿、信用发放、专款专用和按期偿还"的原则。 ①财政贴息是指国家以承担部分利息的方式,对学生办理国家助学贷款进行补贴。 ②风险补偿是指根据"风险分担"的原则,按当年实际发放的国家助学贷款金额的一定比例对经办银行给予补偿。 ③信用发放是指学生不提供任何担保方式办理国家助学贷款。 ④专款专用是指国家助学贷款仅允许用于支付学费和住宿费,不得用于其他方面
发放银行	由教育部、财政部、中国人民银行和银保监会组成的部际协调小组负责确定贷款政策,由经办银行、各地教育行政部门、高校负责具体业务执行和操作

📖 典题精练

【例11·单项选择题】国家助学贷款的"风险补偿"原则是指国家财政(　　　)。

A. 对无力偿还贷款的借款学生给予一定比例的补偿

B. 按贷款当年实际发放金额的一定比例对贷款银行给予补偿

C. 按贷款当年实际发放金额的一定比例对借款学生给予补偿

D. 按贷款当年实际呆账金额的一定比例对贷款银行给予补偿

B。【解析】国家助学贷款实行"财政贴息、风险补偿、信用发放、专款专用和按期偿还"的原则。其中,风险补偿是指根据"风险分担"的原则,按当年实际发放的国家助学贷款金额的一定比例对经办银行给予补偿。

（3）个人留学贷款。个人留学贷款是指银行向个人发放的用于留学所需学杂费、生活费或留学保证金的个人贷款。

3. 个人教育贷款的特征

从各国发展情况来看,个人教育贷款具有与其他个人贷款所不同的一些特点,主要体现在以下两个方面:

（1）具有社会公益性,政策参与程度较高。

（2）多为信用类贷款,风险度相对较高。

📖 典题精练

【例12·多项选择题】从各国发展情况来看,个人教育贷款具有与其他个人贷款所不同的一些特点,包括(　　　)。

A. 具有社会公益性　　　　　B. 多为保证类贷款

C. 风险度相对较低　　　　　D. 政策参与度较高

E. 贷款期限相对较短

AD。【解析】从各国发展情况来看,个人教育贷款具有与其他个人贷款所不同的一些特点,主要体现在以下两个方面:(1)具有社会公益性,政策参与程度较高。(2)多为信用类贷款,风险度相对较高。

4. 个人教育贷款的发展历程

个人教育贷款是个人贷款业务中的特色产品之一。

1999年，中国人民银行、教育部和财政部等有关部门联合下发了开办享受财政贴息的国家助学贷款业务的通知，并首先以中国工商银行为试点在北京、上海、天津、南京、武汉、沈阳、西安和重庆8个城市进行。

2000年9月1日起，国家助学贷款在全国范围内全面推行，所有普通高等学校均能申办国家助学贷款，经办机构范围也有所扩大，成为四大国有商业银行均可办理的业务。

2002年2月，三部委联合出台了个人教育贷款开办的"四定三考核"政策，即对国家助学贷款业务要定学校、定额度、定范围、定银行，并按月考核经办银行国家助学贷款的申请人数和申请金额、已审批借款人数和贷款合同金额、实际发放贷款人数和发放金额等指标。

2003年，个人教育贷款在经过两年的快速发展后开始显现出风险问题。

2003年8月，中国人民银行出台助学贷款"双20标准"，即国家助学贷款违约率达到20%，且违约学生达到20人的高校，经办银行可以停止对其发放助学贷款。

2004年年初，中国人民银行、中国银行业监督管理机构和教育部联合下发了《关于加强和改进国家助学贷款工作的通知》，提出停止执行"双20标准"等政策措施。

2020年，为加大对家庭经济困难学生的支持力度，进一步减轻贷款学生经济负担，经国务院同意，教育部、财政部、中国人民银行、中国银保监会联合发布《关于调整完善国家助学贷款有关政策的通知》，对助学贷款年限、利率和还本宽限期进行了调整。

5. 个人教育贷款的贷款要素

贷款要素	国家助学贷款	商业助学贷款	个人留学贷款
贷款对象	国家助学贷款的贷款对象是中华人民共和国境内的（不含香港特别行政区和澳门特别行政区、台湾地区）普通高等学校中经济确实困难的全日制本专科生（含高职生）、研究生和第二学士学位学生。借款人申请国家助学贷款，须具备贷款银行要求的条件： (1) 具有中华人民共和国国籍，并持有合法、有效的身份证件。 (2) 具有完全民事行为能力（未成年人申请国家助学贷款需由其法定监护人书面同意）。 (3) 诚实守信，遵纪守法，无违法违纪行为。 (4) 家庭经济确实困难，无法支付正常完成学业所需的基本费用（包括学费、住宿费）。 (5) 学习刻苦，能够正常完成学业。 (6) 贷款银行规定的其他条件	商业助学贷款的贷款对象是在境内高等院校就读的全日制本专科生、研究生和第二学士学位学生。贷款银行可根据业务发展需要和风险管理能力，自主确定开办针对境内其他非义务教育阶段全日制学校在校困难学生的商业助学贷款。借款人申请商业助学贷款，须具备贷款银行要求的条件： (1) 具有中华人民共和国国籍，具有完全民事行为能力，并持有合法身份证件。 (2) 必要时需提供有效的担保。 (3) 必要时需提供其法定代理人同意申请贷款的书面意见。 (4) 无重大不良信用记录，不良信用等行为评价标准由贷款银行制定。 (5) 贷款银行要求的其他条件	个人留学贷款的对象为拟留学人员或其直系亲属、配偶、法定监护人。借款人申请个人留学贷款，须具备贷款银行要求的下列条件： (1) 年满18周岁的具有完全民事行为能力的中华人民共和国公民。 (2) 贷款到期日时的实际年龄不得超过55周岁。 (3) 应具有可控制区域内的常住户口或其他有效居身份，有固定住所、稳定职业和收入来源。 (4) 借款用途为留学教育消费。 (5) 借款人信用良好，有按期偿还贷款本息的能力。 (6) 应持有拟留学人员的国外留学学校的入学通知书或其他有效入学证明和已办妥拟留学人员留学学校所在国入境签证的护照。 (7) 贷款银行要求的其他条件

（续表）

贷款要素	国家助学贷款	商业助学贷款	个人留学贷款
贷款利率	按照同期同档次贷款市场报价利率（LPR）减 30 个基点执行。如遇贷款利率政策调整，按照国家有关部门相关规定执行	以同期同档次贷款市场报价利率（LPR）为基础，根据各行的成本、盈利目标、业务风险权重等综合考虑	
贷款期限	贷款期限为学制加 15 年，最长不超过 22 年	商业助学贷款的期限原则上是借款人在校学制年限加 6 年，借款人在校学制年限指从贷款发放至借款人毕业或终止学业的期间。对借款人毕业后继续攻读学位的，借款人在校年限和贷款期限可相应延长，贷款期限延长须经贷款银行许可	个人留学贷款期限最短 6 个月，一般为 1~6 年，最长不超过 10 年
还款方式	国家助学贷款还款方法包括等额本息还款法、等额本金还款法两种。学生在校期间的贷款利息全部由财政补贴，贷款本金由学生本人在毕业后自行偿还。学生毕业后与经办银行确认还款计划时，可以选择使用还本宽限期。还本宽限期内学生只偿还贷款利息，不偿还贷款本金。还本宽限期最长 3 年	贷款可按月、按季或按年分次偿还，利随本清，也可以在贷款到期时一次性偿还。贷款银行可视借款人困难程度对其在校期间发生的利息本金化，也可视情况给予借款人一定的宽限期，宽限期内不还本金，但借款合同签订后，如需变更还款方式，需事先征得贷款银行的同意	贷款的偿还遵循"贷人民币还人民币"和"贷外汇还外汇"的原则。贷款期限 1 年（含）以内的，到期时一次性还本付息，利随本清；贷款期限 1 年以上的，采用借款人与贷款银行约定的还款方式偿还贷款
担保方式	国家助学贷款采用信用贷款的方式	申请商业助学贷款，借款人需提供一定的担保措施，包括抵押、质押、保证或其组合，贷款银行也可要求借款人投保相关保险	申请个人留学贷款，借款人需提供一定的担保措施，包括抵押、质押和保证等方式
贷款额度	全日制本专科生（含第二学位学生、高职学生，下同）每人每年申请贷款额度不超过 8 000 元；年度学费和住宿费标准总和低于 8 000 元的，贷款额度可按照学费和住宿费标准总和确定。全日制研究生每人每年申请贷款额度不超过 12 000 元；年度学费和住宿费标准总和低于 12 000 元的，贷款额度可按照学费和住宿费标准总和确定	商业助学贷款的额度不得超过借款人在校年限内所在学校的学费、住宿费和基本生活费。学费应按学校的学费支付期逐笔发放，住宿费、生活费可按学费支付期发放，也可分列发放	个人留学贷款额度最低不少于 1 万元人民币，最高不得超过借款人学杂费和生活费的 80%

📖 **典题精练**

【例13·单项选择题】下列选项中,不可以申请国家助学贷款的是(　　)。

A.上海市普通高等学校中经济困难的研究生

B.四川省普通高等学校中经济困难的全日制本科生

C.香港特别行政区普通高等学校中经济困难的全日制本科生

D.西藏自治区普通高等学校中经济困难的第二学士学位的学生

C。【解析】国家助学贷款的贷款对象是中华人民共和国境内的(不含香港特别行政区和澳门特别行政区、台湾地区)普通高等学校中经济确实困难的全日制本专科生(含高职生)、研究生和第二学士学位学生。

【例14·判断题】商业助学贷款可按月、按季或按年分次偿还,利随本清,也可在贷款到期时一次性偿还。(　　)

A.正确　　　　　　　　　　　　B.错误

A。【解析】商业助学贷款可按月、按季或按年分次偿还,利随本清,也可在贷款到期时一次性偿还。贷款银行可视借款人困难程度对其在校期间发生的利息本金化,也可视情况给予借款人一定的宽限期,宽限期内不还本金。

(二)个人教育贷款的贷款流程

由于国家助学贷款是一种信用贷款,无须担保,而商业助学贷款和个人留学贷款一般需要提供担保,从而使得贷款流程有较大差异。

1.贷款的受理与调查

要点	内容
国家助学贷款	(1)贷款的受理。国家助学贷款的受理是指从借款人向学校提出申请,学校初审,银行受理到上报审核的全过程。 学生(申请人)在规定的时间内向所在学校国家助学贷款经办机构(以下简称学校机构)提出申请,领取国家助学贷款申请审批表等材料,如实完整填写,并准备好有关证明材料一并交回学校机构。申请人须提供以下材料: ①借款人有效身份证件的原件和复印件。 ②借款人学生证或入学通知书的原件和复印件。 ③经本人填写并签字确认的家庭经济困难学生认定申请表。 ④未成年人须提供法定监护人的有效身份证明及书面同意申请贷款的声明。 ⑤贷款银行要求的其他材料。 (2)贷前审与调查。学校机构对学生提交的国家助学贷款申请材料进行资格审查,对其完整性、真实性和合法性负责,初审工作在收到学生申请后一定时间内完成。初审工作无误后,学校机构在审查合格的贷款申请书上加盖公章予以确认,通知学生审查结果,并编制国家助学贷款学生审核信息表(以下简称信息表)与申请资料一并送交国家助学贷款经办银行审核。 (3)贷款详细流程。国家助学贷款的贷款流程:个人申请→学校组织借款人提交申请材料→学校贷款办审核→银行初审→银行上报审批机构审批→借款人与银行签订国家助学贷款合同→银行按学校提供的账户划拨贷款→汇总相关信息上报教育部贷款中心→借款人毕业时与银行签订还款协议并将有关贷款材料装放本人档案→按合同规定时间偿还贷款

（续表）

要点	内容
商业助学贷款	（1）贷款的受理。贷款受理人应要求商业助学贷款申请人填写贷款申请表,以书面形式提出贷款申请,并按银行要求提交相关申请材料。申请材料清单如下: ①借款人的合法身份证件,包括身份证、户口簿或其他有效居留证件原件,并提供以上证件的复印件。 ②贷款银行认可的借款人或其家庭成员的经济收入证明。 ③借款人是入学新生的提供就读学校的录取通知书或接收函,借款人是在校生的提供学生证或其他学籍证明。 ④以财产作抵(质)押的,应提供抵(质)押物权证和有处分权人(包括财产共有人)签署的同意抵(质)押的承诺。 ⑤如借款人未满18周岁,应提供监护人身份证明材料及与借款人的关系证明。 ⑥借款人就读学校开出的学生学习期内所需学费、住宿费和生活费总额的有关材料。 ⑦借款人和担保人应当面出具并签署书面授权,同意贷款银行查询其个人征信信息。 ⑧银行要求提供的其他证明文件和材料。 借款人办理校源地贷款的,贷款银行还应联系借款人就读学校作为介绍人做好以下工作: ①向贷款银行推荐借款人,对借款人资格及申请资料进行初审。 ②协助贷款银行对贷款的使用进行监督。 ③在借款人毕业前,向贷款银行提供其毕业去向、居住地址、就业单位名称、联系电话等有关信息。 ④协助贷款银行开展对借款人的信用教育和还贷宣传工作,讲解还贷的程序和方法,协助贷款银行做好借款人的还款确认和贷款催收工作。 ⑤将借款人在校期间失踪、死亡或丧失完全民事行为能力或劳动能力,以及发生休学、转学、出国留学或定居、自行离校、开除等情况及时通知贷款银行,并协助贷款银行采取相应的债权保护措施。 （2）贷前初审。贷款受理人应对借款申请人提交的借款申请表及申请材料进行初审,主要审查借款申请人的主体资格及借款申请人所提交材料的完整性与规范性。 （3）贷前调查。贷前调查是商业助学贷款贷前处理中非常重要的环节,主要由银行贷前调查人审核申请材料是否真实、合法、完整、有效,调查借款申请人的还款能力、还款意愿的真实性以及贷款担保等情况。 ①调查方式。贷前调查应以实地调查为主、间接调查为辅,采取现场核实、电话查问以及信息咨询等途径和方法。贷款人要建立并严格执行贷款面谈制度。 ②调查内容。贷前调查人在调查申请人基本情况、贷款用途和贷款担保等情况时,应重点调查借款人身份、材料一致性、资信状况和借款用途、担保情况,详细内容请参考第二章个人贷款管理部分

典题精练

【例15·单项选择题】对学生提交的国家助学贷款申请材料进行资格审查，并对其完整性、真实性和合法性负责的机构是（　　　）。

A. 贷款经办银行　　　　　　　　B. 教育部贷款中心

C. 全国学生贷款管理中心　　　　D. 所在学校国家助学贷款经办机构

D。【解析】所在学校国家助学贷款经办机构对学生提交的国家助学贷款申请材料进行资格审查，对其完整性、真实性和合法性负责，初审工作将在收到学生申请后一定时间内完成。初审工作无误后，所在学校国家助学贷款经办机构在审查合格的贷款申请书上加盖公章予以确认，将审查结果通知学生，并编制国家助学贷款学生审核信息表与申请资料一并送交国家助学贷款经办银行审核。

2. 贷款的审查与审批

（1）国家助学贷款的审查与审批。具体内容如下表。

要点	内容
贷款的审查	贷款审查人认为有差错或遗漏的，可要求学校进行更正或补充。贷款审查人审查完毕后，在"国家助学贷款申请审批表"上签署审核意见，与申请材料等一起送交贷款审批人进行审批
贷款的审批	贷款人应根据审慎性原则，完善授权管理制度，规范审批操作流程，明确贷款审批权限，实行审贷分离和授权审批，确保贷款审批人按照授权独立审批贷款。 贷款审批人应对以下内容进行审查： ①对贷款申请审批表和贫困证明等内容进行核对。 ②审查每个申请学生每学年贷款金额是否超过限额，具体金额根据学校的学费、住宿费以及学生的困难程度确定。 ③其他需要审查的事项

（2）商业助学贷款的审查与审批。关于商业助学贷款的审查与审批可参考第二章个人贷款管理部分。

3. 贷款的签约与发放

（1）国家助学贷款的签约与发放。国家助学贷款的签约相关事项如下表。

要点	内容
填写合同注意事项	对经过审批同意的贷款，高校会收到经办银行的"国家助学贷款学生审查合格名册"。贷款发放人根据贷款审批意见确定应使用的合同文本并填写合同。在填写或打印合同时，应按规定明确约定各方当事人的诚信承诺和贷款资金的用途、支付对象（范围）、支付金额、支付方式、支付条件等，应做到贷款额度、贷款利率、贷款期限和还款方式等有关条款要与贷款最终审批意见一致

（续表）

要点	内容
借款合同内容	借款合同要体现协议承诺原则,保证借款合同的完善性、承诺的法律化乃至管理的系统化,要涵盖以下要点: ①明确约定各方当事人的诚信承诺。 ②明确约定贷款资金的用途。 ③明确借款人不履行合同或怠于履行合同时应当承担的违约责任
合同填写并复核无误后	贷款发放人负责通知学校组织借款人签订"国家助学贷款借款合同"等协议文件,并提交经办银行。 贷款发放人应要求借款人当面签订借款合同及其他相关文件
签订合同前	应在签订有关合同文本前履行充分告知义务,告知借款人等合同签约方合同内容、还款方式、权利义务以及还款过程中应注意的问题等
签订合同后续工作	经办人员填写"个人贷款开立账户通知书""贷转存凭证",协助借款人办理贷款发放手续,并将上述材料以及其他重要单据一起提交会计岗位进行账务处理。 为有效防范个人贷款的法律风险,贷款发放人应建立健全合同管理制度

国家助学贷款发放的相关事项如下表。

要点	内容
发放原则	贷款发放要遵循审贷与放贷分离的原则,由独立的放款管理部门或岗位负责落实放款条件、发放满足约定条件的贷款。借款合同生效后,贷款发放人应按合同约定及时发放贷款
发放方式	放款部门在放贷前要确定有关审核无误,然后进行开户放款。国家助学贷款实行借款人一次申请、贷款银行一次审批、单户核算、分次发放的方式。 学费和住宿费贷款按学年(期)发放,直接划入借款人所在学校在贷款银行开立的账户上
发放后续工作	业务部门在贷款发放后应依据借款人相关信息建立"贷款台账",并随时更新台账数据

（2）商业助学贷款的签约与发放。签约流程主要包括填写合同、审核合同和签订合同三部分。关于商业助学贷款的签约与发放可参考第二章个人贷款管理部分。

典题精练

【例16·判断题】商业银行向大学生发放的国家助学贷款,用于学费的部分,应当采用贷款人受托支付方式向借款人所在学校支付,按学年(期)发放,直接划入借款人所在学校在贷款银行开立的账户上,用于生活费和住宿费的部分,应根据合同约定定期划入有关账户。( )

A. 正确   B. 错误

B。【解析】国家助学贷款实行借款人一次申请、贷款银行一次审批、单户核算、分次发放的方式。学费和住宿费贷款按学年(期)发放,直接划入借款人所在学校在贷款银行开立的账户上。

4. 支付管理

支付管理	国家助学贷款	商业助学贷款
总则	银行应要求借款人在使用贷款时提出支付申请,并授权贷款人按合同约定方式支付贷款资金。银行应在贷款资金发放前审核借款人相关凭证是否符合合同约定条件,支付后做好有关细节的认定记录	商业助学贷款的支付管理方式与国家助学贷款基本相同,所不同的是,商业助学贷款既可以一次性放款,也可以分次放款
学费和住宿费贷款	银行应当采用贷款人受托支付方式向借款人交易对象·借款人所在学校)支付,按学年(期)发放,直接划入借款人所在学校在贷款银行开立的账户上	

5. 贷后管理

(1)国家助学贷款的贷后管理。具体内容如下表。

要点	内容
贷后贴息管理	①借款人在读期间贴息还款。借款人在校学习期间,国家助学贷款所发生的全部利息由财政安排专项贴息资金给予补贴,由教育部全国学生资助管理中心或各地方资助管理中心按季度支付。 ②其他特殊情形贴息还款。借款人如继续攻读学位,可向原所在高校提出继续贴息申请。自办理继续贴息手续之日起,继续攻读学位期间发生的贷款利息,按照借款学生原所在高校的隶属关系,由原贴息财政部门继续贴息。借款人在校期间因不可抗力等原因休学的,经高校审批同意后,可向在读学校申请休学贴息。自办理休学贴息手续之日起,休学期间发生的贷款利息,按照借款人所在高校的隶属关系,由财政部门贴息。
风险补偿金管理	经办银行在每年9月底前,将上一年度(上年9月1日至当年8月31日)实际发放的国家助学贷款金额和违约率按各高校进行统计汇总,经合作高校确认后填制"中央部门所属高校国家助学贷款实际发放汇总表"上报总行,由总行提交全国学生资助管理中心。 全国学生资助管理中心在收到经办行总行提交的"风险补偿金申请书""中央部门所属高校国家助学贷款实际发放汇总表""中央部门所属高校国家助学贷款风险补偿金确认书"后20个工作日内将对应的风险补偿金支付给贷款银行总行。 总行将风险补偿金划拨至各分行,各分行在收到总行下拨的风险补偿金的当日将其划入对应账户

（续表）

要点	内容
贷款的偿还	①每年借款学生毕业离校前,学校应组织借款学生与经办银行办理还款确认手续,制订还款计划,签订还款协议。借款学生从取得毕业证书之日(以毕业证书签发日期为准)起,下月1日(含1日)开始归还贷款利息,并可以选择在毕业后的60个月内的任何一个月开始偿还贷款本息,但原则上不得延长贷款期限。 ②如借款学生在学校期间发生退学、转学、休学、出国、被开除学籍等中止学业的事件,学校应在为借款学生办理相关手续之前及时通知银行,并要求学生到银行办理归还贷款或还款确认手续。经办银行在得到学校通知后应停止发放尚未发放的贷款,并采取提前收回贷款本息和签订还款协议等措施,主动为学生办理相关手续。提前离校的借款学生在办理离校手续之日的下月1日起自付贷款利息。休学的借款学生复学当月恢复财政贴息。 ③借款学生毕业后申请出境留学的,应主动通知经办银行并一次性还清贷款本息,经办银行应及时为其办理还款手续
贷款的催收	①各经办银行应建立详细的还贷监测系统。 ②各经办银行要加强日常还贷催收工作,做好催收记录,确认借款人已收到催收信息。 ③各经办银行应按季将已到还款期的借款学生还款情况反馈给学校,学校负责协助经办银行联系拖欠还款的借款学生及时还款
贷后档案管理	各经办银行在与借款学生签订还款协议后,需将相关信息录入信贷系统。在收到借款人毕业后发回的"国家助学贷款毕业生资料确认书"后,应及时在系统上进行资料更新。各经办银行需严格按零售贷款档案管理办法管理国家助学贷款相关档案

典题精练

【例17·多项选择题】下列关于国家助学贷款的说法中,正确的有(　　　)。

A. 由高校对借款人的申请材料进行初审

B. 国家助学贷款是信用贷款,不需要担保或抵押

C. 国家助学贷款的贷款流程适用于商业助学贷款

D. 国家助学贷款的财政贴息是指国家承担部分利息

E. 各经办银行需严格按零售贷款档案管理办法管理国家助学贷款相关档案

ABDE。【解析】由于国家助学贷款是一种信用贷款,无须担保,而商业助学贷款需要提供担保,从而使得国家助学贷款的贷款流程与商业助学贷款具有较大差异。

（2）商业助学贷款的贷后管理。商业助学贷款的贷后管理参见第二章个人贷款管理的内容。

（三）风险管理

由于个人教育贷款的客户对象是暂时无收入的学生群体，因此风险相对较高，只有准确把握个人教育贷款的风险要素，提高个人教育贷款的风险防控能力，通过及时识别、衡量并处理风险，将损失控制在可知、可承受范围之内，才能促进我国个人教育贷款业务的健康发展。

1. 操作风险管理

（1）操作风险的主要内容。

要点	内容
贷款受理与调查中的风险	贷款受理与调查环节的主要风险点包括： ①借款申请人的主体资格是否符合银行个人教育贷款的相关规定。 ②借款申请人所提交材料的真实性，包括借款人的身份是否真实、贫困证明是否真实有效、成绩是否优秀等。 ③对于商业助学贷款而言： a.借款申请人的担保措施是否足额、有效，包括担保物所有权是否合法、真实、有效。 b.担保物共有人或所有人授权情况是否核实。 c.担保物是否容易变现，同区域同类型担保物价值的市场走势如何。 d.贷款额度是否控制在抵押物价值的规定比率内。 e.抵押物是否由贷款银行认可的评估机构评估。 f.第三方保证人是否具备保证资格和保证能力等。 ④将贷款调查的全部事项委托第三方完成。 ⑤未按规定建立、执行贷款面谈、借款合同面签制度
贷款审查与审批中的风险	个人教育贷款审查与审批环节的主要风险点包括： ①业务不合规，业务风险与效益不匹配。 ②不按权限审批贷款，使得贷款超越授权发放。 ③贷款审查、审批未尽职。 ④审批人对应审查的内容审查不严，导致向不具备贷款发放条件的借款人发放贷款
贷款签约与发放中的风险	个人教育贷款签约与发放中的风险点主要包括： ①合同凭证预签无效、合同制作不合格、合同填写不规范、未对合同签署人及签字（签章）进行核实。 ②在发放条件不齐全的情况下发放贷款，如贷款未经审批或是审批手续不全，各级签字（签章）不全。 ③未按规定办妥相关评估、公证等事宜。 ④未按规定的贷款额度、贷款期限、结息方式、计息方式、还款方式、适用利率、贷款的担保方式、发放方式和利率调整方式等发放贷款，导致错误发放贷款和贷款错误核算。 ⑤借款合同采用格式条款未公示

（续表）

要点	内容
支付管理中的风险	个人教育贷款支付管理中的风险点主要包括： ①将学费和住宿费的贷款资金全额发放至借款人账户。 ②未详细记录资金流向和归集保存相关凭证，造成凭证遗失。 ③未通过账户分析、凭证查验或现场调查等方式，核查贷款支付是否符合约定用途
贷后管理中的风险	个人教育贷款贷后管理的风险点主要包括： ①未对贷款使用情况进行跟踪检查，逾期贷款催收、处置不力，造成贷款损失。 ②未按规定保管借款合同、担保合同等重要贷款档案资料，造成合同损毁。 ③他项权利证书未按规定进行保管，造成他项权证遗失，他项权利灭失。 ④对借款人违背借款合同约定的行为应发现而未发现，或虽发现但未采取有效措施的

📖 典题精练

【例18·单项选择题】下列选项中，属于个人教育贷款操作风险管理中审查与审批环节风险点的有（　　）。

A. 未对合同签署人及签字（签章）进行核实

B. 未按权限审批贷款，使得贷款超越授权发放

C. 借款申请人的主体资格是否符合银行个人教育贷款的相关规定

D. 未通过账户分析、凭证查验或现场调查等方式，核查贷款支付是否符合约定用途

B。【解析】个人教育贷款操作风险中审查与审批环节的主要风险点包括：(1)业务不合规，业务风险与效益不匹配。(2)不按权限审批贷款，使得贷款超越授权发放。(3)贷款审查、审批未尽职。(4)审批人对应审查的内容审查不严，导致向不具备贷款发放条件的借款人发放贷款。A项属于贷款签约与发放的风险点，C项属于贷款受理与调查的风险点，D项属于贷款支付管理中的风险点。

（2）操作风险的防控措施。具体内容如下表。

要点	内容
规范操作流程，提高操作能力	①掌握个人教育贷款业务的规章制度。 ②规范业务操作。 ③熟悉关于操作风险的管理政策。 ④把握个人教育贷款业务流程中的主要操作风险点。 ⑤对于关键操作，完成后应做好记录备查，尽职免责，提高自我保护能力
完善银行、高校及政府在贷款管理方面的职责界定	在业务实践中，应当明确高校及政府管理部门在借款学生资质审核、风险防控等方面的职责，充分发挥各方优势，从而提高银行的风险管理能力

2.信用风险管理

（1）信用风险的主要内容。

要点	内容
借款人的还款能力风险	个人教育贷款资金安全的根本保证是借款人的还款能力。借款人能否按时足额偿还贷款本息，根本上要依靠借款人及其家庭的收入，或者其他的再融资渠道，这就是所谓的还款能力。 影响个人教育贷款借款人还款能力的因素包括：借款人本人还款能力不足（教育贷款的借款人一般为在校学生，如在校期间学生因学习成绩不好拿不到毕业证和学位证，或毕业后难以找到工作，将无还款来源，影响贷款偿还），共同借款人还款能力不足（如借款人不满18周岁，一般要求追加父母为共同借款人，或父母为借款人，父母等关系人因失业、疾病等原因致使家庭经济条件恶化，将无法按计划偿还贷款）。
借款人的还款意愿风险	个人教育贷款资金安全的重要前提是借款人的还款意愿。目前，诚实信用、公平有偿的市场契约原则在人们的思想中还没有根深蒂固，对此也缺乏有效制约机制和惩罚措施，因此，贷款的偿还情况很大程度上取决于借款人的还款意愿
借款人的欺诈风险	借款人的恶意欺诈、骗贷等现象也是个人教育贷款信用风险的重要表现形式。借款人一般具有谋取非法所得、带有犯罪性质的动机和行为。比如借款人违反金融管理法规，采取捏造事实、隐瞒真相或其他不正当手段骗取银行放款

典题精练

【例19·多项选择题】下列选项中，属于个人教育贷款借款人还款能力风险的有（　　）。

A.借款人为受教育人父母，最近失业

B.借款人因违规、违法行为被学校开除

C.借款人因学习成绩不好，未能拿到毕业证书

D.借款人与银行内部人员相互勾结骗取银行贷款

E.借款人为受教育人，毕业后一时难以找到工作，且家庭经济条件恶化，无还款来源

ABCE。【解析】影响个人教育贷款借款人还款能力的因素包括：（1）借款人为受教育人的，可能被学校开除，因学习成绩不好拿不到毕业证和学位证，或毕业后一时难以找到工作，无还款来源，其父母等关系人又因失业、疾病等原因致使家庭经济条件恶化，无法按计划偿还贷款。（2）借款人为受教育人父母的，随着国有企业改制和政府机构改革的深化，受教育者父母的下岗或分流压力加大，未来收入难以预测。

（2）信用风险的防控措施。具体内容如下表。

要点	内容
加强对借款人的贷前审查	加强对借款人的贷前审查有助于从源头上控制个人教育贷款的信用风险,其审查要点包括: ①对以学生父母为借款人的,要审查其收入的真实性,要对借款人的基本情况进行分析,分析其所处行业的发展趋势等因素,判断其职业的稳定性和收入的可靠性等,并在此基础上制订合理的还款计划。 ②对借款人是学生本人的,要审查学生本人的基本情况,如学习成绩、在校表现等,对其所学专业的就业情况也要有一定的了解,对其未来收入进行合理的预测。 ③通过入学通知书等判断贷款申请的真实性和合法性,防止借款人利用上学欺骗银行,套取资金。 ④要对借款人目前家庭情况、工作单位、居住地址和通信方式等资料进行核实,并定期回访或联系。 ⑤应通过学校、居委会、征信系统等多方调查,了解借款人的行为和道德操守,避免给行为不端、曾有过不良记录的学生发放贷款
完善银行个人教育贷款的催收管理系统	借款学生毕业后,经办银行要实施严格的贷后风险监测
建立和完善防范信用风险的预警机制	防范信用风险的关键是科学的风险预警机制。风险预警机制就是组建一个专门的组织机构,利用一定的监测工具,确定若干科学细分的指标网络
建立有效的信息披露机制	实施有效监管的基础是信息的公开披露,同时它也能起到约束作用。建立信用披露制度,定期在大众媒体报道失信人黑名单,使那些失信的人有所收敛
加强对学生的诚信教育	学校应当加强学生的法制教育,加强对学生的诚信意识教育,把培养大学生的人格修养与诚信教育结合起来,并且要加强不讲信用可耻、讲信用光荣的诚信教育,坚持正确的舆论导向,强化借款人的还款意愿,形成良好的社会信用文化

本节速览

个人教育贷款	国家助学贷款	商业助学贷款	贷后贴息管理
风险补偿金管理	国家助学贷款流程	贷款催收	贷后档案管理
风险管理	操作风险管理	信用风险管理	还款能力风险

同步自测

一、单项选择题（在以下各小题所给出的四个选项中,只有一个选项符合题目要求,请将正确选项的代码填入括号内）

1.个人汽车贷款所购车辆按用途可以划分为（　　　）。

A.轿车和货车　　　　　　　　B.一手车和二手车

C.自用车和商用车　　　　　　D.登记车和非登记车

2. 个人汽车贷款所购车辆为商用传统动力汽车的,贷款额度不得超过所购汽车价格的(   )。

    A. 50%   B. 70%

    C. 80%   D. 60%

3. 个人汽车贷款在开户放款时应注意:借款人与贷款银行签约时,要明确告知在放款时遇
LPR 利率调整,应执行(   )。

    A. 具体放款日当日利率

    B. 中国人民银行基准贷款利率

    C. 原借款合同利率与具体放款日当日利率较低者

    D. 原借款合同利率与具体放款日当日利率较高者

4. 下列关于个人汽车贷款信用风险管理措施的说法中,错误的是(   )。

    A. 严格审查客户信息资料的真实性

    B. 贷款期限在一年以上的,原则上应采取一次还本付息的还款方式

    C. 坚持与借款人面谈的原则,不得由经销商包办从借款申请到签订合同的全部手续

    D. 认真审查借款人购车行为的真实性,严防经销商伪造合同从而虚构借款人购车事实的
行为

5. 国家助学贷款中财政贴息是指(   )。

    A. 国家以承担全部利息的方式,对学生办理国家助学贷款进行补贴

    B. 国家以承担部分利息的方式,对银行办理国家助学贷款进行补贴

    C. 国家以承担全部利息的方式,对银行办理国家助学贷款进行补贴

    D. 国家以承担部分利息的方式,对学生办理国家助学贷款进行补贴

6. 下列关于商业助学贷款的说法中,错误的是(   )。

    A. 财政不贴息   B. 不需要任何担保

    C. 可申请利息本金化   D. 贷款用于学费、生活费和住宿费的支出

7. 下列关于国家助学贷款的说法中,正确的是(   )。

    A. 国家助学贷款采用国家担保方式

    B. 国家助学贷款必须在借款人毕业的 6 年内还清

    C. 国家助学贷款必须在借款人毕业后 3 年内还清

    D. 国家助学贷款学生在校期间贷款利息全部由财政补贴

8. 目前,全日制研究生的国家助学贷款的贷款额度为每人每学年最高不超过(   )元。

    A. 7 000   B. 10 000

    C. 12 000   D. 8 000

9. 下列关于个人留学贷款的说法中,错误的是(   )。

    A. 需要提供一定的担保措施

    B. 贷款对象为拟留学人员或其直系亲属

    C. 贷款到期日时借款人的实际年龄不得超过 60 周岁

    D. 贷款的偿还遵循"贷人民币还人民币"和"贷外汇还外汇"的原则

10. 个人留学贷款的最短期限是( )。

A. 1 年   B. 6 个月

C. 9 个月   D. 3 个月

11. 国家助学贷款的发放方式是( )。

A. 借款人一次申请、贷款银行一次审批、单户核算、分次发放

B. 借款人多次申请、贷款银行一次审批、单户核算、分次发放

C. 借款人一次申请、贷款银行一次审批、单户核算、一次发放

D. 借款人多次申请、贷款银行一次审批、单户核算、一次发放

12. 全国学生贷款管理中心向各商业银行总行发放国家助学贷款风险补偿金的依据是( )。

A. 上年度国家助学贷款的损失率

B. 上年度国家助学贷款的违约率

C. 上年度应发放的国家助学贷款金额

D. 上年度实际发放的国家助学贷款金额和违约率

13. 借款人可能因违规、违法等行为受到处罚,如被学校开除,或因学习成绩不好,未拿到毕业证,毕业找不到好工作。这属于个人教育贷款信用风险中的( )。

A. 欺诈风险   B. 行为风险

C. 还款能力风险   D. 还款意愿风险

二、多项选择题(在以下各小题所给出的选项中,至少有两个选项符合题目要求,请将正确选项的代码填入括号内)

1. 下列选项中,属于个人汽车贷款可以采取的担保措施的有( )。

A. 质押   B. 房地产抵押

C. 购买履约保证保险   D. 以贷款所购车辆作抵押

E. 专业担保公司的第三方保证

2. 已婚购车人购买自用车,申请个人汽车贷款需提交的申请材料有( )。

A. 购车首付款证明材料

B. 收入证明和有关资产证明

C. 所购车辆合法运营的证明

D. 配偶的收入证明和有关资产证明

E. 配偶的居民身份证、户口本或其他有效身份证件

3. 在办理个人汽车贷款业务中,对保证人及抵(质)押物进行检查的主要内容有( )。

A. 保证人的经营状况和财务状况

B. 经销商及其他担保机构的保证金情况

C. 质押权利凭证的时效性和价值变化情况

D. 抵押物的存续状况、使用状况和价值变化情况

E. 对于经营类车辆应监测借款人经营的实际情况

4. 下列选项中,属于个人汽车贷款的贷后管理的有(   )。

  A. 贷款的回收   B. 贷后检查

  C. 合同变更   D. 不良贷款管理

  E. 贷后档案管理

5. 在个人汽车贷款业务中,汽车经销商的欺诈行为有(   )。

  A. 虚报车价   B. 一车多贷

  C. 冒名顶替   D. 甲贷乙用

  E. 虚假车行

6. 下列关于个人教育贷款的说法中,错误的有(   )。

  A. 借款人主要为在校学生,风险度相对较低

  B. 国家助学贷款是信用贷款

  C. 商业助学贷款实行"部分自筹、有效担保、专款专用和按期偿还"的原则

  D. 国家助学贷款实行"财政贴息、风险补偿、信用发放、专款专用和按期偿还"的原则

  E. 商业助学贷款有财政贴息,各商业银行、城市信用社和农村信用社等金融机构均可开办

7. 下列选项中,属于个人教育贷款信用风险的防控措施的有(   )。

  A. 加强对借款人的贷前审查

  B. 建立有效的信息披露机制

  C. 规范操作流程,提高操作能力

  D. 建立和完善防范信用风险的预警机制

  E. 完善银行个人教育贷款的催收管理系统

三、判断题(请判断以下各小题的正误,正确的选 A,错误的选 B)

1. 在中国境内连续居住 6 个月以上的外国人也可申请个人汽车贷款。   (   )

  A. 正确   B. 错误

2. 个人汽车贷款展期之后全部贷款期限不得超过贷款银行规定的最长期限,同时对展期的
  贷款应重新落实担保。   (   )

  A. 正确   B. 错误

3. 为防范假车贷,银行贷前调查人可通过借款人对所购车辆的了解程度、所购买汽车价格和
  本地区价格是否差异很大和二手车的交易双方是否有关联关系等来判断借款申请人购车
  行为的真实性。   (   )

  A. 正确   B. 错误

4. 个人汽车贷款业务中,在仅提供少量保证金的情况下提供巨额贷款的担保,若借款人违
  约,担保公司往往难以承担责任,即第三方保证担保方式存在风险隐患。   (   )

  A. 正确   B. 错误

5. 个人汽车贷款中保险公司履约保证保险,如果投保人因为过失而未履行如实告知义务,保
  险人无权解除保险合同。   (   )

  A. 正确   B. 错误

6.借款人的还款能力是信贷资金安全,特别是个人汽车贷款资金安全的重要前提。（　　）

A. 正确　　　　　　　　　　　　　B. 错误

7.国家助学贷款的利率执行中国人民银行规定的同期限贷款基准利率,不上浮。（　　）

A. 正确　　　　　　　　　　　　　B. 错误

8.商业助学贷款的贷款额度不超过借款人在校年限内所在学校的学费、住宿费和基本生活费。

（　　）

A. 正确　　　　　　　　　　　　　B. 错误

9.某同学大学三年级时在某行申请了国家助学贷款,四年级时因病于当年10月休学一年,一年后继续上学,在休学期间,国家财政给其贴息。（　　）

A. 正确　　　　　　　　　　　　　B. 错误

答案详解

一、单项选择题

1.C。【解析】个人汽车贷款所购车辆按用途可以划分为自用车和商用车,按注册登记情况可以划分为一手车和二手车。

2.B。【解析】个人汽车贷款所购车辆为自用传统动力汽车的,贷款额度不得超过所购汽车价格的80%;所购车辆为商用传统动力汽车的,贷款额度不得超过所购汽车价格的70%。

3.A。【解析】个人汽车贷款在开户放款时应注意:借款人与贷款银行签约时,要明确告知在放款时遇法定LPR调整,应执行具体放款日当日利率。因此,当贷款签约后,遇LPR贷款利率调整时,业务部门开户放款,发现"放款通知"贷款利率与贷款账户执行利率不一致,应通知相关部门按最新利率档次重新修改信贷发放信息,并重新办理开户放款有关手续。

4.B。【解析】对于贷款期限在一年以上的个人汽车贷款,原则上应采取等额本金或等额本息还款方式,这体现了"科学合理地确定客户还款方式"这一管理措施。

5.D。【解析】国家助学贷款实行"财政贴息、风险补偿、信用发放、专款专用和按期偿还"的原则。其中,财政贴息是指国家以承担部分利息的方式,对学生办理国家助学贷款进行补贴。

6.B。【解析】商业助学贷款实行"部分自筹、有效担保、专款专用和按期偿还"的原则。

7.D。【解析】国家助学贷款采用信用贷款的方式。国家助学贷款期限为学制加15年,最长不超过22年。

8.C。【解析】国家助学贷款的贷款额度为全日制本专科生(含第二学位学生、高职学生)每人每年申请贷款额度不超过8 000元;全日制研究生每人每年申请贷款额度不超过12 000元。

9.C。【解析】个人留学贷款的借款人在贷款到期日的实际年龄不得超过55周岁。

10.B。【解析】个人留学贷款期限最短6个月,一般为1~6年,最长不超过10年。

11.A。【解析】国家助学贷款的发放采取"借款人一次申请、贷款银行一次审批、单户核算、分次发放"的方式。

12.D。【解析】国家助学贷款的风险补偿金管理:经办银行于每年9月底前,将上一年度(上年9月1日至当年8月31日)实际发放的国家助学贷款金额和违约率按各高校进行统计汇总,并经合作高校确认后填制"中央部门所属高校国家助学贷款实际发放汇总表"上报分行,分行按学校和经办银行汇总辖内上报信息后,在5个工作日内上报总行,由总行提交全国学生贷款管理中心。

13. C。【解析】题中所述属于影响个人教育贷款借款人还款能力的因素,故选 C 项。

二、多项选择题

1. ABCDE。【解析】申请个人汽车贷款,借款人须提供一定的担保措施,包括质押、以贷款所购车辆作抵押、房地产抵押和第三方保证等,还可采取购买个人汽车贷款履约保证保险的方式。

2. ABE。【解析】贷款受理人应要求借款申请人以书面形式提出个人汽车贷款借款申请,申请材料清单如下:(1)合法有效的身份证件,包括居民身份证、户口本或其他有效身份证件,借款人已婚的还需要提供配偶的身份证明材料。(2)贷款银行认可的借款人还款能力证明材料,包括收入证明材料和有关资产证明等。(3)由汽车经销商出具的购车意向证明或购车合同。(4)以所购车辆抵押以外的方式进行抵押或质押担保的,需提供抵押物或质押权利的权属证明文件和有处分权人同意抵(质)押的书面证明,以及贷款银行认可部门出具的抵押物估价证明。(5)涉及保证担保的,需保证人出具同意提供担保的书面承诺,并提供能证明保证人保证能力的证明材料。(6)购车首付款证明材料。(7)如借款所购车辆为二手车,还需提供购车意向证明或购车合同、贷款银行认可的评估机构出具的车辆评估报告书等。(8)如借款所购车辆为商用车,还需提供所购车辆可合法用于运营的证明等。(9)贷款银行要求提供的其他文件、证明和资料。

3. ABCD。【解析】对个人汽车贷款保证人及抵(质)押物进行检查的主要内容包括:(1)保证人的经营状况和财务状况。(2)抵押物的存续状况、使用状况和价值变化情况等。(3)质押权利凭证的时效性和价值变化情况。(4)经销商及其他担保机构的保证金情况。(5)对以车辆抵押的,对车辆的使用情况及其车辆保险有效性和车辆实际价值进行检查评估。(6)其他可能影响担保有效性的因素。E 项属于对借款人情况的检查。

4. ABCDE。【解析】个人汽车贷款贷后管理包括:(1)贷后检查。(2)合同变更。(3)贷款的回收。(4)贷款风险分类与不良贷款管理。(5)贷后档案管理。

5. ABCDE。【解析】汽车经销商的欺诈行为主要包括:(1)一车多贷。(2)甲贷乙用。(3)虚报车价。(4)冒名顶替。(5)全部造假。(6)虚假车行。

6. AE。【解析】个人教育贷款的借款人多为在校学生,而学生属于暂时无收入的群体,没有现成的资产可作为申请贷款的担保,因而个人教育贷款多为信用贷款。同时,个人教育贷款的偿还主要依靠学生毕业后的工作收入,加之学生信用水平的不确定性,其风险度相对较高。商业助学贷款财政不贴息,各商业银行、城市信用社和农村信用社等金融机构均可开办。

7. ABDE。【解析】个人教育贷款信用风险的防控措施包括:(1)加强对借款人的贷前审查。(2)建立和完善防范信用风险的预警机制。(3)完善银行个人教育贷款的催收管理系统。(4)建立有效的信息披露机制。(5)加强对学生的诚信教育。

三、判断题

1. B。【解析】借款人申请个人汽车贷款,须具备贷款银行要求的下列条件:(1)中华人民共和国公民,或在中华人民共和国境内连续居住 1 年以上(含 1 年)的港、澳、台居民及外国人。(2)具有有效身份证明、固定和详细住址且具有完全民事行为能力。(3)具有稳定的合法收入或足够偿还贷款本息的个人合法资产。(4)个人信用良好。(5)能够支付贷款银行规定的首期付款。(6)贷款银行要求的其他条件。

2. A。【解析】个人汽车贷款展期之后全部贷款期限不得超过贷款银行规定的最长期限,同时对展期的贷款应重新落实担保。

3. A。【解析】贷前调查人在调查申请人基本情况、贷款用途和贷款担保等情况时,除参照个人贷款管理部分内容,还应重点调查以下内容:(1)贷前调查人应通过借款申请人对所购汽车的了解程度、所购买汽车价格与本地区价格是否差异很大和二手车的交易双方是否有关联关系等判断借款申请人购车行为的真实性、了解借款申请人购车动机是否正常、额度是否合理。(2)通过与借款人的交谈、电话查询、审查借款人提供的收入材料等方式,核实借款人收入情况,判断借款人支出情况,了解借款人正常的月均消费支出,除购车贷款以外的债务支出情况等,了解和评估借款人实际还款能力。

4. A。【解析】第三方保证担保主要包括汽车经销商保证担保和专业担保公司保证担保。这一担保方式存在的主要风险在于保证人往往缺乏足够的风险承担能力,在仅提供少量保证金的情况下提供巨额贷款担保,一旦借款人违约,担保公司往往难以承担保证责任,造成风险隐患。

5. B。【解析】《中华人民共和国保险法》赋予保险公司解除保险合同的权利,即如果投保人故意或过失不履行如实告知义务,足以影响保险人决定是否同意承保或提高保险费率的,保险人有权解除保险合同。

6. B。【解析】个人汽车贷款信用风险的内容有:(1)借款人的还款能力风险。(2)借款人的还款意愿风险。借款人的还款能力是个人汽车贷款资金安全的根本保证,借款人的还款意愿是信贷资金安全,特别是个人汽车贷款资金安全的重要前提。

7. A。【解析】国家助学贷款的利率执行中国人民银行规定的同期限贷款基准利率,不上浮。如遇中国人民银行调整贷款利率,执行中国人民银行的有关规定。

8. A。【解析】商业助学贷款的额度不超过借款人在校年限内所在学校的学费、住宿费和基本生活费。国家助学贷款的贷款额度为全日制本专科生(含第二学位学生、高职学生)每人每年申请贷款额度不超过8 000元;全日制研究生每人每年申请贷款额度不超过12 000元。

9. B。【解析】对于国家助学贷款,如借款学生在学校期间发生休学、退学、转学、出国、被开除学籍等中止学业的事件,学校应在为借款学生办理相关手续之前及时通知银行,并要求学生到银行办理归还贷款或还款确认手续。经办银行在得到学校通知后应停止发放尚未发放的贷款,并采取提前收回贷款本息和签订还款协议等措施,主动为学生办理相关手续。休学的借款学生复学当月恢复财政贴息。

第五章 个人经营类贷款

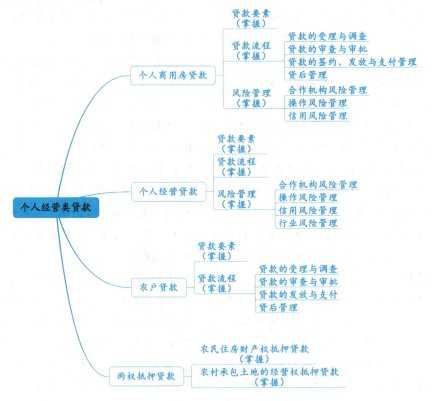

 知识解读

一、个人商用房贷款

(一)基础知识

1.个人商用房贷款的含义

个人商用房贷款是指贷款人向借款人发放的用于购买国有出让土地上商业用房的贷款。

2.个人商用房贷款要素

贷款要素	内容
贷款对象	商用房包括临街商铺、住宅小区的商业配套房、商住两用房、办公用房(写字楼)以及购物中心等大型商业物业等。 贷款支持的商用房须满足以下条件:

（续表）

贷款要素	内容
贷款对象	（1）商用房为一手房的，该房产应为已竣工的房屋，并取得合法销售资格。 （2）商用房为二手房的，应取得房屋所有权证及土地使用权证。 （3）商用房所占用土地使用权性质为国有出让，土地类型为商业、商住两用或综合用地。 同时，借款人须具备以下基本条件： （1）具有完全民事行为能力的自然人，年龄在18（含）～65（不含）周岁；在境内工作、学习的境外个人还须满足我国关于境外人士购房相关政策。 （2）具有合法有效的身份证明、户籍证明(或有效居留证明)及婚姻状况证明(或未婚声明)。 （3）具有稳定的收入来源和按时足额偿还贷款本息的能力。 （4）具有所购商用房的商品房销（预）售合同或房屋买卖协议。 （5）具有良好的信用记录和还款意愿。 （6）已支付所购商用房市场价值50%（含）以上的首付款(商住两用房首付款比例须在45%及其以上)，并提供首付款银行进账单或售房人开具的首付款发票或收据。 （7）在银行开立个人结算账户。 （8）贷款人规定的其他条件
贷款利率	个人商用房贷款利率不得低于相应期限贷款市场报价利率（LPR）+60BP
贷款期限	个人商用房贷款期限最长不超过10年
还款方式	个人商用房贷款可采用按月等额本息还款法、按月等额本金还款法等还款法
担保方式	申请个人商用房贷款，原则上以所购商用房设定抵押。此外，部分商业银行也允许采用其他方式抵押、质押和保证等担保方式。 （1）采用质押方式申请商用房贷款的，借款人提供的质物必须符合《中华人民共和国民法典》的规定，同时出质人和质权人必须签订书面质押合同，根据规定需要办理登记的，应办理质押登记手续，贷款银行认为需要公证的，借款人（或出质人）应当办理公证。 （2）采用抵押方式申请商用房贷款的，借款双方必须签订书面抵押合同，用于抵押的财产需要估价的，可以由贷款银行进行评估，也可委托贷款银行认可的资产评估机构进行估价，在抵押期间，借款人未经贷款银行同意，不得转移、变卖或再次抵押已被抵押的财产。以房产作抵押的，应符合《中华人民共和国民法典》《城市房地产抵押管理办法》等相关法律法规的规定，同时借款人必须按规定办理抵押登记手续；以所购商用房(通常要求借款人拥有该商用房的产权)作抵押的，由贷款银行决定是否有必要与开发商签订商用房回购协议；以财产作抵押的，借款人应根据贷款银行的要求办理抵押物保险。 （3）采用第三方保证方式申请商用房贷款的，借款人应提供贷款银行可接受的第三方连带责任保证。第三方提供的保证为不可撤销的承担连带责任的全额有效担保，保证人和贷款银行之间应签订保证合同，保证人失去保证能力、保证人破产或保证人分立的，借款人应及时通知贷款银行，并重新提供足额担保和重新签订保证合同，借款人和保证人发生隶属关系、性质、名称、地址等变更时，应提前30天通知贷款银行，并与贷款银行签订借款合同修正文本和保证合同文本

（续表）

贷款要素	内容
贷款额度	贷款额度不得超过所购商用房价值的50%，所购商用房为商住两用房的，贷款额度不得超过所购商用房价值的55%

典题精练

【例1·多项选择题】申请个人商用房贷款，借款人须具备的条件包括（　　）。

A. 具有良好的信用记录和还款意愿

B. 以借款人拟购商用房向贷款人提供抵押担保

C. 具有稳定的收入来源和按时足额偿还贷款本息的能力

D. 具有所购商用房的商品房销（预）售合同或房屋买卖协议

E. 具有完全民事行为能力的自然人，年龄在18（含）~60周岁（不含）

ACD。【解析】申请个人商用房贷款，借款人须具备以下基本条件：(1)具有完全民事行为能力的自然人，年龄在18（含）~65（不含）周岁；在境内工作、学习的境外个人还须满足我国关于境外人士购房相关政策。(2)具有合法有效的身份证明、户籍证明（或有效居留证明）及婚姻状况证明（或未婚声明）。(3)具有稳定的收入来源和按时足额偿还贷款本息的能力。(4)具有所购商用房的商品房销（预）售合同或房屋买卖协议。(5)具有良好的信用记录和还款意愿。(6)已支付所购商用房市场价值50%（含）以上的首付款（商住两用房首付款比例须在45%及其以上），并提供首付款银行进账单或售房人开具的首付款发票或收据。(7)在银行开立个人结算账户。(8)贷款人规定的其他条件。

（二）贷款流程

1. 商用房贷款的受理与调查

要点	内容
贷款的受理	贷款受理人应要求商用房贷款申请人以书面形式提出贷款申请，填写借款申请表，并按银行要求提交相关申请材料。申请材料清单包括： (1)借款人及其配偶有效身份证件、户籍证明（户口簿或其他有效居住证明）、婚姻状况证明（结婚证、离婚证、未婚声明等）原件及复印件。 (2)借款申请表。 (3)借款人与售房人签订的商品房销（预）售合同或房屋买卖协议原件。 (4)借款人还款能力证明材料，包括收入证明材料和有关资产证明等。 (5)所购商用房为一手房的，须提供首期付款的银行存款凭条或开发商开具的首期付款的发票原件及复印件；所购商用房为二手房的，须提供售房人开具的首期付款的收据原件及复印件。 (6)拟购房产为共有的，须提供共有人同意抵押的证明文件；抵押房产如需评估，须提供评估报告原件。 (7)贷款人要求提供的其他文件或资料
对开发商及楼盘项目的贷前调查	与住房要实现的居住功能不同，商用房项目开发的目的是要实现后续的商业运营并产生商业价值。因此，银行在对个人商用房贷款合作项目进行调查时，除参照个人住房贷款项目对开发商资信情况及楼盘项目材料的真实性、合法性、完整性等内容进行调查外，还应重点调查以下内容：

（续表）

要点	内容
对开发商及楼盘项目的贷前调查	（1）开发商的开发运营经验。商业开发运营经验丰富的开发商，更了解不同商业业态的专业开发技术、市场需求和商业运营特点，拥有更多的商业客户资源，其开发的项目获得成功的概率也相对较大。与此类开发商合作开展个人商用房贷款业务，风险也相对较小。 （2）商用房项目的市场前景。影响商业项目市场前景的因素很多，具体包括区域经济环境和人口状况、项目的市场定位、同类型商业项目竞争、开发商采用的销售策略以及后续运营方管理能力等
对借款人的贷前调查	个人商用房贷款调查由贷款经办行负责，贷款实行双人调查和见客谈话制度，在调查申请人基本情况、贷款用途、收入情况和贷款担保等情况时，应重点调查以下内容： （1）借款人收入来源是否稳定，是否具备按时足额偿还贷款本息的能力；在计算借款人收入时，可将所购商用房未来可能产生的租金收入作为借款人收入。 （2）贷款年限加上借款人年龄是否符合规定。 （3）借款申请人所提供的资料是否真实、合法和有效，借款行为是否自愿、属实，购房行为是否真实，并告知借款人须承担的义务与违约后果。 （4）通过查询银行特别关注客户信息系统、人民银行个人信息基础数据库，判断借款人资信状况是否良好，是否具有较好的还款意愿。 （5）借款人购买商用房的价格是否合理，是否符合规定的条件。 （6）借款人是否已支付首期房款，首付款比例是否符合要求。 （7）双人现场核实借款人拟购买的房产是否真实、合法、有效。 （8）贷款申请额度、期限、成数、利率与还款方式是否符合规定

典题精练

【例2·单项选择题】借款人申请个人商用房贷款不需提交的申请材料是（   ）。

A. 借款人及其配偶有效身份证件

B. 营业执照及相关行业的经营许可证

C. 拟购房产为共有的，须提供共有人同意抵押的证明文件

D. 收入证明材料

B。【解析】贷款受理人应要求商用房贷款申请人以书面形式提出贷款申请，填写借款申请表，并按银行要求提交相关申请材料。申请材料清单包括：（1）借款人及其配偶有效身份证件、户籍证明（户口簿或其他有效居住证明）、婚姻状况证明（结婚证、离婚证、未婚声明等）原件及复印件。（2）借款申请表。（3）借款人与售房人签订的商品房销（预）售合同或房屋买卖协议原件。（4）借款人还款能力证明材料，包括收入证明材料和有关资产证明等。（5）所购商用房为一手房的，须提供首期付款的银行存款凭条或开发商开具的首期付款的发票原件及复印件；所购商用房为二手房的，须提供售房人开具的首期付款的收据原件及复印件。（6）拟购房产为共有的，须提供共有人同意抵押的证明文件；抵押房产如需评估，须提供评估报告原件。（7）贷款人要求提供的其他文件或资料。

2. 商用房贷款的审查与审批

要点	内容
贷款的审查	贷款审查应对贷款调查内容的合法性、合理性、准确性进行全面审查,重点关注调查人的尽职情况和借款人的诚信状况、偿还能力、担保情况、贷款风险因素、抵(质)押比率、风险程度等。 贷款审查完成后,应形成书面审查意见,连同申请材料一并送交贷款审批人进行审批
贷款的审批	贷款人应根据审慎性原则,完善授权管理制度,规范审批操作流程,明确贷款审批权限,实行审贷分离和授权审批,确保贷款审批人按照授权审批贷款。 贷款审批人应对以下内容进行审查: (1)贷款担保是否符合规定,以房产抵押方式设定担保的,抵押房产是否合法、充足和有效,价值是否合理,权属关系是否清晰,是否易于变现。 (2)贷款资料是否完整、齐全,资料信息是否合理、一致,首付款金额与开发商开具的发票(收据)或银行对账单是否一致,有无"假按揭"贷款嫌疑。 (3)借款人是否符合条件、资信是否良好、还款来源是否足额可信。 (4)贷款金额、成数、利率、期限、还款方式是否符合相关规定

典题精练

【例3·单项选择题】贷款人应根据(　　　)原则,完善授权管理制度,规范审批操作流程,明确贷款审批权限,实行审贷分离和授权审批,确保贷款审批人按照授权审批贷款。

A. 审慎性　　　　　　　　　　B. 合法性

C. 准确性　　　　　　　　　　D. 规范性

A。【解析】贷款人应根据审慎性原则,完善授权管理制度,规范审批操作流程,明确贷款审批权限,实行审贷分离和授权审批,确保贷款审批人按照授权审批贷款。

3. 商用房贷款的签约与发放

对审批同意的贷款,借款人及保证人对借款合同和借据载明的要素核对一致后,签署个人购房借款/担保合同,银行按规定要求办理贷款发放手续。

在贷款资金发放前,银行应该审核借款人相关交易资料和凭证。

4. 商用房贷款的支付管理

贷款须采取受托支付的方式,银行须将贷款资金划转至开发商账户。受托支付完成后,贷款经办行应详细记录资金的流向,归集相关凭证并纳入贷款资料归档保存。

5. 商用房贷款的贷后管理

个人商用房贷款贷后管理的相关工作由贷款经办行及信贷管理部门共同负责。贷款经办行贷后管理内容包括押品管理、客户关系维护、违约贷款催收及相应的贷后检查等工作。信贷管理部门负责贷后监测、检查及对贷款经办行贷后管理工作的组织和督导。

个人商用房贷款的贷后管理应重点关注以下内容:

(1)定期对合作楼盘开展贷后现场检查,了解商业项目的商业运营情况,如发现影响市场前景或抵押房产价值变化的重大因素,可能造成抵押房产的债权保障能力不足时,应及时采取风险缓释措施;检查抵押房产状况及价值、权属是否发生变化。

(2)定期了解借款人客户信息变化情况,包括联系方式、居住地点、职业收入、其他融资和负债情况的变化以及其他家庭重大变化等。

(3)定期查询银行相关系统,了解借款人在银行及其他金融机构的信用状况,如果借款人已被列入潜在风险客户名单,贷款行要予以关注并采取适当的风险控制措施;如果借款人在本行或其他银行的部分债务已经不良,其贷款应由正常至少调整至关注类。

(4)检查逾期贷款是否在诉讼时效之内,催收贷款本、息通知书是否合规、合法。

(5)检查违约贷款违约原因,是否存在违规操作行为。

(6)及时对违约贷款进行催收,对通过电话等通讯方式无法联系到的借款人进行上门催收。

(7)定期检查大额贷款及"一人多贷"借款人是否能按时偿还贷款本息,是否存在影响贷款按时偿还的因素。

📖 典题精练

【例4·多项选择题】在个人商用房贷款业务中,对借款人进行贷后管理的主要内容包括(　　)。

A. 借款人的住所有无变动

B. 借款人在金融机构的融资信用状况

C. 借款人是否能按期足额归还贷款

D. 借款人的联系方式是否发生变化

E. 借款人购买商用房的首付款是否已经到位

ABCD。【解析】个人商用房贷款的贷后管理,应重点关注以下内容:定期了解借款人客户信息变化情况,包括联系方式、居住地点、职业收入、其他融资和负债情况的变化以及其他家庭重大变化等;定期查询银行相关系统,了解借款人在银行及其他金融机构的信用状况,若借款人已被列入潜在风险客户名单,贷款行要予以关注并采取适当的风险控制措施等。E项属于贷前调查的内容。

(三)风险管理

1.合作机构风险管理

个人商用房贷款主要面临的是开发商带来的风险和估值机构、地产经纪等带来的风险。

要点	内容
个人商用房贷款合作机构风险内容	个人商用房贷款合作机构风险主要包括: (1)估值机构、地产经纪和律师事务所等中介机构不尽职或联合借款人欺诈银行骗贷等。 (2)开发商不具备房地产开发的主体资格或实力经验不足、开发项目"五证"虚假或不全、项目市场定位不准或运营不当、开发商恶意套取贷款资金等

（续表）

要点	内容
个人商用房贷款合作机构风险的防控措施	（1）业务合作中不过分依赖合作机构。银行与合作机构之间既有合作也有对立，正如银行关注自己的贷款能否安全收回一样，合作机构更关注自己的经营是否正常。 （2）加强对开发商及合作项目审查。其具体措施包括： ①加强对合作项目的审查。 ②重点审查开发商的资质、资信等级、商业项目开发经验、领导层的信誉及管理水平、资产负债及盈利水平。 ③重点审查已开发项目建设情况、销售情况、履行保证责任的意愿及能力、是否卷入诉讼或纠纷、与银行业务合作情况等。 （3）加强对估值机构、地产经纪和律师事务所等合作机构的准入管理。在该类机构的选择上，银行应把握以下几条总体原则： ①具备较强的经营能力和好的发展前景，在同业中处于领先地位。 ②具有合法、合规的经营资质。 ③内部管理机制科学完善，包括高素质的高管人员、有明确合理的发展规划、业务人员配备充足和有完善的业务办理流程等。 ④通过合作切实有利于商用房贷款业务的发展，包括可以拓展客户营销渠道、提高业务办理效率和客户服务质量、降低操作成本等

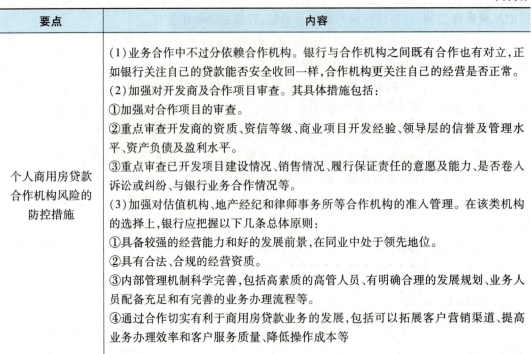

典题精练

【例5·单项选择题】下列选项中，不属于对个人商用房贷款合作机构风险采取的防控措施的是（　　）。

A.业务合作中不过分依赖合作机构

B.加强对开发商及合作项目的审查

C.加强对估值机构等合作机构的准入管理

D.选择尽可能多的合作机构以分散风险

D。【解析】商用房贷款合作机构风险的防控措施包括：（1）业务合作中不过分依赖合作机构。（2）加强对开发商及合作项目审查。（3）加强对估值机构、地产经纪和律师事务所等合作机构的准入管理。

2.操作风险管理

（1）商用房贷款操作风险的主要内容。

要点	内容
贷款受理与调查中的风险	商用房贷款受理与调查环节的风险点主要表现在以下几个方面： ①未深入调查借款申请人的担保措施是否足额、有效，包括担保物所有权是否合法、真实、有效；担保物共有人或所有人授权情况是否核实；担保物是否容易变现，同区域同类型担保物价值的市场走势如何；贷款额度是否控制在抵押物价值的规定比率内；抵押物是否由认可的评估机构评估；第三方保证人是否具备担保资格和担保能力等。

（续表）

要点	内容
贷款受理与调查中的风险	②将贷款调查的全部事项委托第三方完成。 ③未深入调查借款申请人所提交的材料是否真实、合法,包括借款人、保证人、抵押人、出质人的身份证件是否真实、有效;抵(质)押物的权属证明材料是否真实,有无涂改现象;借款人提供的还款账户是否是借款人本人所有的活期储蓄账户等。 ④未深入调查借款申请人的主体资格是否符合银行商用房贷款管理办法的相关规定,包括是否具有完全民事行为能力;是否有稳定、合法的收入来源,有按期偿还本息的能力等。 ⑤未按规定建立、执行贷款面谈、借款合同面签制度
贷款审查与审批中的风险	个人商用房贷款审查与审批环节的主要风险点包括: ①审批人员对应审查的内容审查不严,导致向不具备贷款发放条件的借款人发放贷款。 ②业务不合规,业务风险与效益不匹配。 ③未按权限审批贷款,使得贷款超授权发放
贷款签约与发放中的风险	个人商用房贷款签约与发放环节的主要风险点包括: ①在发放条件不齐全的情况下发放贷款。 ②未按规定的贷款额度、贷款期限、担保方式、结息方式、计息方式、还款方式、适用利率、利率调整方式和发放方式等发放贷款,导致错误发放贷款和贷款错误核算。 ③借款合同采用格式条款未公示的。 ④未按规定办妥相关评估、公证等事宜。 ⑤合同凭证预签无效、合同制作不合格、合同填写不规范、未对合同签署人及签字(签章)进行核实
贷款支付管理中的风险	个人商用房贷款支付管理环节的主要风险点包括: ①未接到借款人支付申请和支付委托的情况下,直接将贷款资金支付给房地产开发商。 ②贷款资金发放前,未审核借款人相关交易资料和凭证。 ③未通过账户分析、凭证查验或现场调查等方式,核查贷款支付是否符合约定用途。 ④直接将贷款资金发放至借款人账户。 ⑤未详细记录资金流向和归集保存相关凭证,造成凭证遗失
贷后管理中的风险	个人商用房贷款贷后管理环节的主要风险点包括: ①贷款管理与其规模不相匹配,贷款管理力度偏弱,贷前调查材料较为简单,贷后往往只关注借款人按月还款情况,在还款正常的情况下,未对其经营情况及抵押物的价值、用途等变动状况进行持续跟踪监测。 ②未按规定保管借款合同、担保合同等重要贷款档案资料,造成合同损毁。 ③他项权利证书未按规定进行保管,造成他项权证遗失,他项权利灭失。 ④未对贷款使用情况进行跟踪检查,房屋他项权证到位不及时,逾期贷款催收、处置不力,造成贷款损失。 ⑤对借款人违背借款合同约定的行为应发现而未发现,或虽发现但未采取有效措施的

典题精练

【例6·多项选择题】个人商用房贷款审查和审批环节中的主要风险点包括（   ）。

A. 业务不合规

B. 合同制作不合格

C. 未按权限审批贷款

D. 对应审查的内容审查不严

E. 将贷款调查的全部事项委托第三方完成

ACD。【解析】商用房贷款审查和审批环节的主要风险点包括：（1）审批人员对应审查的内容审查不严，导致向不具备贷款发放条件的借款人发放贷款。（2）业务不合规，业务风险与效益不匹配。（3）未按权限审批贷款，使得贷款超授权发放。

（2）商用房贷款操作风险的防控措施。参照第三章个人住房贷款部分内容，加强对个人商用房贷款操作风险防控。

3. 信用风险管理

（1）商用房贷款信用风险的主要内容。

要点	内容
借款人还款意愿发生变化	如经营环境恶化导致房屋价值大幅下跌
借款人还款能力发生变化	个人商用房贷款借款人还款能力变化主要包括： ①借款人或保证人收入发生变化。 ②商用房经营情况发生变化。主要包括商用房所在地段经济发展重心转移、项目经营情况恶化、大范围拆迁等，造成商用房商业价值或租金大幅下降，从而使依靠租金还款的借款人无力还款

（2）商用房贷款信用风险的防控措施。为防范个人商用房贷款信用风险，除参照个人住房贷款部分加强对工薪类借款人还款能力和还款意愿的调查分析外，还要做好对商用房项目运营前景及借款人经营收入调查。

典题精练

【例7·多项选择题】商用房经营情况发生变化的情形包括（   ）。

A. 商用房所在地段发生大范围拆迁

B. 商用房所在地段项目经营情况恶化

C. 借款人收入发生变化

D. 商用房所在地段经济发展重心转移

E. 保证人收入发生变化

ABD。【解析】商用房经营情况发生变化，主要包括商用房所在地段经济发展重心转移、项目经营情况恶化、大范围拆迁等，造成商用房商业价值或租金大幅下降，从而使依靠租金还款的借款人无力还款。

 **本节速览**

个人商用房贷款	贷前调查	第三方连带责任保证	借款申请表
双人调查和见客谈话制度	定性和定量分析	受托支付	合作机构风险
贷款管理中的风险	贷款面谈制度	其他资产收益情况	借款人的经营性收入

二、个人经营贷款

(一)基础知识

1. 个人经营贷款的含义

个人经营贷款是指银行向从事合法生产经营的自然人发放的,用于满足个人控制的企业(包括个体工商户)生产经营流动资金需求和其他合理资金需求的贷款。

2. 个人经营贷款的贷款要素

贷款要素	内容
贷款对象	个人经营贷款的对象应该是具有合法经营资格的个体工商户和小微企业主。 借款人申请个人经营贷款,需具备银行要求的下列条件: (1)具有完全民事行为能力的自然人,符合经办银行关于借款人的年龄要求。 (2)能提供贷款人认可的合法、有效、可靠的贷款担保。 (3)具有合法有效的身份证明、户籍证明(或有效居住证明)及婚姻状况证明。 (4)借款人具有合法的经营资格,能提供个体工商户营业执照。 (5)借款人在银行开立个人结算账户。 (6)具有稳定的收入来源和按时足额偿还贷款本息的能力。 (7)具有良好的信用记录和还款意愿,借款人及其经营实体在银行及其他已查知的金融机构无不良信用记录。 (8)贷款人规定的其他条件
贷款用途	(1)个人经营贷款的用途为借款人或其经营实体合法的经营活动,且符合工商行政管理部门许可的经营范围。 (2)借款人须承诺贷款不以任何形式流入期货市场、证券市场和用于股本权益性投资、房地产项目开发,不用于借贷牟取非法收入,以及用于其他国家法律法规明确规定不得经营的项目
贷款期限	个人经营贷款期限一般不超过 5 年,采用保证担保方式的不得超过 1 年
贷款利率	个人贷款利率需同时符合中国人民银行和各银行总行对相关产品的风险定价政策,并符合各行总行利率授权管理规定,在同期同档次 LPR 利率的基础上上下浮动

（续表）

贷款要素	内容
担保方式	申请个人经营贷款,借款人需提供一定的担保措施,包括抵押、质押和保证三种方式。 (1)贷款采用抵押担保方式。抵押物须为借款人本人或第三人(限自然人)名下已取得房屋所有权证的住房、商用房或商住两用房、办公用房、厂房或拥有土地使用权证的出让性质的土地。贷款期限不得超过抵押房产剩余的土地使用权年限,贷款金额根据借款人收入、经营情况及实际用途综合确定,并最高不超过抵押物价值的70%。抵押房产或土地需满足以下条件: ①以第三人房产或土地抵押或抵押房产具有共有人的,须提供房屋或土地所有权人及共有人同意抵押的书面证明。 ②以出租房产抵押的,承租人须出具因借款人违约导致房产处置时同意解除租赁合同的书面承诺。 ③不得接受不具备转让、交易、处置条件的房产或土地用于抵押。 ④抵押房产或土地已取得完整产权,未设定抵押(在银行已设定最高额抵押担保除外),无产权争议,易于变现。 (2)贷款采用保证担保方式。保证人可为自然人或银行认可的专业担保公司。如为专业担保公司,应严格执行保证金管理制度。 (3)贷款采用质押担保方式。可接受自然人(含第三人)名下的各家银行存单及国债作为质物,相关规定按照个人质押贷款管理办法相关规定执行
贷款还款方式	个人经营贷款可采用按月等额本息还款法、按月等额本金还款法、按周还本付息还款法。贷款期限在1年(含)以内的,可采用按月付息、到期一次性还本的还款方式。采用低风险质押担保方式且贷款期限在1年以内的,可采用到期一次性还本付息的还款方式
贷款额度	个人经营贷款的额度由各商业银行根据贷款风险管理相关原则确定,通常各家银行会根据不同的抵(质)押物制定相应的抵(质)押率,有关抵(质)押率将决定贷款的额度

典题精练

【例8·单项选择题】采用抵押担保方式申请个人经营贷款的,贷款金额最高不超过抵押物价值的（　　）。

A.60%　　　　　　　　　　B.50%

C.65%　　　　　　　　　　D.70%

D。【解析】申请个人经营贷款,借款人需提供一定的担保措施,包括抵押、质押和保证三种方式。采用抵押担保方式的,贷款期限不得超过抵押房产剩余的土地使用权年限,贷款金额最高不超过抵押物价值的70%。

（二）贷款流程

1. 个人经营贷款的受理与调查

要点	内容
贷款的受理	贷款受理人应要求个人经营贷款申请人填写借款申请书，以书面形式提出个人贷款申请，并按银行要求提交相关申请材料。对于有共同申请人的，应同时要求共同申请人提交有关申请材料。申请材料清单如下： （1）个人经营贷款申请表。 （2）经年检的个体工商户营业执照原件及复印件。 （3）借款人及其配偶有效身份证件、户籍证明、婚姻状况证明原件及复印件。 （4）贷款采用保证方式的，须提供保证人相关资料。 （5）抵押房产权属证明原件及复印件。有权处分人（包括房产共有人）同意抵押的证明文件。抵押房产如需评估，须提供评估报告原件。 （6）个人收入证明，如个人纳税证明、工资薪金证明、个人在经营实体的分红证明、租金收入、在银行近6个月内的存款、国债、基金等平均金融资产证明等。 （7）能反映借款人或其经营实体近期经营状况的银行结算账户明细或完税凭证等证明资料。 （8）贷款人要求提供的其他文件或资料
贷前调查	贷款人受理借款人个人经营贷款申请后，应履行尽职调查职责，对个人经营贷款申请内容和相关情况的真实性、准确性、完整性进行调查核实，形成贷前调查报告。 （1）调查内容。 ①通过查询银行特别关注客户信息系统、人民银行个人信息基础数据库，判断借款人资信状况是否良好，是否具有较好的还款意愿。 ②借款人及其经营实体信誉是否良好，经营是否正常。是否涉及法律纠纷、诉讼或纳入失信人员黑名单等。 ③借款人收入来源是否稳定，是否具备按时足额偿还贷款本息的能力。 ④对借款人拟提供的贷款抵押房产进行双人现场核实。调查借款人拟提供的抵押房产权属证书记载事项与登记机关不动产登记簿相关内容是否一致，银行抵押物清单记载的财产范围与登记机关不动产登记簿相关内容是否一致，并将核实情况记录在调查审查审批表中或其他信贷档案中。对有共有人的抵押房产，还应审查共有人是否出具了同意抵押的书面证明。以第三人房产提供抵押的，房产所有人是否出具了同意抵押的书面证明。 ⑤借款申请人所提供的资料是否真实、合法和有效，通过面谈了解借款人申请是否自愿、属实，贷款用途是否真实合理，是否符合银行规定。 ⑥贷款申请额度、期限、成数、利率与还款方式是否符合规定。 ⑦贷款采用保证担保方式的，保证人是否符合银行相关规定，保证人交存的保证金是否与银行贷款余额相匹配。

（续表）

要点	内容
贷前调查	（2）调查方式。贷前调查应以实地调查为主、间接调查为辅，采取现场核实、电话查问以及信息咨询等途径和方法。贷款人应建立并严格执行贷款面谈制度。个人经营贷款调查由贷款经办行负责，实行双人调查和见客谈话制度。调查人对贷款资料的真实性负责

2. 个人经营贷款的审查与审批

银行的审查部门负责在调查人提供的调查资料基础上，对贷款业务进行审查。贷款审查人应对贷前调查人提交的个人经营贷款调查审查审批表、贷款调查内容的合法性、合理性、准确性进行全面审查，重点关注调查人的尽职情况和借款人的偿还能力、担保情况、诚信状况、抵（质）押比率等，分析贷款风险因素和风险程度，调查意见是否客观，并签署审批意见。

3. 个人经营贷款的签约与发放

详细内容可以参考第二章个人贷款管理部分。

4. 个人经营贷款的支付管理

根据《个人贷款管理暂行办法》的规定，对于借款人无法事先确定具体交易对象且金额不超过 30 万元人民币的个人贷款和贷款资金用于生产经营且金额不超过 50 万元人民币的个人贷款，经贷款人同意可以采取借款人自主支付方式。

5. 个人经营贷款的贷后管理

个人经营贷款贷后管理的相关工作由贷款经办行负责，管理内容包括押品管理、客户关系维护、违约贷款催收及相应的贷后检查等工作。贷后监测、检查及对贷款经办行贷后管理工作的组织和督导由信贷管理部门负责。

个人经营贷款的贷后管理需特别关注以下内容：

（1）日常走访企业。

（2）项目进展情况的检查。

（3）企业财务经营状况的检查。

典题精练

【例9·多项选择题】在个人经营贷款的贷前调查要点中，需要进行双人现场核实的有（　　　）。

A. 借款人是否具备按时足额偿还贷款本息的能力

B. 银行抵押物清单记载的财产范围与登记机关不动产登记簿相关内容是否一致

C. 借款人及其经营实体信誉是否良好，经营是否正常

D. 贷款采用保证担保方式的，保证人是否符合银行相关规定

E. 抵押房产权属证书记载事项与登记机关不动产登记簿相关内容是否一致

BE。【解析】个人经营贷款的贷前调查要点之一是，对借款人拟提供的贷款抵押房产进行双人现场核实。调查借款人抵押房产权属证书记载事项与登记机关不动产登记簿相关内容是否一致，银行抵押物清单记载的财产范围与登记机关不动产登记簿相关内容是否一致，并将核实情况记录在调查审查审批表中或其他信贷档案中。

(三)风险管理

1. 个人经营贷款的合作机构风险管理

要点	内容
个人经营贷款的合作机构	个人经营贷款的借款人多为经营规模偏中小型的个体工商户,自身资产实力不强,抵押物不足,需要引入专业担保机构为其提供增值服务
个人经营贷款合作机构风险防控措施	(1)严格执行回访制度。严格执行回访制度,关注担保机构的经营情况,对担保机构进行动态管理,以应对担保机构经营风险,不合格的应及时清出。存在以下情况的,银行应暂停与该担保机构的合作: ①所进行的合作对银行业务拓展没有明显促进作用的。 ②与银行合作的存量业务出现严重不良贷款的。 ③经营出现明显的问题,对业务发展严重不利的。 ④有违法、违规经营行为的。 ⑤存在对银行业务发展不利的其他因素。 (2)严格专业担保机构的准入。在个人经营贷款开办初期,应严格个人经营贷款外部担保机构的准入。基本准入资质应符合以下几方面要求: ①具备符合担保业务要求的人员配置、业务流程和系统支持。 ②具有一定的信贷担保经验,原则上应从事担保业务一定期限;信用评级达到一定的标准。 ③此类担保公司,原则上应要求其与贷款银行进行独家合作,如与多家银行合作,应对其担保总额度进行有效监控。 ④注册资金应达到一定规模。 ⑤具有良好的信用资质,公司及其主要经营者无重大不良信用记录,无违法涉案行为等。 ⑥具有监管认可的融资担保业务经营许可证

典题精练

【例10·多项选择题】个人经营贷款业务中,存在(   )情况的担保机构,银行应暂停与其合作。

A. 经营出现明显的问题,对业务发展严重不利

B. 有违法、违规经营行为

C. 同时与多家银行合作

D. 与银行合作的存量业务出现严重不良贷款

E. 所进行的合作对银行业务拓展没有明显促进作用

ABDE。【解析】严格执行回访制度,关注担保机构的经营情况,对担保机构进行动态管理,以应对担保机构经营风险,不合格的应及时清出。存在以下情况的,银行应暂停与该担保机构的合作:(1)所进行的合作对银行业务拓展没有明显促进作用的。(2)与银行合作的存量业务出现严重不良贷款的。(3)经营出现明显的问题,对业务发展严重不利的。(4)有违法、违规经营行为的。(5)存在对银行业务发展不利的其他因素。

2. 个人经营贷款的操作风险管理

要点	内容
个人经营贷款操作风险的主要内容	对于个人经营贷款的操作风险管理，应特别关注借款人控制企业的经营情况变化和抵押物情况的变化
个人经营贷款操作风险的防控措施	(1)借款人以自有或第三人的财产进行抵押，抵押物须产权明晰、价值稳定、变现能力强、易于处置。 银行在实际操作中要注意： ①谨慎受理产权、使用权不明确或当前管理不够规范的不动产抵押，包括自建住房、划拨土地及地上定着物、工业土地及地上定着物、工业用房、仓库等。 ②抵押文件资料的真实有效性、抵押物的合法性、抵押物权属的完整性、抵押物存续状况的完好性等。 ③贷款抵押手续办理的相关程序应规范，原则上贷款银行经办人员应直接参与抵押手续的办理，不可完全交由外部中介机构办理。 (2)在贷款发放后，银行应保持与借款人的联络，对借款期间发生的突发事件及时反应

典题精练

【例11·单项选择题】下列关于个人经营贷款操作风险防控措施的说法中，错误的是(　　)。

A. 谨慎受理产权、使用权不明确或当前管理不够规范的不动产抵押

B. 银行应保持与借款人的联络，对借款期间发生的突发事件及时反应

C. 借款人采用抵押担保的，抵押物须产权明晰、价值稳定、变现能力弱

D. 原则上贷款银行经办人员应直接参与抵押手续的办理，不可完全交由外部中介机构办理

C。【解析】个人经营贷款操作风险防控措施之一：借款人以自有或第三人的财产进行抵押，抵押物须产权明晰、价值稳定、变现能力强、易于处置。

3. 个人经营贷款的信用风险管理

要点	内容
个人经营贷款信用风险的主要内容	个人经营贷款信用风险的主要内容包括： (1)借款人还款意愿下降。 (2)保证人担保能力发生变化。 (3)借款人还款能力发生变化。 (4)抵押物价值发生变化
个人经营贷款信用风险的防控措施	(1)加强对借款人所控制企业经营情况的调查和分析。为有效规避借款人所控制企业经营状况发生变化而带来的信用风险，主要从以下几个方面加以考察： ①经营的盈利能力和稳定性。 ②经营的合法、合规性。 ③经营的商誉情况。

(续表)

要点	内容
个人经营贷款信用风险的防控措施	(2)加强对抵押物价值的调查和分析。抵押物的价值会因市场的波动而表现出不同的价格,当抵押物价值下降到可能危及银行贷款安全时,银行应要求借款人提前归还部分或全部贷款,或再追加提供其他贷款银行认可的抵押物,以保证全部抵押物现值乘以最高抵押率后仍大于或等于剩余贷款本金。 为了有效规避抵押物价值变化而带来的信用风险,可以采取以下措施: ①更换为其他足值抵押物。 ②按合同约定或依法提前收回贷款。对抵押物已经发生毁损或灭失,抵押人不按银行要求恢复抵押物价值且不能提供其他担保的借款人,应按合同约定或依法提前收回贷款;对借款人不注意抵押物使用,使银行抵押物不能得到妥善保管、合理使用的,银行可要求借款人停止其行为,恢复抵押物价值,借款人不予履行的,应按合同约定或依法提前收回贷款。 ③重新评估抵押物价值,择机及时处置抵押物。 ④要求借款人恢复抵押物价值。 (3)加强对借款人还款能力的调查和分析。对于个人经营贷款借款人还款能力的调查,应重点调查借款人的生产经营收入,尤其是应重点调查其经营收入的合法性、稳定性以及未来收入预期的合理性。 (4)加强对保证人担保能力的调查和分析。保证人经济实力下降或信用状况恶化是导致保证人担保能力下降的主要原因,这种风险会使保证担保对银行债权的保障能力降低,第二还款来源不足。为了有效规避个人经营贷款保证人还款能力发生变化的风险,贷款银行应当选择信用等级高、还款能力强的保证人,且保证人信用等级不能低于借款人,不接受股东之间和家庭成员之间的单纯第三方保证方式

典题精练

【例12·单项选择题】对个人经营贷款借款人的生产经营收入,应重点调查的内容不包括(　　)。

A. 经营收入的稳定性　　　　B. 经营成本的稳定性

C. 经营收入的合法性　　　　D. 未来收入预期的合理性

B。【解析】对于个人经营贷款借款人还款能力的调查,应重点调查借款人的生产经营收入。对借款人的生产经营收入,应重点调查其经营收入的合法性、稳定性和未来收入预期的合理性。

4.个人经营贷款的行业风险管理

要点	内容
严格准入行业标准	借款人主营业务所属行业应符合以下要求: (1)行业在区域内发展成熟,具备相对完备的供应、销售渠道或其他配套基础设施等。 (2)行业运营特征相对清晰,有相对明确的交易方式、资金结算周期等。

（续表）

要点	内容
严格准入行业标准	（3）谨慎介入下列行业： ①产能过剩行业、不符合节能减排要求的行业项目。 ②未完全达到国家环保标准的行业项目等。 （4）禁止介入属于以下任一种情况的行业： ①法律、法规和监管规定禁止或限制准入的行业。 ②房地产业、担保服务业。 ③货币金融服务业、资本市场服务业、保险业及其他金融业。 ④《国家产业结构调整目录》中明确为限制类和淘汰类的项目、工艺或产品等
加强行业限额管理	以"有效分散风险"为原则，进行行业投向限额管理，设定适当的行业投向比例，结合贷后管理工作，定期对行业集中度进行监测，对于行业投向过于集中的，及时采取相应措施，压降该行业客户贷款

 **本节速览**

个人经营贷款	个人经营贷款申请表	双人现场核实	个人经营贷款的审查与审批
违约贷款催收	担保机构	回访制度	产权明晰
抵押物的合法性	保证人还款能力	行业风险管理	抵押物价值

三、农户贷款

（一）基础知识

1. 农户贷款的含义

农户贷款是指银行业金融机构向符合条件的农户发放的用于生产经营、生活消费等用途的本外币贷款。其中，农户指的是长期居住在乡镇和城关镇所辖行政村的住户、国有农场的职工和农村个体工商户。

2. 农户贷款要素

要点	内容
贷款对象	农户申请贷款应当具备以下条件： （1）户籍所在地、固定住所或固定经营场所在农村金融机构服务辖区内。 （2）农户贷款以户为单位申请发放，并明确一名家庭成员为借款人，借款人应当为具有完全民事行为能力的中华人民共和国公民。 （3）在农村金融机构开立结算账户。 （4）借款人具备还款意愿和还款能力。 （5）贷款用途明确合法。 （6）贷款申请数额、期限和币种合理。 （7）借款人无重大信用不良记录。 （8）农村金融机构要求的其他条件

（续表）

要点	内容
贷款期限	农村金融机构应当根据贷款项目生产周期、销售周期和综合还款能力等因素合理确定贷款期限
贷款利率	农村金融机构应当综合考虑农户贷款资金及管理成本、贷款方式、风险水平、合理回报等要素以及农户生产经营利润率和支农惠农要求,合理确定利率水平
贷款额度	农村金融机构应当根据借款人生产经营状况、偿债能力、贷款真实需求、信用状况、担保方式、机构自身资金状况和当地农村经济发展水平等因素,合理确定农户贷款额度
担保方式	按信用形式分类,农户贷款分为信用贷款、保证贷款、抵押贷款、质押贷款,以及组合担保方式贷款
还款方式	农村金融机构应当建立借款人合理的收入偿债比例控制机制,合理确定农户贷款还款方式。 农户贷款还款方式根据贷款种类、期限及借款人现金流情况,可以采用分期还本付息、分期还息到期还本等方式。原则上一年期以上贷款不得采用到期利随本清方式

典题精练

【例13·多项选择题】下列关于农户贷款的说法中,正确的有(　　　)。

A. 一年期以上贷款一般采用到期利随本清方式

B. 农户包括国有农场的职工

C. 农村金融机构应当建立借款人合理的收入偿债比例控制机制

D. 农户贷款还款方式可以采用分期还本付息、分期还息到期还本等方式

E. 农村金融机构应当根据贷款项目生产周期、担保方式、机构自身资金状况和综合还款能力等因素合理确定贷款期限

BCD。【解析】原则上一年期以上贷款不得采用到期利随本清方式,故 A 项错误。农村金融机构应当根据贷款项目生产周期、销售周期和综合还款能力等因素合理确定贷款期限,故 E 项错误。

(二)贷款流程

1. 农户贷款的受理与调查

农村金融机构应当要求农户以书面形式提出贷款申请,并提供能证明其符合贷款条件的相关资料,建立完善信用等级及授信额度动态评定制度。

贷前调查包括但不限于下列内容:

(1)保证人担保意愿、担保能力或抵(质)押物价值及变现能力。

(2)借款人(户)信用状况。

(3)借款人、保证人的个人信用信息基础数据库查询情况。

(4)借款人(户)基本情况。

(5)借款户收入支出与资产、负债等情况。

（6）借款用途及预期风险收益情况。

（7）借款人还款来源、还款能力、还款意愿及还款方式。

此外，贷前调查应当有效借助村委会、德高望重的村民、农业生产合作社负责人、致富带头人等社会力量，深入了解借款人情况及经营风险、借款户收支、经营情况，以及人品、信用等软信息，并与借款人及其家庭成员进行面谈，做好面谈记录，面谈记录包括文字、图片或影像等，根据借款人的实际情况对借款人进行信用等级评定，并结合贷款项目风险情况初步确定授信期限、授信限额及贷款利率等。

2. 农户贷款的审查与审批

农村金融机构应当遵循审慎性与效率原则，建立完善独立审批制度，完善农户信贷审批授权，根据业务职能部门和分支机构的经营管理水平及风险控制能力等，实行逐级差别化授权，逐步推行专业化的农户贷款审贷机制，根据产品特点采取批量授信、在线审批等方式，提高审批效率和服务质量，根据外部经济形势、违约率变化等情况，对贷款审批环节进行评价分析，及时、有针对性地调整审批政策和授权。

3. 农户贷款的发放与支付

农村金融机构应当要求借款人当面签订借款合同及其他相关文件，需担保的应当当面签订担保合同。采取密码、指纹识别等措施，确认借款人与指定账户真实性，防范顶冒名贷款问题。

有下列情形之一的农户贷款，经农村金融机构同意可以采取借款人自主支付：

（1）农户消费贷款且金额不超过30万元。

（2）农户生产经营贷款且金额不超过50万元，或用于农副产品收购等无法确定交易对象的。

（3）借款人交易对象不具备有效使用非现金结算条件的。

（4）法律法规规定的其他情形。鼓励采用贷款人受托支付方式向借款人交易对象进行支付。

采用借款人自主支付的，农村金融机构应当与借款人在借款合同中明确约定；农村金融机构应当通过账户分析或现场调查等方式，核查贷款使用是否符合约定用途。

借款合同生效后，农村金融机构应当按合同约定及时发放贷款。贷款采取自主支付方式发放时，必须将款项转入指定的借款人结算账户，严禁以现金方式发放贷款，确保资金发放给真实借款人。贷款发放后，应通过电话核查、凭证查验、实地调查、资金流向分析等多种方式，加强借款人对贷款资金使用情况的监控。

4. 农户贷款的贷后管理

（1）农村金融机构应当建立贷后定期或不定期检查制度，明确首贷检查期限，采取实地检查、检查结算账户交易记录、电话访谈等多种方式，对贷款资金使用、借款人信用及担保情况变化等进行跟踪检查和监控分析，确保贷款资金安全。

（2）农村金融机构要建立优质农户与诚信客户正向激励制度，对按期还款、信用良好的借款人采取利息返还、优惠利率、信用累积奖励等方式，促进信用环境不断改善。

（3）农村金融机构贷后管理中应当着重排查防范假名、冒名、借名贷款，包括建立贷款本息独立对账制度、不定期重点检(抽)查制度以及至少两年一次的全面交叉核查制度。

(4)农村金融机构应当建立风险预警制度,定期跟踪分析评估借款人履行借款合同约定内容的情况以及抵质押担保情况,及时发现借款人、担保人的潜在风险并发出预警提示,采取调整授信额度、增加抵质押担保、提前收回贷款等措施,并作为与其后续合作的信用评价基础。

(5)农村金融机构应当建立贷款档案管理制度,及时汇集更新客户信息及贷款情况,确保农户贷款档案资料的完整性、有效性和连续性。根据信用情况、还本付息和经营风险等情况,对客户信用评级与授信限额进行动态管理和调整。

(6)对于未按照借款合同约定收回的贷款,应当采取措施进行清收,也可以在利息还清、本金部分偿还、原有担保措施不弱化等情况下协议重组。

(7)对确实无法收回的农户贷款,农村金融机构可以按照相关规定进行核销,按照账销案存原则继续向借款人追索或进行市场化处置,并按责任制和容忍度规定,落实有关人员责任。

(8)对于因自然灾害、农产品价格波动等客观原因造成借款人无法按原定期限正常还款的,由借款人申请,经农村金融机构同意,可以对还款意愿良好、预期现金流量充分、具备还款能力的农户贷款进行合理展期,展期时间结合生产恢复时间确定。已展期贷款不得再次展期。展期贷款最高列入关注类进行管理。

典题精练

【例14·多项选择题】经农村金融机构同意,农户贷款可以采取借款人自主支付的有(　　)。

A. 农户生产经营贷款金额为 100 万元

B. 农户消费贷款金额为 50 万元

C. 农户生产经营贷款金额为 60 万元

D. 农户消费贷款金额为 20 万元

E. 借款人交易对象不具备有效使用非现金结算条件的

DE。【解析】有下列情形之一的农户贷款,经农村金融机构同意可以采取借款人自主支付:(1)农户消费贷款且金额不超过 30 万元。(2)农户生产经营贷款且金额不超过 50 万元,或用于农副产品收购等无法确定交易对象的。(3)借款人交易对象不具备有效使用非现金结算条件的。(4)法律法规规定的其他情形。鼓励采用贷款人受托支付方式向借款人交易对象进行支付。

 **本节速览**

农户贷款	收入偿债比例控制机制	独立审批制度	风险预警制度

四、两权抵押贷款

（一）农民住房财产权抵押贷款

1. 含义

农民住房财产权抵押贷款是指在不改变宅基地所有权性质的前提下，以农民住房所有权及所占宅基地使用权作为抵押、由银行业金融机构向符合条件的农民住房所有人发放的、在约定期限内还本付息的贷款。

2. 主要内容

在贷款用途方面，要求借款人获得的农民住房财产权抵押贷款应主要用于农业生产经营等贷款人认可的合法用途。

在抵押物的认证方面，有以下明确规定。

借款人以农民住房所有权及所占宅基地使用权作抵押申请贷款的，应同时符合以下条件：

（1）用于抵押的房屋所有权及宅基地使用权没有权属争议，依法拥有政府相关主管部门颁发的权属证明，未列入征地拆迁范围。

（2）除用于抵押的农民住房外，借款人应有其他长期稳定居住场所，并能够提供相关证明材料。

（3）所在的集体经济组织书面同意宅基地使用权随农民住房一并抵押及处置。

（4）以共有农民住房抵押的，还应当取得其他共有人的书面同意。

（二）农村承包土地的经营权抵押贷款

1. 含义

农村承包土地的经营权抵押贷款是指以承包土地的经营权作抵押、由银行业金融机构向符合条件的承包方农户或农业经营主体发放的、在约定期限内还本付息的贷款。

2. 主要内容

在贷款用途方面，要求借款人获得的农村承包土地的经营权抵押贷款应主要用于农业生产经营等贷款人认可的合法用途。

在抵押物的认证方面，有以下明确规定。

符合以下规定条件、通过家庭承包方式依法取得土地承包经营权和通过合法流转方式获得承包土地的经营权的农户及农业经营主体（以下称借款人），均可按程序向银行业金融机构申请农村承包土地的经营权抵押贷款。

通过家庭承包方式取得土地承包经营权的农户以其获得的土地经营权作抵押申请贷款的，应同时符合以下条件：

（1）用于抵押的承包土地没有权属争议。

（2）依法拥有县级以上人民政府或政府相关主管部门颁发的土地承包经营权证。

（3）承包方已明确告知发包方承包土地的抵押事宜。

通过合法流转方式获得承包土地的经营权的农业经营主体申请贷款的,应同时符合以下条件:

(1)用于抵押的承包土地没有权属争议。

(2)已经与承包方或者经承包方书面委托的组织或个人签订了合法有效的经营权流转合同,或依流转合同取得了土地经营权权属确认证明,并已按合同约定方式支付了土地租金。

(3)承包方同意承包土地的经营权可用于抵押及合法再流转。

(4)承包方已明确告知发包方承包土地的抵押事宜。

(三)其他相关规定

《中华人民共和国民法典》第三百四十一条规定,流转期限为五年以上的土地经营权,自流转合同生效时设立。当事人可以向登记机构申请土地经营权登记;未经登记,不得对抗善意第三人。

本节速览

两权抵押贷款	农民住房财产抵押贷款	农村承包土地的经营权抵押贷款

同步自测

一、单项选择题(在以下各小题所给出的四个选项中,只有一个选项符合题目要求,请将正确选项的代码填入括号内)

1.下列关于个人商用房贷款借款人应具备条件的说法中,错误的是(　　)。

　A.商住两用房首付款比例须在50%及其以上

　B.在银行开立个人结算账户

　C.具有合法有效的身份证明

　D.具有良好的信用记录

2.贷款审查完成后,应形成(　　),连同申请材料一并送交贷款审批人进行审批。

　A.面谈记录　　　　　　　　　B.书面审查意见

　C.申请记录　　　　　　　　　D.买卖协议

3.下列选项中,不属于个人经营贷款行业风险管理中谨慎介入行业的是(　　)。

　A.产能过剩行业　　　　　　　B.担保服务业

　C.不符合节能减排要求的行业　D.未完全达到国家环保标准的行业

4.采用保证担保方式的个人经营贷款期限一般不得超过(　　)年。

　A.1　　　　　　　　　　　　B.2

　C.3　　　　　　　　　　　　D.5

5.个人经营贷款贷前调查应以(　　)为主,(　　)为辅。

　A.实地调查;间接调查　　　　B.现场核实;电话查问

　C.实地调查;信息咨询　　　　D.现场核实;信息咨询

6.下列选项中,不属于个人经营贷款信用风险的主要内容的是( )。

  A.借款人还款能力发生变化   B.保证人担保能力发生变化

  C.借款人还款意愿下降   D.借款人所控制企业经营情况发生变化

7.银行发现个人经营贷款的抵押物价值出现较大波动,并可能危及银行贷款安全时,可采取的措施不包括( )。

  A.提前收回全部贷款   B.提前收回部分贷款

  C.追加其他银行认可的抵押物   D.将借款人纳入银行不良信用客户名单库

8.影响农户贷款期限的因素不包括( )。

  A.项目生产周期   B.销售周期

  C.综合还款能力   D.担保人信用

二、多项选择题(在以下各小题所给出的选项中,至少有两个选项符合题目要求,请将正确选项的代码填入括号内)

1.下列选项中,属于个人经营类贷款的有( )。

  A.个人医疗贷款   B.个人教育贷款

  C.个人商用房贷款   D.个人住房装修贷款

  E.农户贷款

2.下列选项中,属于个人商用房贷款可采用的还款法的有( )。

  A.按月等额本息还款法   B.按月等额本金还款法

  C.按年等额本金还款法   D.按季等额本息还款法

  E.按年等额本息还款法

3.个人商用房贷款合作机构风险主要包括( )。

  A.律师事务所不尽职   B.地产经纪联合借款人欺诈银行骗贷

  C.开发商经验不足   D.开发项目"五证"虚假

  E.项目市场定位不准

4.个人经营贷款的担保方式包括( )。

  A.质押担保   B.信用担保

  C.抵押担保   D.保证担保

  E.推荐人担保

5.为有效规避个人经营贷款抵押物价值变化而带来的信用风险,可采取的措施包括( )。

  A.更换为其他足值抵押物   B.要求借款人恢复抵押物价值

  C.提高贷款利率并加收罚息   D.重新评估抵押物价值,择机处置抵押物

  E.按合同约定或依法提前收回贷款

6.在个人经营贷款业务操作中,对抵押物的调查和审查要重点关注( )。

  A.抵押物的合法性   B.抵押物的易变现性

  C.抵押物权属的完整性   D.抵押物存续状况的完好性

  E.抵押文件资料的真实有效性

7.个人经营贷款借款人不能妥善保管、合理使用银行抵押物的,银行可以要求借款人停止其行为,恢复抵押物价值,借款人不予履行的,应(　　　)。

A.向法院提起诉讼　　　　　　　　B.对借款人加收罚息

C.依法提前收回贷款　　　　　　　D.把借款人列入黑名单库

E.按合同约定提前收回贷款

8.农户申请贷款应当具备的条件有(　　　)。

A.贷款用途明确合法

B.以户为单位申请发放

C.要明确一名家庭成员为借款人

D.借款人无重大信用不良记录

E.户籍所在地、固定住所或固定经营场所在农村金融机构服务辖区内

三、判断题(请判断以下各小题的正误,正确的选 A,错误的选 B)

1.商业性个人住房贷款期限最长不得超过 15 年。　　　　　　　　　　　　　　　(　　)

A.正确　　　　　　　　　　　　　B.错误

2.个人商用房贷款须采取受托支付的方式,银行须将贷款资金划转至开发商账户。(　　)

A.正确　　　　　　　　　　　　　B.错误

3.个人商用房贷款越权发放属于信用风险。　　　　　　　　　　　　　　　　　(　　)

A.正确　　　　　　　　　　　　　B.错误

4.个人商用房贷款中,单纯以租金收入作为还款来源的商用房应作为银行商用房贷款的主要业务对象。　　　　　　　　　　　　　　　　　　　　　　　　　　　　　　(　　)

A.正确　　　　　　　　　　　　　B.错误

5.保证人经济实力下降或信用状况恶化是导致保证人担保能力下降的主要原因,这种风险会使保证担保对银行债权的保障能力降低,第二还款来源不足。　　　　　　　　(　　)

A.正确　　　　　　　　　　　　　B.错误

6.个人贷款利率需同时符合中国人民银行和各银行总行对相关产品的风险定价政策,并符合各行总行利率授权管理规定,个人经营贷款可在基准利率的基础上上浮,但不得下浮。

(　　)

A.正确　　　　　　　　　　　　　B.错误

7.农户贷款既可用于生产经营,也可用于生活消费。　　　　　　　　　　　　　(　　)

A.正确　　　　　　　　　　　　　B.错误

8.流转期限为 3 年以上的土地经营权,自流转合同生效时设立。　　　　　　　　(　　)

A.正确　　　　　　　　　　　　　B.错误

🔍 答案详解

一、单项选择题

1.A.【解析】个人商用房贷款借款人应具备的条件之一是,已支付所购商用房市场价值 50%(含)以上的首付款(商住两用房首付比例须在 45% 及其以上),并提供首付款银行进账单或售房人开具的首付款发票或收据。

2. B。【解析】贷款审查完成后，应形成书面审查意见，连同申请材料一并送交贷款审批人进行审批。

3. B。【解析】担保服务业属于禁止介入的行业。

4. A。【解析】个人经营贷款期限一般不超过5年，采用保证担保方式的不得超过1年。贷款人应根据借款人经营活动及借款人还款能力确定贷款期限。

5. A。【解析】个人经营贷款的贷前调查应以实地调查为主、间接调查为辅，采取现场核实、电话查问以及信息咨询等途径和方法。

6. D。【解析】个人经营贷款信用风险的主要内容包括：（1）借款人还款意愿下降。（2）保证人担保能力发生变化。（3）借款人还款能力发生变化。（4）抵押物价值发生变化。

7. D。【解析】个人经营贷款的抵押物的价值会因市场的波动而表现出不同的价格，当抵押物价值下降到可能危及银行贷款安全时，银行应要求借款人提前归还部分或全部贷款，或再追加提供其他贷款银行认可的抵押物，以保证全部抵押物现值乘以最高抵押率后仍大于或等于剩余贷款本金。

8. D。【解析】农村金融机构应根据贷款项目生产周期、销售周期和综合还款能力等因素合理确定农户贷款的贷款期限。

二、多项选择题

1. CE。【解析】个人经营类贷款是指银行向符合条件的自然人发放的，用于满足个人控制的企业（包括个体工商户）生产经营流动资金需求和其他合理资金需求以及用于购买商用房的贷款。个人经营类贷款包括个人商用房贷款、个人经营贷款、农户贷款等。

2. AB。【解析】个人商用房贷款可采用按月等额本息还款法、按月等额本金还款法等还款法。

3. ABCDE。【解析】个人商用房贷款合作机构风险主要包括：（1）估值机构、地产经纪和律师事务所等中介机构不尽职或联合借款人欺诈银行骗贷等。（2）开发商不具备房地产开发的主体资格或实力经验不足、开发项目"五证"虚假或不全、项目市场定位不准或运营不当、开发商恶意套取贷款资金等。

4. ACD。【解析】申请个人经营贷款，借款人需提供一定的担保措施，包括抵押、质押和保证三种方式。

5. ABDE。【解析】为了有效规避抵押物价值变化而带来的信用风险，可采取的措施有：（1）更换为其他足值抵押物。（2）按合同约定或依法提前收回贷款。（3）重新评估抵押物价值，择机及时处置抵押物。（4）要求借款人恢复抵押物价值。

6. ABCDE。【解析】个人经营贷款中，借款人以自有或第三人的财产进行抵押，抵押物须产权明晰、价值稳定、变现能力强、易于处置。银行在实际操作中要注意，抵押文件资料的真实有效性、抵押物的合法性、抵押物权属的完整性、抵押物存续状况的完好性等。

7. CE。【解析】对抵押物已经发生毁损或灭失，抵押人不按银行要求恢复抵押物价值且不能提供其他担保的借款人，应按合同约定或依法提前收回贷款；对借款人不注意抵押物使用，使银行抵押物不能得到妥善保管、合理使用的，银行可要求借款人停止其行为，恢复抵押物价值，借款人不予履行的，应按合同约定或依法提前收回贷款。

8. ABCDE。【解析】农户申请贷款应当具备以下条件：（1）户籍所在地、固定住所或固定经营场所在农村金融机构服务辖区内。（2）农户贷款以户为单位申请发放，并明确一名家庭成员为借款人，借款人应当为具有完全民事行为能力的中华人民共和国公民。（3）在农村金融机构开立结算账户。（4）借款人具备还款意愿和还款能力。（5）贷款用途明确合法。（6）贷款申请数额、期限和币种合理。（7）借款人无重大信用不良记录。(8)农村金融机构要求的其他条件。

三、判断题

1.B。【解析】个人商用房贷款期限最长不超过 10 年。

2.A。【解析】个人商用房贷款须采取受托支付的方式,银行须将贷款资金划转至开发商账户。

3.B。【解析】未按权限审批贷款,使得贷款超授权发放属于商用房贷款审查与审批环节中的操作风险。

4.B。【解析】个人商用房贷款中,商用房的租金收入存在较多不确定因素,稳定性较差,如单纯以租金收入作为还款来源,风险较高。

5.A。【解析】保证人经济实力下降或信用状况恶化是导致保证人担保能力下降的主要原因,这种风险会使保证担保对银行债权的保障能力降低,第二还款来源不足。

6.B。【解析】个人贷款利率需同时符合中国人民银行和各银行总行对相关产品的风险定价政策,并符合各行总行利率授权管理规定,个人经营贷款可在基准利率的基础上上浮或适当下浮。

7.A。【解析】农户贷款是指银行业金融机构向符合条件的农户发放的用于生产经营、生活消费等用途的本外币贷款。

8.B。【解析】《中华人民共和国民法典》第三百四十一条规定,流转期限为五年以上的土地经营权,自流转合同生效时设立。

第六章 信用卡业务

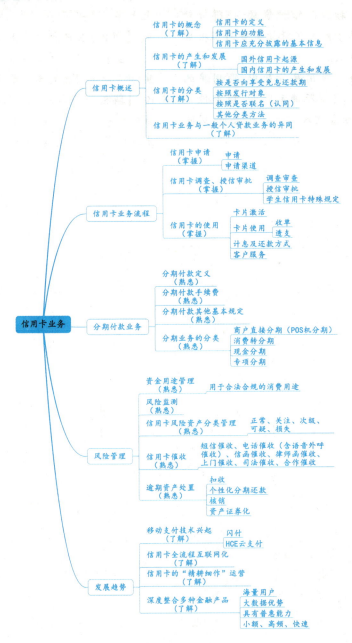

信用卡业务
- 信用卡概述
  - 信用卡的概念（了解）
    - 信用卡的定义
    - 信用卡的功能
    - 信用卡应充分披露的基本信息
  - 信用卡的产生和发展（了解）
    - 国外信用卡起源
    - 国内信用卡的产生和发展
  - 信用卡的分类（了解）
    - 按是否向享受免息还款期
    - 按照发行对象
    - 按照是否联名（认同）
    - 其他分类方法
  - 信用卡业务与一般个人贷款业务的异同（了解）
- 信用卡业务流程
  - 信用卡申请（掌握）
    - 申请
    - 申请渠道
  - 信用卡调查、授信审批（掌握）
    - 调查审查
    - 授信审批
    - 学生信用卡特殊规定
  - 信用卡的使用（掌握）
    - 卡片激活
    - 卡片使用
      - 收单
      - 透支
    - 计息及还款方式
    - 客户服务
- 分期付款业务
  - 分期付款定义（熟悉）
  - 分期付款手续费（熟悉）
  - 分期付款其他基本规定（熟悉）
  - 分期业务的分类（熟悉）
    - 商户直接分期（POS机分期）
    - 消费转分期
    - 现金分期
    - 专项分期
- 风险管理
  - 资金用途管理（熟悉）
    - 用于合法合规的消费用途
  - 风险监测（熟悉）
  - 信用卡风险资产分类管理（熟悉）
    - 正常、关注、次级、可疑、损失
  - 信用卡催收（熟悉）
    - 短信催收、电话催收（含语音外呼催收）、信函催收、律师函催收、上门催收、司法催收、合作催收
  - 逾期资产处置（熟悉）
    - 扣收
    - 个性化分期还款
    - 核销
    - 资产证券化
- 发展趋势
  - 移动支付技术兴起（了解）
    - 闪付
    - HCE云支付
  - 信用卡全流程互联网化（了解）
  - 信用卡的"精耕细作"运营（了解）
  - 深度整合多种金融产品（了解）
    - 海量用户
    - 大数据优势
    - 具有普惠能力
    - 小额、高频、快速

一、信用卡概述

（一）信用卡的概念

1.信用卡的定义

信用卡是指记录持卡人账户相关信息,具备银行授信额度和透支功能,并为持卡人提供相关银行服务的各类介质。

2.信用卡的功能

信用卡具有消费支付、分期付款、转账结算、存取现金等全部或者部分功能。

3.信用卡应充分披露的基本信息

信用卡卡面须对持卡人充分披露以下基本信息:发卡银行法人名称、品牌标识及防伪标志、卡片种类(贷记卡、准贷记卡等)、卡号、持卡人姓名拼音(外文姓名)、有效期、持卡人签名条、安全校验码、注意事项、客户服务电话、银行网站地址。

（二）信用卡的产生和发展

1.国外信用卡起源

信用卡于 1915 年起源于美国。

目前,在国际上主要有威士国际组织和万事达卡国际组织两大组织及美国运通国际股份有限公司、大来信用证有限公司、JCB 日本国际信用卡公司三家专业信用卡公司。中国的信用卡组织——中国银联成立于 2002 年 3 月。

2.国内信用卡的产生和发展

（1）萌芽和起步阶段。1978 年至 1993 年。

（2）初步发展阶段。1994 年至 1996 年。

（3）走向国际标准初级阶段。1995 年 3 月,广东发展银行发行了中国内地第一张真正意义上的国际标准信用卡。中国信用卡与国际接轨的序幕由此拉开。

（4）快速发展阶段。

（5）"互联网＋"发展阶段。

（三）信用卡的分类

1.按是否享受免息还款期

信用卡按是否享受免息还款期分为贷记卡、准贷记卡两类。

（1）贷记卡是指发卡银行给予持卡人一定的信用额度,持卡人可在信用额度内先消费、后还款,并享受免息还款期的信用卡。

（2）准贷记卡是指在发卡银行规定的信用额度内透支、不享受享受免息还款期的信用卡。

2. 按照发行对象

信用卡按照发行对象不同分为个人卡和单位卡。

（1）个人卡可分为主卡和依附于主卡的附属卡。

（2）单位卡按照用途分为商务差旅卡和商务采购卡。

①商务差旅卡，是指商业银行与政府部门、法人机构或其他组织签订合同建立差旅费用报销还款关系，为其工作人员提供日常商务支出和财务报销服务的信用卡。

②商务采购卡，是指商业银行与政府部门、法人机构或其他组织签订合同建立采购支出报销还款关系，为其提供办公用品、办公事项等采购支出相关服务的信用卡。

3. 按照是否联名（认同）

信用卡按照是否联名（认同）分为联名（认同）卡和非联名（认同）卡。

联名（认同）卡是商业银行与营利性机构/非营利机构合作发行的银行卡附属产品，发卡银行和联名单位应当为联名持卡人在联名单位开办信用卡提供一定比例的折扣优惠或特殊服务；持卡人领用认同卡表示对认同单位事业的支持。

4. 其他分类方法

信用卡按照品牌可分为银联卡、威士卡、万事达卡、运通卡、JCB卡、大来卡和其他品牌卡。

信用卡按照账户币种分为人民币卡和外币卡。

信用卡按照信息载体分为磁条卡、芯片卡和磁条芯片复合卡。

信用卡按照卡片规格分为标准卡和异型卡。

信用卡按照是否有实体介质分为实体卡和数字信用卡。

（四）信用卡业务与一般个人贷款业务的异同

1. 相同点

信用卡的本质是发卡银行为持卡人提供的消费信用贷款，因此信用卡业务与一般个人贷款业务有相同的业务属性。

2. 不同点

（1）信用卡作为主要支付工具之一，本外币一体，可以跨境使用；个人贷款业务一般以本币为主，限于境内使用。

（2）信用卡一般具有免息还款期；一般个人贷款无免息还款期。

（3）商业银行个人信用卡（不含服务"三农"的惠农信用卡）透支不得用于生产经营、投资等非消费领域，应当用于消费领域；个人贷款资金不可用于投资领域，可按照规定将资金用于购房和生产经营。

 本节速览

信用卡	中国银联	分类	一般个人贷款

二、信用卡业务流程(中级考试内容)

(一)信用卡申请

1.申请

凡具有完全民事行为能力、资信状况良好的个人(附属卡除外),可凭本人有效身份证件和相关资料向发卡银行申领个人卡。

信用卡申请材料文本至少包含以下要素:

(1)申请人信息:申请人姓名、有效身份证件名称、证件号码、单位名称、单位地址、住宅地址、账单寄送地址、联系电话、联系人姓名、联系人电话、联系人验证信息、其他验证信息等。

(2)合同信息:领用合同(协议)、信用卡章程、重要提示、合同信息变更的通知方式等。

(3)费用信息:主要收费项目和收费水平、收费信息查询渠道、收费信息变更的通知方式等。

(4)其他信息:申请人已持有的信用卡及其授信额度、申请人声明、申请人确认栏和签名栏、发卡银行服务电话和银行网站、投诉渠道等。

"重要提示"应当在信用卡申请材料中以醒目方式列示,至少包括申请信用卡的基本条件、所需基本申请资料、计结息规则、年费/违约金/超限费收取方式、阅读领用合同(协议)并签字的提示、申请人信息的安全保密提示、非法使用信用卡行为相关的法律责任和处理措施的提示、其他对申请人信用和权利义务有重大影响的内容等信息。

发卡银行应当公开、明确告知申请人需提交的申请材料和基本要求,申请材料必须由申请人本人亲自签名,不得在客户不知情或违背客户意愿的情况下发卡。

发卡银行受理的信用卡附属卡申请材料必须由主卡持卡人以亲自签名、客户服务电话录音、电子签名或持卡人和发卡银行双方均认可的方式确认。

发卡银行应当根据总体风险管理要求确定信用卡申请材料的必填(选)要素,对信用卡申请材料出现漏填(选)必填信息或必选选项、他人代办(主卡持卡人代办附属卡除外)、他人代签名、申请材料未签名等情况的;对信用卡申请材料出现疑点信息、漏填审核意见、各级审核人员未签名(签章、输入工作代码)或系统审核记录缺失等情况的,不得核发信用卡。

典题精练

【例1·多项选择题】信用卡的"重要提示"应当在信用卡申请材料中以醒目方式列示,至少包括(　　)。

A.申请信用卡的基本条件　　　　B.所需基本申请资料

C.计结息规则　　　　　　　　　D.仅限本人使用的要求

E.申请人信息的安全保密提示

ABCE。【解析】"重要提示"应当在信用卡申请材料中以醒目方式列示,至少包括申请信用卡的基本条件、所需基本申请资料、计结息规则、年费/违约金/超限费收取方式、阅读领用合同(协议)并签字的提示、申请人信息的安全保密提示、非法使用信用卡行为相关的法律责任和处理措施的提示、其他对申请人信用和权利义务有重大影响的内容等信息。

2. 申请渠道

（1）营业网点受理办卡。客户本人到营业网点申请办理信用卡,应提供本人有效身份证件原件及相关资料证明文件,填写完整的信用卡申请表,并签字确认。营业网点经办员须做到"亲访亲签",禁止他人代客户签名办理。

（2）网上申请办卡。客户可通过发卡银行网站或登录个人网银、手机银行等自助终端完成一张或多张个人信用卡的申办业务。

（3）邀请办卡。

（4）手机空中发卡。对于已有发卡银行贷记卡的客户可通过手机完成空中自助发行异形芯片卡(手机 SD 卡/苹果配件/HCE 云闪付信用卡/各类 Pay 信用卡)等操作。

（5）电子银行渠道申请数字信用卡。客户可通过电话银行、网上银行、手机银行、短信银行等渠道申请数字信用卡。

（6）便携终端办卡。客户经理可通过信用卡便携终端的信用卡办卡功能为客户提供上门办卡服务。

（7）智能终端发卡。客户可持居民身份证通过智能终端在智能服务人员的帮助下申办信用卡。

（二）信用卡调查、授信审批

1. 调查审查

发卡银行应当对信用卡申请人开展资信调查,充分核实并完整记录申请人有效身份、财务状况、消费和信贷记录等信息,并确认申请人拥有固定工作、稳定的收入来源或可靠的还款保障,必要时可根据申请人的资信状况确定有效担保及担保方式。

信用卡申请人有以下情况时,应当从严审核,加强风险防控:

（1）在身份信息系统中留有相关可疑信息或违法犯罪记录。

（2）在征信系统中无信贷记录。

（3）在征信系统中有不良记录。

（4）在征信系统中有多家银行贷款或信用卡授信记录。

（5）单位代办商务差旅卡和商务采购卡。

（6）其他渠道获得的风险信息。

对首次申请本行信用卡的客户,不得采取全程系统自动发卡方式核发信用卡。

典题精练

【例2·单项选择题】信用卡申请人有（　　）情况时,应当从严审核,加强风险防控。

A. 在身份信息系统中留有相关可疑信息或违法犯罪记录

B. 在征信系统中有信贷记录

C. 在征信系统中无不良记录

D. 在征信系统中有一家银行贷款或信用卡授信记录

A。【解析】信用卡申请人有以下情况时,应当从严审核,加强风险防控:(1)在身份信息系统中留有相关可疑信息或违法犯罪记录。(2)在征信系统中无信贷记录。(3)在征信系统中有不良记录。(4)在征信系统中有多家银行贷款或信用卡授信记录。(5)单位代办商务差旅卡和商务采购卡。(6)其他渠道获得的风险信息。

2. 授信审批

"信用额度"指发卡银行根据持卡人的资信状况等为其核定、在卡片有效期内可循环使用的最高授信限额。信用额度根据使用期限可分为固定额度和临时额度。

发卡银行须对持卡人名下的多个信用卡账户授信额度、分期付款总体授信额度、附属卡授信额度、现金提取授信额度等合并管理,设定总授信额度上限。根据持卡人资信状况、用卡情况和风险信息对信用卡授信额度进行动态管理,并及时按照约定方式通知持卡人,必要时可以要求持卡人落实第二还款来源或要求其提供担保。

在已通过信用卡领用合同(协议)、书面协议、电子银行记录或客户服务电话录音等进行约定的前提下,发卡银行可以对超过 6 个月未发生交易的信用卡调减授信额度,但必须提前3 个工作日按照约定方式明确告知持卡人。

3. 学生信用卡特殊规定

向符合条件的同一申请人核发学生信用卡的发卡银行不得超过两家(附属卡除外)。在发放学生信用卡之前,发卡银行必须落实第二还款来源,取得第二还款来源方(父母、监护人或其他管理人等)愿意代为还款的书面担保材料,并确认第二还款来源方身份的真实性。

商业银行应当按照审慎原则制定学生信用卡业务的管理制度,根据业务发展实际情况评估、测算和合理确定本行学生信用卡的首次授信额度和根据用卡情况调整后的最高授信额度。学生信用卡不得超限额使用。在提高学生信用卡额度之前,发卡银行必须取得第二还款来源方(父母、监护人或其他管理人等)表示同意并愿意代为还款的书面担保材料。

(三)信用卡的使用

1. 卡片激活

发卡银行应当提供信用卡申请处理进度和结果的查询渠道。

发卡银行发放信用卡应当符合安全管理要求,卡片和密码应当分别送达并提示持卡人接收。信用卡卡片发放时,应当向持卡人书面告知信用卡账单日期、信用卡章程、安全用卡须知、客户服务电话、服务和收费信息查询渠道等信息,以便持卡人安全使用信用卡。

发卡银行应当建立信用卡激活操作规程,激活前应当对信用卡持卡人身份信息进行核对。对新发信用卡、挂失换卡、毁损换卡、到期换卡等必须激活后才能为持卡人开通使用。

信用卡未经持卡人激活,不得扣收任何费用。信用卡未经持卡人激活并使用,不得发放任何礼品或礼券。

2. 卡片使用

(1)收单。收单业务是指银行与特约商户签订协议,在特约商户按约定受理银行卡与持卡人达成交易后,为特约商户提供本外币交易资金结算服务的行为。收单银行结算时从特约商户得到交易单据和交易数据,并从交易款项中扣取一定比例的手续费。

特约商户可以是向客户提供商品或服务的企事业单位、个体经营户或其他组织,也可以是按照国家工商行政管理机关有关规定,开展网络商品交易等经营活动的自然人。

收单业务包括 POS 机收单业务、新型(二维码)收单业务和线上收单业务。

(2)透支。"透支"指持卡人使用发卡银行为其核定的信用额度进行支付的方式,包括消费透支、分期付款、取现透支、转账透支、透支扣收等。

消费透支是指客户可以在特约商户通过 POS 机刷卡、二维码进行消费，也可以在网站消费，或者订购物品授权消费等。"预授权"指特约商户就持卡人预计支付金额，提前向发卡银行取得付款承诺，并在持卡人获取商品或接受服务后，按实际交易金额通过预授权完成/确认交易进行支付结算的业务。

分期付款是指持卡人使用贷记卡消费时，银行向商户一次性支付持卡人所购商品或服务的消费资金，并根据持卡人申请，将消费资金在约定期限内分期通过持卡人贷记卡账户进行扣收，持卡人分期偿还的业务。

透支取现的额度根据持卡人用卡情况设定，最高不超过持卡人信用额度的50%，发卡银行一般对每卡每日累计透支取现额度进行上限控制，同时透支取现总额度不能超过可用取现额度。

发卡银行不得为信用卡转账（转出）和支取现金提供超授信额度用卡服务。信用卡透支转账（转出）和支取现金的金额两者合计不得超过信用卡的现金提取授信额度。

信用卡及其账户只限经发卡银行批准的持卡人本人使用，不得出租和转借。

典题精练

【例3·单项选择题】下列关于信用卡透支业务的说法中，不正确的是(   )。

A. 消费透支是指客户可以在特约商户通过 POS 机刷卡、二维码进行消费，也可以在网站消费，或者订购物品授权消费等

B. 分期付款是指持卡人使用贷记卡消费时，银行向商户一次性支付持卡人所购商品或服务的消费资金，并根据持卡人申请，将消费资金在约定期限内分期通过持卡人贷记卡账户进行扣收，持卡人分期偿还的业务

C. 透支取现的额度根据持卡人用卡情况设定，最高不超过持卡人信用额度的100%

D. 发卡银行不得为信用卡转账（转出）和支取现金提供超授信额度用卡服务

C。【解析】透支取现的额度根据持卡人用卡情况设定，最高不超过持卡人信用额度的50%，发卡银行一般对每卡每日累计透支取现额度进行上限控制，同时透支取现总额度不能超过可用取现额度。

3. 计息及还款方式

要点	内容
银行记账日	银行记账日指发卡银行根据持卡人发生的交易将交易款项记入其信用卡账户，或根据规定将费用（包括但不限于违约金、年费、手续费，下同）、利息等记入其信用卡账户的日期
对账单日	对账单日指发卡银行定期对持卡人的交易款项、费用等进行汇总，结计利息，计算出持卡人当期应还款项的日期
还款日	还款日指持卡人向发卡银行偿还其欠款的银行记账日期

（续表）

要点	内容
到期还款日	到期还款日指发卡银行与持卡人约定的,贷记卡持卡人归还当期应还款项或最低还款额的最后日期
免息还款期	免息还款期指贷记卡除取现及转账透支交易外,其他透支交易从银行记账日起至到期还款日(含)之间可享受免息待遇的时间段
当期应还款项	当期应还款项指截至当前对账单日,贷记卡持卡人累计已经发卡银行记账但未偿还的交易款项,以及利息、费用等的总和
最低还款额	最低还款额指发卡银行规定的贷记卡持卡人在到期还款日(含)前应该偿还的最低金额,是上一期账单最低还款额未还部分、当期账单透支余额一定比例的总和。最低还款额以对账单记载为准
违约金	违约金指贷记卡持卡人未能在到期还款日(含)前偿还最低还款额,按协议约定应向发卡银行支付的款项

（1）信用卡优惠计息方式。贷记卡持卡人非现金交易享受如下优惠条件：

①免息还款期待遇。银行记账日至发卡银行规定的到期还款日之间为免息还款期。免息还款期最长为 60 天。

②最低还款额待遇。

（2）信用卡无优惠计息方式。贷记卡持卡人选择最低还款额方式或超过发卡银行批准的信用额度用卡时,不再享受免息还款期待遇,应当支付未偿还部分自银行记账日起,按规定利率计算的透支利息。

贷记卡持卡人支取现金、准贷记卡透支,不享受免息还款期和最低还款额待遇,应当支付现金交易额或透支额自银行记账日起,按规定利率计算的透支利息。

发卡银行对贷记卡持卡人未偿还最低还款额和超信用额度用卡的行为,应当分别按最低还款额未还部分、超过信用额度部分的5%收取违约金和超限费。但信用卡未经持卡人申请并开通超授信额度用卡服务,不得以任何形式扣收超限费。

贷记卡透支按月计收复利,准贷记卡透支按月计收单利,透支利率为日利率0.5‰,同时,自 2021 年 1 月 1 日起,信用卡透支利率由发卡机构与持卡人自主协商确定,取消信用卡透支利率上限和下限管理。

（3）还款方式。客户可以选择全额还款或最低还款额还款,客户可于到期还款日(含)前自行转账还款、存入现金还款或通过办理自动还款功能由系统从转出账户自动扣款。

发卡银行收到持卡人还款时,按照以下顺序对其信用卡账户的各项欠款进行冲还:逾期 1～90 天(含)的,按照先应收利息或各项费用、后本金的顺序进行冲还;逾期 91 天以上的,按照先本金、后应收利息或各项费用的顺序进行冲还。

4.客户服务

（1）校验密码服务。发卡银行通过自助渠道提供信用卡查询和支付服务必须校验密码或信用卡校验码。

（2）24 小时挂失服务。

（3）信息查询服务。

（4）对账服务。发卡银行向持卡人提供对账单及其他服务凭证时,应当对信用卡卡号进行部分屏蔽,不得显示完整的卡号信息。

（5）投诉处理服务。

（6）到期换卡服务。对持卡人在信用卡有效期内未激活的信用卡账户,发卡银行不得提供到期换卡服务。

（7）销户服务。

（8）变更事项通知服务。在通过信用卡领用合同（协议）或书面协议对通知方式进行约定的前提下,发卡银行应当提前 45 天以上采用明确、简洁、易懂的语言将信用卡章程、产品服务等即将发生变更的事项通知持卡人。

（9）超授信额度用卡服务。持卡人可以采用口头（客户服务电话录音）、电子、书面的方式开通或取消超授信额度用卡服务。

发卡银行必须在为持卡人开通超授信额度用卡服务之前,提供关于超限费收费形式和计算方式的信息,并明确告知持卡人具有取消超授信额度用卡服务的权利。

发卡银行收取超限费后,应当在对账单中明确列出相应账单周期中的超限费金额。发卡银行在一个账单周期内只能提供一次超授信额度用卡服务,在一个账单周期内只能收取一次超限费。如果在两个连续的账单周期内,持卡人连续要求支付超限费以完成超过授信额度的透支交易,发卡银行必须在第二个账单周期结束后立即停止超授信额度用卡服务,直至信用卡未结清款项减少到信用卡原授信额度以下才能根据持卡人的再次申请重新开通超授信额度用卡服务。

典题精练

【例4·多项选择题】下列关于信用卡客户服务的说法中,正确的有（   ）。

A. 发卡银行向持卡人提供对账单及其他服务凭证时,不应当对信用卡卡号进行部分屏蔽,必须显示完整的卡号信息

B. 对持卡人在信用卡有效期内未激活的信用卡账户,发卡银行也应该提供到期换卡服务

C. 发卡银行通过自助渠道提供信用卡查询和支付服务必须校验密码或信用卡校验码

D. 持卡人可以采用口头（客户服务电话录音）、电子、书面的方式开通或取消超授信额度用卡服务

E. 发卡银行可以在为持卡人开通超授信额度用卡服务之前或之后,提供关于超限费收费形式和计算方式的信息,并明确告知持卡人具有取消超授信额度用卡服务的权利

CD。【解析】发卡银行向持卡人提供对账单及其他服务凭证时,应当对信用卡卡号进行部分屏蔽,不得显示完整的卡号信息。选项 A 不正确。对持卡人在信用卡有效期内未激活的信用卡账户,发卡银行不得提供到期换卡服务。选项 B 不正确。发卡银行必须在为持卡人开通超授信额度用卡服务之前,提供关于超限费收费形式和计算方式的信息,并明确告知持卡人具有取消超授信额度用卡服务的权利。选项 E 不正确。

本节速览

申请材料	重要提示	申请渠道	调查审查
信用额度	卡片激活	收单	透支
银行记账日	还款日	违约金	还款方式
客户服务	对账服务	销户服务	超限费

三、分期付款业务（中级考试内容）

（一）分期付款定义

分期付款是指持卡人使用信用卡消费时，银行向商户一次性支付其所购商品或服务（以下统称商品）的消费资金，并根据持卡人申请，将消费资金在约定期限内分期通过持卡人信用卡账户扣收，持卡人分期偿还的业务。分期付款业务不得用于房地产、投资等国家法律法规及监管政策禁止的用途。

（二）分期付款手续费

一般信用卡分期付款的手续费要低于同期信用卡取现利息，高于银行同期商业贷款利率。分期付款业务可针对不同客户进行差异化定价。

分期付款手续费收取方式分为首期收取和分期收取。首期收取，即于分期付款首期一次性收取全额分期付款手续费；分期收取，即按照分期期数逐期收取手续费。

（三）分期付款其他基本规定

分期付款期数分为 3、6、9、12、18、24、36 期（每月为 1 期）等。

分期付款金额应小于等于信用卡可用额度。

分期付款的首期扣款日一般为办理分期付款业务当日，以后每月的扣款日与首期扣款日一致。如果首期扣款日大于以后还款月的天数，则以后各月扣款日为当月最后一天。

分期付款每期本金扣款金额入账后全额计入下期最低还款额，其他如还款规则、计息规则以及违约金等费用计收规则与普通消费相同。

办理分期付款的信用卡挂失新开更换卡号后，可以继续在原账户中扣款，并可以通过新卡号办理分期付款的查询和调整业务。

分期付款业务可办理全额或部分退货。

办理分期付款业务的当日不得办理提前还款或展期。

对于在约定期限内银行尚未通过持卡人信用卡账户扣收的分期付款余额，可以办理全额提前还款，也可以办理部分金额的提前还款。

（四）分期业务的分类

分期付款业务根据业务类型分为商户直接分期（POS 机分期）、消费转分期、现金分期和专项分期。

(1) POS 机分期是指特约商户根据持卡人申请,通过具有银行分期付款功能的 POS 机具以分期交易方式完成消费,并按期偿还的业务。

(2) 消费转分期是指持卡人在消费后、到期还款日前的免息期内,将一笔或多笔符合条件的消费交易转为分期付款的业务。消费转分期包括账单分期,持卡人可申请将对账单中符合条件的消费交易转为分期付款业务。

(3) 现金分期是指银行根据持卡人申请,将持卡人信用卡中一定额度的资金转入本人借记卡,用于借款人指定消费用途,并由持卡人分期偿还的业务。一般现金分期等预借现金业务未偿还的预借现金余额最高不超过个人信用总额度的50%。

(4) 专项分期是指持卡人经银行核准获得专项授信额度后,使用专项分期信用卡按约定用途完成分期付款的业务。专项分期可用于购车、家装(居)、旅游、教育等约定消费用途。专项分期可分为信用类专项分期和担保类专项分期。

典题精练

【例5·单项选择题】(　　)是指银行根据持卡人申请,将持卡人信用卡中一定额度的资金转入本人借记卡,用于借款人指定消费用途,并由持卡人分期偿还的业务。

A. 商户直接分期　　　　　　B. 消费转分期

C. 现金分期　　　　　　　　D. 专项分期

C。【解析】现金分期是指银行根据持卡人申请,将持卡人信用卡中一定额度的资金转入本人借记卡,用于借款人指定消费用途,并由持卡人分期偿还的业务。一般现金分期等预借现金业务未偿还的预借现金余额最高不超过个人信用总额度的50%。

本节速览

分期付款	手续费	消费转分期	现金分期

四、风险管理(中级考试内容)

发卡银行应当根据信用卡业务发展情况,建立完善的风险管理制度,包括信用卡资金用途管理、异常交易及持卡人资信状况监测、风险资产分类管理、追偿催收制度、逾期资产处置等,使信用卡业务风险保持在合理可控的水平。

(一)资金用途管理

信用卡资金应用于合法合规的消费用途,不得以任何形式流入证券市场、期货市场,不得用于股本权益性投资,不得用于生产经营(不含服务"三农"的惠农信用卡),不得用于房地产项目开发,不得用于购房,不得用于购买理财产品,不得用于投资账户交易类产品,不得用于购买债券,不得用于借贷,不得用于洗钱等违法犯罪活动,不得用于其他法律法规、规章、规范性文件明确规定禁入的领域。

（二）风险监测

发卡银行应配备必要的设备、系统和人员,确保24小时交易授权和实时监控,对出现可疑交易的信用卡账户应及时采取与持卡人联系确认、调整授信额度、锁定账户、紧急止付等风险管理措施。发卡银行应当对可疑交易采取电话核实、调查或实地走访等方式进行风险排查并及时处理,必要时应当及时向公安机关报案。

发卡银行从公安机关、司法机关、持卡人本人、亲属、交易监测或其他渠道获悉持卡人出现身份证件被盗用、家庭财务状况恶化、还款能力下降、预留联系方式失效、资信状况恶化、有非正常用卡行为等风险信息时,应当立即停止上调额度、超授信额度用卡服务授权、分期业务授权等可能扩大信用风险的操作,并视情况采取提高交易监测力度、调减授信额度、止付、冻结或落实第二还款来源等风险管理措施。

发卡银行不得将信用卡发卡营销、领用合同（协议）签约、授信审批、交易授权、交易监测、资金结算等核心业务外包给发卡业务服务机构。

（三）信用卡风险资产分类管理

依据逾期天数等相关风险表现,风险资产划分为正常、关注、次级、可疑、损失五类。

（四）信用卡催收

发卡银行可通过扣减持卡人保证金、依法处理抵押物和质物、向保证人追索透支款项、通过司法机关诉讼程序等途径追偿透支款项和诈骗款项。

发卡银行应当建立信用卡欠款催收管理制度,规范信用卡催收策略、权限、流程和方式,有效控制业务风险。

发卡银行应当及时就即将到期的透支金额、还款日期等信息提醒持卡人。

信用卡催收函件应当对持卡人充分披露以下基本信息:持卡人姓名和欠款余额,催收事由和相关法规,持卡人相关权利和义务,查询账户状态、还款、提出异议和提供相关证据的途径,发卡银行联系方式,相关业务公章,监管机构规定的其他内容。

发卡银行应当对债务人本人及其担保人进行催收,不得对与债务无关的第三人进行催收,不得采用暴力、胁迫、恐吓或辱骂等不当催收行为。对催收过程应当进行录音,录音资料至少保存2年备查。

发卡银行不得对催收人员采用单一以欠款回收金额提成的考核方式。

催收方式主要包括短信催收、电话催收（含语音外呼催收）、信函催收、律师函催收、上门催收、司法催收、合作催收等。

要点	内容
短信催收	短信催收是以短信的方式通知持卡人按时还款
电话催收	语音外呼是指系统向逾期持卡人的手机提供实时、单向、精确的语音催收。 人工电话催收是人工以电话方式提醒或敦促持卡人还款,同时引导持卡人正确用卡。一般情况下,早、中期逾期的账户主要采取电话方式进行催收

（续表）

要点	内容
信函催收	信函催收是通过寄送通知书的方式对持卡人进行催收
律师函催收	律师函催收是通过与发卡银行有合作关系的律师事务所向逾期持卡人寄送律师函，敦促持卡人还款
上门催收	上门催收是对逾期时间较长的透支户或高风险持卡人通过上门调查交涉的方式进行催收
司法催收	司法催收是对满足司法催收条件且需进行司法催收的持卡人通过提起民事诉讼或向公安机关报案等方式进行催收
合作催收	合作催收指银行将原由行内负责催收的违约透支部分或全部委托行外第三方机构，由其在发卡银行授权的基础上向持卡人催收、主张债权，持卡人向银行偿还信用卡债务的行为和过程

典题精练

【例6·单项选择题】下列关于信用卡催收的说法中，不正确的是(　　　)。

A. 发卡银行可通过扣减持卡人保证金、依法处理抵押物和质物、向保证人追索透支款项等途径追偿透支款项和诈骗款项，但不可通过司法机关诉讼程序

B. 发卡银行应当及时就即将到期的透支金额、还款日期等信息提醒持卡人

C. 发卡银行应当对债务人本人及其担保人进行催收，不得对与债务无关的第三人进行催收，不得采用暴力、胁迫、恐吓或辱骂等不当催收行为

D. 对催收过程应当进行录音，录音资料至少保存2年备查

【答案】A。【解析】发卡银行可通过扣减持卡人保证金、依法处理抵押物和质物、向保证人追索透支款项、通过司法机关诉讼程序等途径追偿透支款项和诈骗款项。

(五)逾期资产处置

发卡银行应加强信用卡风险资产认定，强化逾期资产管理，对逾期资产及时采取扣收、个性化分期还款、核销、资产证券化等方式进行处置，提升信贷资产质量管控水平。

1. 扣收

若持卡人经银行催收仍未能清偿其欠款，银行有权依据国家法律法规相关规定从持卡人在本行开立的任何账户中直接扣收。

2. 个性化分期还款

在特殊情况下，确认信用卡欠款金额超出持卡人还款能力且持卡人仍有还款意愿的，发卡银行可以与持卡人平等协商，达成个性化分期还款协议。个性化分期还款协议的最长期限不得超过5年。

个性化分期还款协议的内容应当至少包括：

(1)欠款余额、结构、币种。

(2)还款周期、方式、币种、日期和每期还款金额。

（3）还款期间是否计收年费、利息和其他费用。

（4）持卡人在个性化分期还款协议相关款项未全部结清前，不得向任何银行申领信用卡的承诺。

（5）双方的权利义务和违约责任。

（6）与还款有关的其他事项。

3. 核销

呆账核销是指对符合呆账认定条件的债权，按照规定的程序和要求报批，并进行相应核销账务处理的行为。

4. 资产证券化

信贷资产证券化是银行作为发起机构，将信托资产信托给受托机构，由受托机构以资产支持证券的形式向投资机构发行受益证券，并以该财产所产生的现金支付资产支持证券收益的结构性融资活动。

典题精练

【例7·多项选择题】个性化分期还款协议的内容应当至少包括（　　）。

A. 欠款余额、结构、币种

B. 还款周期、方式、币种、日期和每期还款金额

C. 还款期间是否计收年费、利息和其他费用

D. 持卡人在个性化分期还款协议相关款项未全部结清前，可以向其他银行申领信用卡

E. 双方的权利义务和违约责任

ABCE。【解析】个性化分期还款协议的内容应当至少包括：（1）欠款余额、结构、币种。（2）还款周期、方式、币种、日期和每期还款金额。（3）还款期间是否计收年费、利息和其他费用。（4）持卡人在个性化分期还款协议相关款项未全部结清前，不得向任何银行申领信用卡的承诺。（5）双方的权利义务和违约责任。（6）与还款有关的其他事项。

本节速览

资金用途	风险监测	风险资产分类	催收
逾期资产	分期还款	核销	资产证券化

五、发展趋势（中级考试内容）

（一）移动支付技术兴起

2015年，银联联合主要金融机构、手机厂商等发布"云闪付"，结合NFC、HCE、TSM和Token等支付创新技术，通过智能手机终端实现"空中发卡、非接闪付、网上支付"。信用卡支付方式呈现多元化发展趋势，其中以卡基为基础的闪付和以移动终端为基础的HCE云支付将成为主要支付形态。

目前，工商银行、中国银行、建设银行、浦发银行等都已开展虚拟信用卡业务。

（二）信用卡全流程互联网化

1. 申请

网络办卡创新了传统人工柜台面对面的办理方式，社交平台、各类移动客户端 APP 均可作为客户申请界面的创新选择，大幅提升了信用卡申请的时效性。

2. 审批

银行结合内部评分和外部征信数据，创新征信工具与手段，优化处理流程，不断提升自动化审批水平。

3. 发卡

虚拟信用卡使用安全的电子账号替代传统的实体卡，可以节约制卡、邮寄等环节所需时间。

4. 服务

通过将手机银行绑定移动客户端 App、社交平台、电子邮箱等，培养客户使用自助渠道的习惯，通过智能机器人等技术应用推行"智慧客服"，改变原先人工服务的流程。

（三）信用卡的"精耕细作"运营

目前，国内信用卡市场已相当成熟，逐渐从"卖方市场"转向"买方市场"，这促使银行不断对产品升级换代，对获客渠道深度挖掘。

场景化营销现已成为信用卡营销的主流趋势。场景化营销针对消费者在指定场景产生的心理状态或消费需求，将产品的卖点嵌入该场景中，达到促使目标人群产生购买行为的效果。

（四）深度整合多种金融产品

信用卡具有"海量用户""大数据优势""具有普惠能力""小额、高频、快速"等特点。

 **本节速览**

移动支付	互联网化	买方市场	大数据优势

同步自测

一、单项选择题（在以下各小题所给出的四个选项中，只有一个选项符合题目要求，请将正确选项的代码填入括号内）

1. 下列不属于信用卡功能的是（　　　）。

　　A. 消费支付　　　　　　　　　　B. 分期付款

　　C. 投资理财　　　　　　　　　　D. 转账结算

2. 信用卡应充分披露的基本信息不包括（　　　）。

　　A. 发卡银行法人名称　　　　　　B. 卡片种类

　　C. 持卡人签名条　　　　　　　　D. 持卡人姓名拼音、中文姓名

3. 信用卡于 1915 年起源于（　　　）。

　　A. 中国　　　　　　　　　　　　B. 美国

　　C. 日本　　　　　　　　　　　　D. 英国

4.广东发展银行发行了中国内地第一张真正意义上的国际标准信用卡。这属于信用卡发展阶段中的(　　　)。

　　A."互联网＋"发展阶段　　　　　　　　B.初步发展阶段

　　C.走向国际标准初级阶段　　　　　　　D.快速发展阶段

5.在已通过信用卡领用合同(协议)、书面协议、电子银行记录或客户服务电话录音等进行约定的前提下,发卡银行可以对超过(　　　)个月未发生交易的信用卡调减授信额度。

　　A.2　　　　　　　　　　　　　　　　　B.6

　　C.9　　　　　　　　　　　　　　　　　D.12

6.下列关于信用卡激活的说法中,不正确的是(　　　)。

　　A.发卡银行应当提供信用卡申请处理进度和结果的查询渠道

　　B.发卡银行发放信用卡应当符合安全管理要求,卡片和密码应当分别送达并提示持卡人接收

　　C.发卡银行应当建立信用卡激活操作规程,激活前应当对信用卡持卡人身份信息进行核对

　　D.信用卡一经办理,不管激活与否,都可以向持卡人发放礼品或礼券

7.(　　　)指发卡银行定期对持卡人的交易款项、费用等进行汇总,结计利息,计算出持卡人当期应还款项的日期。

　　A.银行记账日　　　　　　　　　　　　B.对账单日

　　C.还款日　　　　　　　　　　　　　　D.到期还款日

8.银行记账日至发卡银行规定的到期还款日之间为免息还款期。免息还款期最长为(　　　)天。

　　A.45　　　　　　　　　　　　　　　　　B.53

　　C.60　　　　　　　　　　　　　　　　　D.73

二、多项选择题(在以下各小题所给出的选项中,至少有两个选项符合题目要求,请将正确选项的代码填入括号内)

1.信用卡按照品牌可分为(　　　)。

　　A.银联卡　　　　　　　　　　　　　　B.威士卡

　　C.百事卡　　　　　　　　　　　　　　D.万事达卡

　　E.运通卡

2.下列关于信用卡业务与一般个人贷款业务的异同的说法中,正确的有(　　　)。

　　A.信用卡的本质是发卡银行为持卡人提供的消费信用贷款

　　B.信用卡作为主要支付工具之一,本外币一体,可以跨境使用;个人贷款业务一般以本币为主,限于境内使用

　　C.信用卡一般具有免息还款期;一般个人贷款无免息还款期

　　D.信用卡业务银行收取手续费,一般计入银行的"利息收入",手续费金额以"费率"计算;个人贷款业务银行收取利息,一般计入银行的"中间业务收入",利息金额以"利率"计算

　　E.信用卡资金可按照规定将资金用于购房和生产经营,但不可用于投资领域;个人贷款资金只允许消费使用,不可用于投资、房地产、生产经营等领域

3.下列关于分期付款基本规定的说法中,正确的有(　　　)。

　　A.分期付款期数分为3、6、9、12、18、24、36 期(每月为 1 期)等

B. 分期付款金额都等于信用卡可用额度

C. 分期付款每期本金扣款金额入账后全额计入下期最低还款额，其他如还款规则、计息规则以及违约金等费用计收规则与普通消费相同

D. 分期付款业务不可办理退货

E. 办理分期付款的信用卡挂失新开更换卡号后，可以继续在原账户中扣款，并可以通过新卡号办理分期付款的查询和调整业务

4. 下列关于信用卡催收的说法中，正确的有(　　　)。

A. 短信催收是以短信的方式通知持卡人按时还款

B. 语音外呼是指系统向逾期持卡人的手机提供实时、单向、精确的语音催收

C. 语音外呼不属于电话催收

D. 信函催收是通过寄送通知书的方式对持卡人进行催收

E. 上门催收可针对所有逾期持卡人进行催收

三、判断题(请判断以下各小题的正误，正确的选 A，错误的选 B)

1. 客户本人到营业网点申请办理信用卡，应提供本人有效身份证件原件及相关资料证明文件，填写完整的信用卡申请表，并签字确认。营业网点经办员可以代客户签名办理。　　　　(　　)

A. 正确　　　　　　　　　　　　　　B. 错误

2. 发卡银行须对持卡人名下的多个信用卡账户授信额度、分期付款总体授信额度、附属卡授信额度、现金提取授信额度等合并管理，设定总授信额度上限。额度上限一经设置，不得更改。　　　　(　　)

A. 正确　　　　　　　　　　　　　　B. 错误

3. 向符合条件的同一申请人核发学生信用卡的发卡银行不得超过两家(附属卡除外)。　　(　　)

A. 正确　　　　　　　　　　　　　　B. 错误

4. 发卡银行应当建立信用卡激活操作规程，激活前应当对信用卡持卡人身份信息进行核对。对新发信用卡、挂失换卡、毁损换卡、到期换卡等无须激活即可使用。　　　　(　　)

A. 正确　　　　　　　　　　　　　　B. 错误

5. 发卡银行对贷记卡持卡人未偿还最低还款额和超信用额度用卡的行为，应当分别按最低还款额未还部分、超过信用额度部分的5%收取违约金和超限费。　　　　(　　)

A. 正确　　　　　　　　　　　　　　B. 错误

答案详解

一、单项选择题

1. C。【解析】信用卡具有消费支付、分期付款、转账结算、存取现金等全部或者部分功能。

2. D。【解析】信用卡卡面须对持卡人充分披露以下基本信息：发卡银行法人名称、品牌标识及防伪标志、卡片种类(信用卡、贷记卡、准贷记卡等)、卡号、持卡人姓名拼音

(外文姓名)、有效期、持卡人签名条、安全校验码、注意事项、客户服务电话、银行网站地址。

3. B。【解析】信用卡于1915年起源于美国。

4. C。【解析】1995年3月，广东发展银行发行了中国内地第一张真正意义上的国际标准信用卡。中国信用卡与国际接轨的序幕

由此拉开。这属于信用卡走向国际标准初级阶段。

5.B。【解析】在已通过信用卡领用合同（协议）、书面协议、电子银行记录或客户服务电话录音等进行约定的前提下，发卡银行可以对超过6个月未发生交易的信用卡调减授信额度，但必须提前3个工作日按照约定方式明确告知持卡人。

6.D。【解析】信用卡未经持卡人激活，不得扣收任何费用。信用卡未经持卡人激活并使用，不得发放任何礼品或礼券。

7.B。【解析】"对账单日"指发卡银行定期对持卡人的交易款项、费用等进行汇总，结计利息，计算出持卡人当期应还款项的日期。

8.C。【解析】银行记账日至发卡银行规定的到期还款日之间为免息还款期。免息还款期最长为60天。

二、多项选择题

1.ABDE。【解析】信用卡按照品牌可分为银联卡、威士卡、万事达卡、运通卡、JCB卡、大来卡和其他品牌卡。

2.ABC。【解析】信用卡业务银行收取手续费，一般计入银行的"中间业务收入"，手续费金额以"费率"计算；个人贷款业务银行收取利息，一般计入银行的"利息收入"，利息金额以"利率"计算。选项D不正确。信用卡资金只允许消费使用，不可用于投资、房地产、生产经营等领域；个人贷款资金可按照规定将资金用于购房和生产经营，但不可用于投资领域。选项E不正确。

3.ACE。【解析】分期付款金额应小于等于信用卡可用额度。选项B不正确。分期付款

业务可办理全额或部分退货。选项D不正确。

4.ABD。【解析】语音外呼属于电话催收。选项C不正确。上门催收是对逾期时间较长的透支户或高风险持卡人通过上门调查交涉的方式进行催收。选项E不正确。

三、判断题

1.B。【解析】客户本人到营业网点申请办理信用卡，应提供本人有效身份证件原件及相关资料证明文件，填写完整的信用卡申请表，并签字确认。营业网点经办员须做到"亲访亲签"，禁止他人代客户签名办理。

2.B。【解析】发卡银行须对持卡人名下的多个信用卡账户授信额度、分期付款总体授信额度、附属卡授信额度、现金提取授信额度等合并管理，设定总授信额度上限。根据持卡人资信状况、用卡情况和风险信息对信用卡授信额度进行动态管理，并及时按照约定方式通知持卡人，必要时可以要求持卡人落实第二还款来源或要求其提供担保。

3.A。【解析】向符合条件的同一申请人核发学生信用卡的发卡银行不得超过两家（附属卡除外）。

4.B。【解析】发卡银行应当建立信用卡激活操作规程，激活前应当对信用卡持卡人身份信息进行核对。对新发信用卡、挂失换卡、毁损换卡、到期换卡等必须激活后才能为持卡人开通使用。

5.A。【解析】发卡银行对贷记卡持卡人未偿还最低还款额和超信用额度用卡的行为，应当分别按最低还款额未还部分、超过信用额度部分的5%收取违约金和超限费。

要点导图

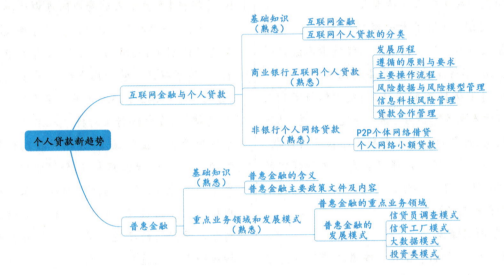

知识解读

一、互联网金融与个人贷款（中级考试内容）

（一）基础知识

1. 互联网金融

传统金融机构与互联网企业利用互联网技术和信息通信技术实现资金融通、支付、投资和信息中介服务的新型金融业务模式即互联网金融。

促进互联网金融健康发展，有利于提升金融服务质量和效率，深化金融改革，促进金融创新发展，扩大金融业对内对外开放，构建多层次金融体系。

互联网金融的范畴大致包含以下几个领域：一是银行、证券、保险、基金、信托和消费金融等金融机构依托互联网技术，实现传统金融业务与服务转型升级，开发基于互联网技术的新产品和新服务；二是有条件的金融机构建设创新型互联网平台开展网络银行、网络证券、网络保险、网络基金销售和网络消费金融等业务；三是互联网企业依法合规设立互联网支付机构、网络借贷平台、股权众筹融资平台、网络金融产品销售平台，建立服务实体经济的多层次金融服务体系，更好地满足中小微企业和个人投融资需求，进一步拓展普惠金融的广度和深度;四是电子商务企业在符合金融法律法规规定的条件下自建和完善线上金融服务体系,有效拓展电商供应链业务。

互联网金融本质仍属于金融,没有改变金融风险隐蔽性、传染性、广泛性和突发性的特点,其传染性、涉众性反而更强,网络数据信息安全风险也更加突出。互联网金融跨界、跨区域交叉混业特征明显,使得风险扩散速度更快,溢出效应更强。

加强互联网金融监管是促进互联网金融健康发展的内在要求。发展互联网金融应坚持服务实体经济的根本宗旨,坚持防范金融风险的基本底线,提高金融监管的有效性。

2.互联网个人贷款的分类

要点	内容
按照贷款提供主体的资金来源分类	按照贷款提供主体的资金来源,互联网个人贷款可以分为商业银行互联网个人贷款和非银行个人网络贷款。商业银行互联网个人贷款本质上仍然是个人贷款,要遵循《商业银行互联网贷款管理暂行办法》的相关规定。商业银行互联网个人贷款通常具有"流程线上化""审批时限短""随借随还"以及"额度低""期限短"等特点。非银行个人网络贷款业务也可以分为个体网络借贷和个人网络小额贷款
按照个人贷款使用是否具有特定场景分类	按照个人贷款使用是否具有特定场景,可以分为场景化个人贷款与非场景化个人贷款。场景化是指放贷机构向客户发放的贷款仅适用于确定的某一场景;非场景化个人贷款的发放不要求特定的消费场景,放贷机构直接以现金方式支付给借款人,具体用途由借款人确定
按照客户是否具有较强的资信证明分类	按照客户是否具有较强的资信证明,可以分为有强增信基础的个人贷款,非强增信基础的个人贷款

典题精练

【例1·单项选择题】京东白条、蚂蚁借呗等时下热门的借款方式属于(　　　)。

A.个体网络借贷　　　　　B.个人网络小额贷款

C.场景化个人贷款　　　　D.银行个人贷款

B。【解析】个人网络小额贷款是指持牌的小额贷款公司,利用互联网向个人客户提供的小额贷款,如京东白条、蚂蚁借呗等。

(二)商业银行互联网个人贷款

1.发展历程

第一阶段:商业银行内部个贷业务部分流程的内部网络线上化,包括初期的电子渠道提交申请材料、通过电子渠道放款等较为简单的模式。

第二阶段:个贷业务全流程电子化,包括在电子渠道提交申请材料、审核、审批与发放贷款。

第三阶段：基于商业银行自身数据库，对客户包括存款、资产、理财、贷款等在内的各类信息，加以综合分析，主动向客户发放的小额信用贷款，是银行互联网个人贷款的初级形态。

第四阶段：商业银行以银行数据、社会信息、互联网大数据等为基础对客户身份信息、行为模式、消费能力、社交信息等进行综合分析，从而对信用情况做出判断，通过互联网平台进行全流程管理的个人贷款，是真正意义上的商业银行互联网个人贷款。

2. 遵循的原则与要求

要点	内容
主要原则	商业银行互联网个人贷款应遵循小额、短期、高效和风险可控的原则。单户用于消费的个人信用贷款授信额度应当不超过人民币 20 万元，到期一次性还本的，授信期限不超过一年。对期限超过一年的上述贷款，至少每年对该笔贷款对应的授信进行重新评估和审批
主要要求	制定发展规划；实施统一管理；本地经营为主；健全权益保护

3. 主要操作流程

（1）贷款营销。商业银行自身或通过合作机构向目标客户推介互联网贷款产品时，应当在醒目位置充分披露贷款主体、贷款条件、实际年利率、年化综合资金成本、还本付息安排、逾期清收、咨询投诉渠道和违约责任等基本信息，保障客户的知情权和自主选择权，不得采取默认勾选、强制捆绑销售等方式剥夺消费者意愿表达的权利。

（2）信息核验。

（3）授信审批。商业银行应当构建有效的风险评估、授信审批和风险定价模型，加强统一授信管理，运用风险数据，结合借款人已有债务情况，审慎评估借款人还款能力，确定借款人信用等级和授信方案。

（4）电子签约。商业银行应当与借款人及其他当事人采用数据电文形式签订借款合同及其他文书。

（5）贷款支付。商业银行应当按照借款合同约定，对贷款资金的支付进行管理与控制，贷款支付应由具有合法支付业务资质的机构执行。商业银行应加强对支付账户的监测和对账管理，发现风险隐患的，应立即预警并采取相关措施。采用自主支付方式的，应当根据借款人过往行为数据、交易数据和信用数据等，确定单日贷款支付限额。

（6）贷后管理。

要点	内容
归还本息	借款人可按照合同约定的还款方式按期归还贷款本息，也可以选择提前归还部分贷款本息，或者提前归还全部贷款本息，结清全部贷款额度
风险监测	通过建立风险监测预警模型，对借款人财务、信用、经营等情况进行监测，设置合理的预警指标与预警触发条件，及时发出预警信号，必要时应通过人工核查作为补充手段

（续表）

要点	内容
用途监测	采取适当方式对贷款用途进行监测,发现借款人违反法律法规或未按照约定用途使用贷款资金的,应当按照合同约定提前收回贷款,并追究借款人相应责任
审计检查	完善内部审计体系,独立客观开展内部审计,审查评价、督促改善互联网贷款业务经营、风险管理和内控合规效果
不良处置	互联网贷款如发生逾期未还,按照效率优先的原则选择适宜的手段,如电话、委外、诉讼等进行催收处置,形成不良的,应当按照其性质及时制定差异化的处置方案,提升处置效率
档案管理	商业银行应当按照相关法律法规的要求,储存、传递、归档以数据电文形式签订的借款合同、信贷流程关键环节和节点的数据
合同终止	借款人到期归还全部贷款本息,贷款额度失效,贷款合同终止。借款人逾期后经催收处置偿还贷款全部本息,贷款额度失效,贷款合同终止

4. 风险数据与风险模型管理

要点	内容
风险数据	互联网个人贷款的风险数据是指商业银行在对借款人进行身份确认,以及贷款风险识别、分析、评价、监测、预警和处置等环节收集、使用的各类内外部数据
风险模型	互联网个人贷款的风险模型是指应用于互联网贷款业务全流程的各类模型,包括但不限于身份认证模型、反欺诈模型、反洗钱模型、合规模型、风险评价模型、风险定价模型、授信审批模型、风险预警模型、贷款清收模型等
风险数据管理	商业银行进行互联网个人贷款借款人信息核验、授信审批、贷后管理时,应当至少包含借款人姓名、身份证号、联系电话、银行账户以及其他开展风险评估所必需的基本信息。 收集、使用借款人风险数据应当遵循合法、必要、有效的原则,不得违反法律法规和借贷双方约定,不得将风险数据用于从事与贷款业务无关或有损借款人合法权益的活动,不得向第三方提供借款人风险数据,法律法规另有规定的除外。 对风险数据进行必要的处理,以满足风险模型对数据精确性、完整性、一致性、时效性、有效性等的要求
风险模型管理	(1)合理分配模型管理职责。 (2)科学构建风险模型。 (3)建立风险模型评审机制。 (4)建立有效的风险模型日常监测体系。 (5)建立风险模型退出处置机制。 (6)记录风险模型开发至退出的全过程

5. 信息科技风险管理
(1)提高互联网贷款信息系统的可用性和可靠性。

（2）采取必要的网络安全防护措施。

（3）加强客户端程序安全。

（4）保障借款人数据安全。

（5）评估合作机构信息服务能力。每年对与合作机构的数据交互进行信息科技风险评估，并形成风险评估报告，确保不因合作而降低商业银行信息系统的安全性，确保业务连续性。

典题精练

【例2·单项选择题】（　　）对与合作机构的数据交互进行信息科技风险评估，并形成风险评估报告，确保不因合作而降低商业银行信息系统的安全性，确保业务连续性。

A. 每年　　　　　　　　　　　B. 每两年

C. 每月　　　　　　　　　　　D. 每半年

A。【解析】每年对与合作机构的数据交互进行信息科技风险评估，并形成风险评估报告，确保不因合作而降低商业银行信息系统的安全性，确保业务连续性。

6. 贷款合作管理

互联网个人贷款业务中的合作机构是指在互联网贷款业务中，与商业银行在营销获客、共同出资发放贷款、支付结算、风险分担、信息科技、逾期清收等方面开展合作的各类机构，包括但不限于银行业、保险公司等金融机构和小额贷款公司、融资担保公司、电子商务公司、非银行支付机构、信息科技公司等非金融机构。对合作机构管理有如下要求：

（1）准入白名单管理。

（2）分层分类管理。

（3）严格准入评估。准入前评估主要从经营情况、管理能力、风控水平、技术实力、服务质量、业务合规和机构声誉等方面对合作机构展开。选择共同出资发放贷款的合作机构，还应重点关注合作方资本充足水平、杠杆率、流动性水平、不良贷款率、贷款集中度及其变化，审慎确定合作机构名单。

（4）签订书面合作协议。书面合作协议应当按照收益和风险相匹配的原则。

（5）尽职提示。在借款合同和产品要素说明界面等相关页面中，以醒目方式向借款人充分披露合作类产品的贷款主体、实际年利率、年化综合资金成本、还本付息安排、逾期清收、咨询投诉渠道、违约责任等信息。

（6）联合放贷独立原则。

（7）适度分散合作。

（8）限额管理与集中度管控。

（9）防范合作增信风险。

（10）禁止暴力催收合作。

（11）持续管理动态评估。对合作机构应当至少每年全面评估一次，发现合作机构无法继续满足准入条件的，应当及时终止合作关系，合作机构在合作期间有严重违法违规行为的，应当及时将其列入本行禁止合作机构名单。

典题精练

【例3·多项选择题】互联网个人贷款业务中的合作机构是指在互联网贷款业务中,与商业银行在营销获客、共同出资发放贷款、支付结算、风险分担、信息科技、逾期清收等方面开展合作的各类机构,包括但不限于(   )。

A. 中央银行　　　　　　　　　B. 小额贷款公司

C. 融资担保公司　　　　　　　D. 信息科技公司

E. 非银行支付机构

BCDE。【解析】互联网个人贷款业务中的合作机构是指在互联网贷款业务中,与商业银行在营销获客、共同出资发放贷款、支付结算、风险分担、信息科技、逾期清收等方面开展合作的各类机构,包括但不限于银行业、保险公司等金融机构和小额贷款公司、融资担保公司、电子商务公司、非银行支付机构、信息科技公司等非金融机构。

(三)非银行个人网络贷款

1. P2P个体网络借贷

P2P个体网络借贷就是借助互联网进行的"个人对个人借贷"。P2P借贷通过网络借贷中介平台,实现借贷双方达成合意、资源互补的目的。P2P个体网络借贷发展历程大致分为以下几个阶段:

(1)个体网络借贷兴起(2007—2011年)。我国第一家网络借贷平台拍拍贷成立于2007年。

(2)快速扩张(2012—2013年)。

(3)风险爆发(2014—2015年)。

(4)治理与退出(2016—2020年)。

2. 个人网络小额贷款

要点	内容
定义	个人网络小额贷款即贷款对象为个人客户的网络小额贷款。网络小额贷款业务通常是指小额贷款公司利用大数据、云计算、移动互联网等技术手段,运用互联网平台积累的客户经营、网络消费、网络交易等内生数据信息以及通过合法渠道获取的其他数据信息,分析评定借款客户信用风险,确定贷款方式和额度,并在线上完成贷款申请、风险审核、贷款审批、贷款发放和贷款回收等流程的小额贷款业务
特征	(1)额度较小。 (2)审核简单。 (3)放款较快。 (4)借款期限较为灵活,可按客户贷款金额合理制定,客户自由选择,随借随还
存在的问题	(1)标准不一,统一监管难度较大。 (2)跨省经营特征与地方金融办属地监管特性不一致,异地监管在操作性、及时性上还存在不足。 (3)变相收费、暴力催收

（续表）

要点	内容
主要风险	（1）信用风险。主要包括客户身份真实性风险、系统信用评价模型准确性风险、贷款用途合规性风险、风险缓释手段不足风险、不良客户通过网络信贷进行洗钱和恐怖融资风险等。 （2）政策与行业风险。 （3）技术性风险。 （4）资本金风险
应对措施与管理要求	（1）坚持小额分散。 （2）强化资金管理和用途管理。 （3）注重服务当地。 （4）加强信息披露与客户权益保护

典题精练

【例4·多项选择题】网络小额贷款存在的主要风险有（　　）。

A. 信用风险　　　　　　　　　　B. 政策与行业风险

C. 市场风险　　　　　　　　　　D. 技术性风险

E. 资本金风险

ABDE。【解析】网络小额贷款存在的主要风险有：（1）信用风险。（2）政策与行业风险。（3）技术性风险。（4）资本金风险。

本节速览

互联网金融	互联网个人贷款	风险数据	信息科技风险管理
P2P个体网络借贷	个体网络小额贷款	主要风险	应对措施

二、普惠金融（中级考试内容）

（一）基础知识

1.普惠金融的含义

普惠金融是指立足机会平等要求和商业可持续原则，以可负担的成本为有金融服务需求的社会各阶层和群体提供适当、有效的金融服务。

普惠金融的内涵主要包括以下三方面：一是普惠金融是一种理念，其实质是信贷和金融融资渠道等的公平性问题。二是普惠金融是一种创新，为让每个人都获得金融服务，应在金融体系内进行制度、机构、产品和科技等方面的创新。三是普惠金融是一种责任，主要任务是为传统或正规金融机构体系之外的广大中、低收入阶层甚至是贫困人口提供机会，为贫困、低收入人口和微小企业提供可得性金融服务。

小微企业、农民、城镇低收入人群、贫困人群和残疾人、老年人等特殊群体是当前我国普惠金融重点服务对象。

普惠金融服务提供机构主要有三类：第一类是银行类金融机构，主要包括各类商业银行、信用社等；第二类是非银行的机构，主要包括 P2P 网贷平台、消费金融公司、小额贷款公司等；第三类是合作性质、协会性质、基金会性质的机构。

典题精练

【例 5 · 单项选择题】下列不属于当前我国普惠金融重点服务对象的是(　　)。

A. 小微企业　　　　　　　　　　B. 农民

C. 国有企业　　　　　　　　　　D. 贫困人群

C。【解析】小微企业、农民、城镇低收入人群、贫困人群和残疾人、老年人等特殊群体是当前我国普惠金融重点服务对象。

2. 普惠金融主要政策文件及内容

普惠金融概念的提出始于联合国 2005 年宣传小额信贷年时，后被联合国和世界银行大力推行。它是指能有效、全方位为社会所有阶层和群体提供服务的金融体系，实际上就是让所有人享受更多的金融服务，更好地支持实体经济发展。

要点	内容
中国人民银行《关于对普惠金融实施定向降准通知》	将定向降准政策考核范围由现行的小微企业贷款和涉农贷款调整为普惠金融领域贷款。普惠金融领域贷款包括普惠金融标准是单户授信小于 1 000 万元的小型企业贷款、单户授信小于 1 000 万元的微型企业贷款、个体工商户经营性贷款、小微企业主经营性贷款
财政部、税务总局《关于支持小微企业融资有关税收政策的通知》	自 2017 年 12 月 1 日至 2023 年 12 月 31 日，对金融机构向农户、小型企业、微型企业及个体工商户发放小微贷款(指单户授信小于 100 万元或单户贷款合同金额且贷款余额在 100 万元以下的贷款)取得的利息收入，免征增值税。自 2018 年 1 月 1 日至 2020 年 12 月 31 日，对金融机构与小型企业、微型企业签订的借款合同免征印花税
中国银保监会办公厅《关于 2020 年推动银行业小微企业金融服务高质量发展的通知》	努力实现 2020 年银行业小微企业(含小微企业主、个体工商户)贷款"增量、扩面、提质、降本"的总体目标。"增量"是单户授信总额 1 000 万元以下(含)的普惠型小微企业贷款确保实现"两增"，即贷款较年初增速不低于各项贷款增速、有贷款余额的户数不低于年初水平。"扩面"是指增加获得银行贷款的小微企业户数，着力提高当年新发放小微企业贷款户中"首贷户"的占比。"提质"是指提升小微企业信贷服务便利度和满意度，努力提高信用贷款和续贷业务占比。"降本"是指进一步推动降低普惠型小微企业贷款的综合融资成本

典题精练

【例 6 · 判断题】根据财政部、税务总局《关于支持小微企业融资有关税收政策的通知》，自 2018 年 1 月 1 日至 2020 年 12 月 31 日，对金融机构与小型企业、微型企业签订的借款合同减按 0.2% 征收印花税。(　　)

A. 正确　　　　　　　　　　B. 错误

B。【解析】根据财政部、税务总局《关于支持小微企业融资有关税收政策的通知》，自 2018 年 1 月 1 日至 2020 年 12 月 31 日，对金融机构与小型企业、微型企业签订的借款合同免征印花税。

3.中国普惠金融发展规划

发展普惠金融应坚持借鉴国际经验与体现中国特色相结合、政府引导与市场主导相结合、完善基础金融服务与改进重点领域金融服务相结合的指导思想，按照"健全机制、持续发展，机会平等、惠及民生，市场主导、政府引导，防范风险、推进创新"等原则，有效提高金融服务的覆盖率、可得性和满意度，明显增强人民群众对金融服务的获得感，到2020年，要建立与全面建成小康社会相适应的普惠金融服务和保障体系，特别是要让小微企业、农民、城镇低收入人群、贫困人群和残疾人、老年人等及时获取价格合理、便捷安全的金融服务，使我国普惠金融发展居于国际中上游水平。具体内容包括：

（1）要提高金融服务覆盖率。

（2）要提高金融服务可得性。

（3）要提高金融服务满意度。

（二）重点业务领域和发展模式

1.普惠金融的重点业务领域

普惠金融的重点业务领域主要暂定为以下三类：

（1）普惠型小微企业和其他组织贷款。普惠型小微企业和其他组织贷款包括：普惠型小微企业法人贷款，向事业单位、机关法人、社会团体、居民委员会、村民委员会等非企业法人组织发放的普惠型贷款，普惠型个体工商户和小微企业主贷款，普惠型其他个人经营性贷款等。

（2）普惠型农户及贫困户经营性贷款。银行业金融机构向农户发放的用于从事生产经营活动、单户授信总额500万元（含）以下的贷款。

（3）普惠型消费贷款。银行业金融机构向自然人发放的、单户授信总额10万元（含）以下的消费贷款。住房按揭贷款、汽车消费贷款、信用卡透支不在此列。

2.普惠金融的发展模式

要点	内容
信贷员调查模式	该模式以收集借款人的软、硬信息为基础，包括客户基本信息、经营信息、财务信息等，以交叉检验为方法，对客户提供的信息材料通过多方面的检验，并且把还款能力和还款意愿作为贷款的依据。该模式对信贷员的综合专业能力要求较高，可以处理经营、财务信息缺失的企业授信。信贷业务的质量、授信进度主要依赖于信贷人员的专业能力
信贷工厂模式	信贷工厂就是指银行像工厂标准化制造产品一样对信贷进行批量处理。该模式与IPC信贷员模式差异在于，并不强调信贷员的专业能力，而主要依赖于集约化的信贷工厂专业人员和风控模型的处理能力
大数据模式	借助互联网和金融科技等手段，扩大信息源的获取和交叉验证的运用
投资类模式	银行以直接融资的产品分享小微企业的共同成长，通过投贷联动、股权投资等方式提供融资支持

典题精练

【例7·多项选择题】普惠金融的重点业务领域主要包括(　　)。

A.汽车消费贷款 　　　　　　　B.普惠型小微企业和其他组织贷款

C.信用卡透支 　　　　　　　　D.普惠型农户及贫困户经营性贷款

E.普惠型消费贷款

BDE。【解析】普惠金融的重点业务领域主要暂定为以下三类:(1)普惠型小微企业和其他组织贷款。(2)普惠型农户及贫困户经营性贷款。(3)普惠型消费贷款。

【例8·判断题】普惠型消费贷款是指银行业金融机构向自然人发放的、单户授信总额20万元(含)以下的消费贷款。(　　)

A.正确 　　　　　　　　　　　B.错误

B。【解析】普惠型消费贷款是指银行业金融机构向自然人发放的、单户授信总额10万元(含)以下的消费贷款。

本节速览

普惠金融	普惠型个体工商户贷款	农户消费贷款	家庭农场贷款
信贷员调查模式	信贷工厂模式	大数据模式	投资类模式

同步自测

一、单项选择题(在以下各小题所给出的四个选项中,只有一个选项符合题目要求,请将正确选项的代码填入括号内)

1.商业银行互联网个人贷款的特点不包括(　　)。

A.流程线上化 　　　　　　　　B.随借随还

C.审批时限长 　　　　　　　　D.额度低

2.某机构推出一款适用于某家旅行社的某一款特定旅游线路的贷款,则该贷款属于(　　)。

A.场景化贷款 　　　　　　　　B.非场景化贷款

C.个人小额贷款 　　　　　　　D.个体小额贷款

3.下个关于个人网络小额贷款的说法,错误的是(　　)。

A.额度较小 　　　　　　　　　B.审核复杂

C.放款较快 　　　　　　　　　D.借款期限较为灵活

4.我国第一家网络借贷平台拍拍贷成立于(　　)。

A.2006年 　　　　　　　　　　B.2007年

C.2008年 　　　　　　　　　　D.2012年

5.下列不属于互联网个人贷款业务面临的信用风险的是(　　)。

A.客户身份真实性风险 　　　　B.系统信用评价模型准确性风险

C.市场环境趋于恶化风险 　　　D.贷款用途合规性风险

6. 根据中国人民银行《关于对普惠金融实施定向降准通知》，普惠金融标准是单户授信小于（ ）万元的小型企业贷款等。

A. 200　　　　　　　　　　　　B. 1 000

C. 300　　　　　　　　　　　　D. 500

7. 普惠型消费贷款是指银行业金融机构向自然人发放的、单户授信总额（ ）万元（含）以下的消费贷款。

A. 50　　　　　　　　　　　　B. 80

C. 10　　　　　　　　　　　　D. 20

8. （ ）模式下，信贷业务的质量、授信进度主要依赖于信贷人员的专业能力。

A. 信贷员调查　　　　　　　　B. 信贷工厂

C. 大数据　　　　　　　　　　D. 投资类

二、多项选择题（在以下各小题所给出的选项中，至少有两个选项符合题目要求，请将正确选项的代码填入括号内）

1. 互联网金融健康发展有利于（ ）。

A. 构建多层次金融体系　　　　B. 深化金融改革

C. 提升金融服务质量和效率　　D. 促进金融创新发展

E. 扩大金融业对内对外开放

2. 按照贷款提供主体的资金来源，互联网个人贷款可以分为（ ）。

A. 商业银行互联网个人贷款　　B. 非银行个人网络贷款

C. 场景化个人贷款　　　　　　D. 非场景化个人贷款

E. 有强增信基础的个人贷款

3. 商业银行互联网个人贷款应遵循的原则有（ ）。

A. 小额　　　　　　　　　　　B. 短期

C. 长期　　　　　　　　　　　D. 高效

E. 大额

4. 互联网个人贷款的风险模型是指应用于互联网贷款业务全流程的各类模型，包括但不限于（ ）。

A. 身份认证模型　　　　　　　B. 反欺诈模型

C. 反洗钱模型　　　　　　　　D. 合规模型

E. 风险预警模型

5. 普惠金融的发展模式包括（ ）。

A. 大数据模式　　　　　　　　B. 信贷工厂模式

C. 投资类模式　　　　　　　　D. 信贷员调查模式

E. 综合模式

三、判断题（请判断以下各小题的正误，正确的选 A，错误的选 B）

1. 商业银行互联网个人贷款本质上属于公司贷款。 （ ）

A. 正确　　　　　　　　　　　B. 错误

2."五险一金"的社会保险缴纳记录一定程度上代表了个人的社会背景与信用基础,具备连续、详细缴纳记录的情况属于强增信基础客户。 （ ）

    A. 正确   B. 错误

3.商业银行进行互联网个人贷款借款人信息核验、授信审批、贷后管理时,应当至少包含借款人姓名、身份证号、联系电话、银行账户以及其他开展风险评估所必需的基本信息。 （ ）

    A. 正确   B. 错误

4.小额贷款公司应当根据借款人收入水平、总体负债、资产状况等因素,合理确定贷款金额和期限,使借款人每期还款额可略微超过其还款能力。 （ ）

    A. 正确   B. 错误

5.小微企业作为创业、创新的主要阵地和最具活力的市场主体,数量呈现缓慢增长的趋势,小微金融服务市场空间广阔。 （ ）

    A. 正确   B. 错误

答案详解

一、单项选择题

1.C。【解析】商业银行互联网个人贷款通常具有"流程线上化""审批时限短""随借随还"以及"额度低""期限短"等特点。

2.A。【解析】场景化是指放贷机构向客户发放的贷款仅适用于确定的某一场景,例如:某家旅行社的某一款特定旅游线路、某家培训机构的某一项特定培训课程等。

3.B。【解析】个人网络小额贷款的特征有:(1)额度较小。(2)审核简单。(3)放款较快。(4)借款期限较为灵活,可按客户贷款金额合理制定,客户自由选择,随借随还。

4.B。【解析】我国第一家网络借贷平台拍拍贷成立于2007年。

5.C。【解析】互联网个人贷款业务面临的信用风险主要包括客户身份真实性风险、系统信用评价模型准确性风险、贷款用途合规性风险、风险缓释手段不足风险、不良客户通过网络信贷进行洗钱和恐怖融资风险等。

6.B。【解析】根据中国人民银行《关于对普惠金融实施定向降准通知》,普惠金融领域贷款包括普惠金融标准是单户授信小于1 000万元的小型企业贷款、单户授信小于1 000万元的微型企业贷款、个体工商户经营性贷款、小微企业主经营性贷款。

7.C。【解析】普惠型消费贷款是指银行业金融机构向自然人发放的、单户授信总额10万元(含)以下的消费贷款。

8.A。【解析】信贷员调查模式下,信贷业务的质量、授信进度主要依赖于信贷人员的专业能力。

二、多项选择题

1.ABCDE。【解析】促进互联网金融健康发展,有利于提升金融服务质量和效率,深化金融改革,促进金融创新发展,扩大金融业对内对外开放,构建多层次金融体系。

2.AB。【解析】按照贷款提供主体的资金来源,互联网个人贷款可以分为商业银行互联网个人贷款和非银行个人网络贷款。

3.ABD。【解析】商业银行互联网个人贷款应遵循小额、短期、高效和风险可控的原则。

4.ABCDE。【解析】互联网个人贷款的风险模型是指应用于互联网贷款业务全流程的各类模型,包括但不限于身份认证模型、反欺诈模型、反洗钱模型、合规模型、风险评价模型、风险定价模型、授信审批模型、风险预警模型、贷款清收模型等。

5. ABCD。【解析】普惠金融的发展模式主要有:(1)信贷员调查模式。(2)信贷工厂模式。(3)大数据模式。(4)投资类模式。

三、判断题

1. B。【解析】商业银行互联网个人贷款本质上仍然是个人贷款,主要受《个人贷款管理暂行办法》的指导与监管。

2. A。【解析】"五险一金"的社会保险缴纳记录一定程度上代表了个人的社会背景与信用基础,具备连续、详细缴纳记录的情况属于强增信基础客户。反之,无连续、详细的

社会保险缴纳记录的情况,属于非强增信基础客户。

3. A。【解析】商业银行进行互联网个人贷款借款人信息核验、授信审批、贷后管理时,应当至少包含借款人姓名、身份证号、联系电话、银行账户以及其他开展风险评估所必需的基本信息。

4. B。【解析】小额贷款公司应当根据借款人收入水平、总体负债、资产状况等因素,合理确定贷款金额和期限,使借款人每期还款额不超过其还款能力。

5. B。【解析】小微企业作为创业、创新的主要阵地和最具活力的市场主体,数量呈现快速增长的趋势,小微金融服务市场空间广阔。

第八章 个人征信系统

要点导图

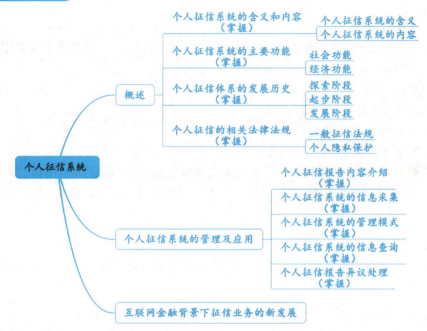

知识解读

一、概　述

（一）个人征信系统的含义和内容

1.个人征信系统的含义

个人信用征信即个人信用联合征信,是指信用征信机构经过与商业银行及有关部门约定,采集、加工、储存分散在各商业银行和社会有关方面的公民个人的信用信息,形成信用信息数据库,为其客户了解相关公民个人的信用状况提供服务的经营性活动。

个人征信系统(个人信用信息基础数据库,又叫金融信用信息基础数据库)是我国社会信用体系的重要基础设施,是由中国人民银行组织各商业银行建立的个人信用信息共享平台。该数据库采集、整理、保存公民个人信用信息,为货币政策和金融监管提供信息服务,为金融机构提供个人信用状况查询服务。

中国人民银行建设并已投入使用的全国个人信用信息基础数据库系统是我国最大的个人征信数据库，该基础数据库首先依法采集和保存全国银行信贷信用信息，其中主要包括个人在商业银行的借款、担保数据、抵押及身份验证信息。

目前，个人征信系统数据的直接使用者包括金融监督管理机构、数据主体本人、商业银行，以及司法部门等其他政府机构，但其影响力已涉及教育、税务、电信等部门。

除中国人民银行建设的个人征信系统外，2018年2月，百行征信有限公司获得了个人征信业务牌照，主要在传统金融机构以外的互联网借贷等领域开展个人征信活动。

典题精练

【例1·单项选择题】个人征信系统是由（　　）组织，（　　）建立的个人信用信息共享平台。

A. 国务院;各银行

B. 中国银行业协会;各商业银行

C. 中国人民银行;各商业银行

D. 中国银行业监督管理机构;各银行

C。【解析】个人征信系统（个人信用信息基础数据库，又叫金融信用信息基础数据库）是我国社会信用体系的重要基础设施，是由中国人民银行组织各商业银行建立的个人信用信息共享平台。

2. 个人征信系统的内容

个人征信系统所搜集的个人信用信息包括个人基本信息、贷款信息、非银行信息、客户本人声明等各类信息。

（1）个人基本信息包括个人身份、配偶身份、居住信息、职业信息等。

（2）贷款信息包括银行贷款汇总信息、准贷记卡汇总信息、贷记卡汇总信息、贷款汇总信息、为他人贷款担保汇总信息、信用明细信息以及查询机构查询信息主体信用报告形成的查询时间、查询原因、查询人等查询记录等信息。

（3）非银行信息指个人社保缴费信息、住房公积金缴存信息、电信用户缴费等。

百行征信有限公司以"最低、适用"原则采集个人信用信息，主要包括个人互联网借贷数据及个人身份识别信息等支持类信息。

典题精练

【例2·单项选择题】个人征信系统中，（　　）涵盖了银行贷款汇总信息、准贷记卡汇总信息等信息。

A. 个人基本信息　　　　　　　　B. 贷款信息

C. 非银行信息　　　　　　　　　D. 市场交易信息

B。【解析】贷款信息包括银行贷款汇总信息、准贷记卡汇总信息、贷记卡汇总信息、贷款汇总信息、为他人贷款担保汇总信息、信用明细信息以及查询机构查询信息主体信用报告形成的查询时间、查询原因、查询人等查询记录等信息。

（二）个人征信系统的主要功能和意义

1. 个人征信系统的主要功能

（1）社会功能。个人征信系统的社会功能主要体现在：随着该系统的建设和完善，通过对公民个人重要经济活动的影响和规范，逐步形成遵纪守法、诚实守信、重合同讲信用的社会风气，提高社会诚信水平，促进和谐社会建设，推动社会信用体系建设。

（2）经济功能。个人征信系统的经济功能主要体现在：帮助商业银行等金融机构控制信用风险，维护金融稳定，扩大信用交易，提高经济运行效率，促进经济可持续发展。

个人征信系统的这两种功能是相辅相成，互相促进的。

此外，随着数据采集和个人信用报告使用范围的逐步扩大，个人征信系统的功能将会逐步提高和完善。

2. 建立个人征信系统的意义

个人征信系统的建立，对整个国家的经济环境、商业银行个人贷款业务及消费者个人都具有重要意义，具体体现在以下几个方面：

（1）个人征信系统的建立有助于商业银行准确判断业务申请人的还款意愿。通过全国统一的个人征信系统对个人信用活动的记录和收集，银行可以了解到每一个贷款客户在各个银行的历史贷款状况，帮助银行准确评价一个人的用款、还款能力，判断业务申请人的还款意愿以便于在发放信用卡或个人贷款时能够作出正确的决策。个人信用信息的共享，消除了商业银行的"信贷盲区"，多头贷款的现象得到了遏制。对个人信用的判断更趋于客观，降低了银行贷款的经营成本，提高了银行的工作效率。

（2）个人征信系统的发展，有助于激励借款人按时偿还债务。个人征信系统通过准确识别个人身份，记录其按期还款等情况，形成信用记录，有助于形成促使个人按时还款以保持良好信用记录的约束力。

（3）全国统一的个人征信系统有助于商业银行进行风险预警分析。个人征信系统可以帮助商业银行在贷后管理阶段动态地了解个人的信用状况变化趋势，及时采取催收手段或增加信贷产品和服务。在资产保全阶段，系统可以帮助商业银行了解借款人在其他商业银行的信用活动，重新评估借款人的信用状况，确定资产保全措施。

（4）个人征信系统的建立使商业银行在贷款审批中对个人信用情况的查询变得更为便利和精准，审批效率得以提升，查询个人征信报告作为必要制度确立下来较为有效地控制了信贷风险。

（5）个人征信系统的建立有助于保护消费者利益，提高透明度。信用的真正危险不在于它的使用，而在于它的滥用。伴随着个人征信系统建立完善起来的一些法律被制定用来保护消费者，使其能够正确理解信用活动并免受信用提供者不公正行为的侵害。

（6）个人征信系统的建立，为规范金融秩序，防范金融风险提供了有力保障。个人征信系统的建立扩大了信用贷款的覆盖面，在最大程度上扩展了客户资源，同时通过银行对客户资信的评定，使信用等级高的客户能获得最大额度的贷款。从宏观来说，个人征信系统的建立,有助于实现信用监管,通过提高透明度和效率,从而可以促进经济稳定增长。通过加强风险分析,促进金融体系的稳定,提高银行监管的效率。

典题精练

【例3·多项选择题】建立个人征信系统的意义在于(   )。

A. 个人征信系统的建立有助于商业银行准确判断业务申请人的还款意愿

B. 个人征信系统的发展,有助于激励业务申请人按时偿还债务

C. 个人征信系统的建立有助于保护消费者利益,提高透明度

D. 全国统一的个人征信系统有助于商业银行进行风险预警分析

E. 个人征信系统的建立,为规范金融秩序、防范金融风险提供了有力保障

ABCDE。【解析】建立个人征信系统的意义在于:(1)个人征信系统的建立使商业银行在贷款审批中对个人信用情况的查询变得更为便利和精准,审批效率得以提升,查询个人征信报告作为必要制度确立下来较为有效地控制了信贷风险。(2)个人征信系统的建立有助于商业银行准确判断业务申请人的还款意愿。(3)个人征信系统的发展,有助于激励业务申请人按时偿还债务。(4)个人征信系统的建立有助于保护消费者利益,提高透明度。(5)全国统一的个人征信系统有助于商业银行进行风险预警分析。(6)个人征信系统的建立,为规范金融秩序、防范金融风险提供了有力保障。

(三)个人征信体系的发展历史

个人征信的发展目前分为三个阶段:探索阶段、起步阶段和发展阶段。

要点	内容
探索阶段	(1)20世纪80年代后期,为适应企业债券发行和管理,中国人民银行批准成立了第一家信用评级公司——上海远东资信评级有限公司。 (2)1993年,专门从事企业征信的新华信国际信息咨询有限公司开始正式对外提供服务。此后,一批专业信用调查中介机构相继出现,征信业的雏形初步显现
起步阶段	(1)我国的个人征信体系建设始于1999年7月人民银行批准建立上海资信有限公司,试点个人征信。 (2)2000年6月,建成上海个人信用联合征信服务系统。上海试点证明,金融机构对信贷信息共享有着迫切的需求
发展阶段	(1)2002年3月,按照国务院要求,由人民银行牵头组成建立企业和个人征信体系专题工作小组,负责提出全国企业和个人征信体系建设总体方案。 (2)2004年年初,人民银行开始组织商业银行建设全国集中统一的个人征信系统。2004年年底,个人征信系统实现了15家全国性商业银行和8家城市商业银行在北京、重庆、西安、南宁、深圳、绵阳和湖州7个城市的成功联网试运行。 (3)2005年8月,个人征信系统已完成与全国所有商业银行和部分有条件的农村信用社的联网运行,并于2006年1月在全国联网运行。 (4)2009年4月,人民银行启动了新生产环境的项目建设,开始硬件升级工作。

（续表）

要点	内容
发展阶段	（5）2010年6月，在上海搭建了新的生产环境，并将征信系统成功切换运行。新生产设备投产后，征信系统在基础软硬件配置、数据存储能力、安全性、稳定性和可靠性等方面均有较大程度的提升，系统加载、查询和运行效率成倍提高。 （6）2011年2月，中国人民银行征信中心正式启动了征信系统二代建设，成立了二代建设领导小组，专职负责二代建设工作

（四）个人征信的相关法律法规

1. 一般征信法规

近年来，征信法规制度建设不断推进，逐步建立了包含国家法规、部门规章、规范性文件和标准的多层次制度体系，保护了信息主体权益，有力地促进了征信业的发展。

要点	内容
发布实施《征信业管理条例》和《征信机构管理办法》	《征信业管理条例》是为规范征信活动，保护当事人合法权益，引导、促进征信业健康发展，推进社会信用体系建设制定，由国务院于2013年1月21日发布，自2013年3月15日起实施。《征信业管理条例》对征信机构的设立条件和程序、征信业务的基本规则、征信信息主体的权益，金融信用信息基础数据库的法律地位及运营规则、征信业的监管体制和法律责任等内容进行了规定。 《征信机构管理办法》于2013年12月颁布实施，进一步细化了《征信业管理条例》涉及征信机构管理的条款，对机构的设立、变更与终止，高级任职人员管理，监督管理等做了明确规定
建立金融信用信息基础数据库管理制度	2005年，人民银行发布了《个人信用信息基础数据库管理暂行办法》，该办法规定：中国人民银行负责组织商业银行建立个人信用信息基础数据库，并负责设立征信服务中心，承担个人信用数据库的日常运行和管理。该办法主要内容包括四个方面： （1）明确个人信用数据库是中国人民银行组织商业银行建立的全国统一的个人信用信息共享平台，其目的是防范和降低商业银行信用风险，维护金融稳定，促进个人消费信贷业务的发展。 （2）规定了个人信用信息保密原则，规定商业银行、征信服务中心应当建立严格的内控制度和操作规程，保障个人信用信息的安全。 （3）规定了个人信用数据库采集个人信用信息的范围和方式、数据库的使用用途、个人获取本人信用报告的途径和异议处理方式。 （4）规定了个人信用信息的客观性原则，即个人信用数据库采集的信息是个人信用交易的原始记录，商业银行和征信服务中心不增加任何主观判断

典题精练

【例4·单项选择题】下列关于《个人信用信息基础数据库管理暂行办法》的说法中，错误的是(   )。

A. 规定了个人信用信息保密原则

B. 规定了个人信用数据库采集个人信用信息的范围和方式

C. 规定商业银行和征信服务中心在采集信息时应结合自身的主观判断

D. 明确个人信用数据库是中国人民银行组织商业银行建立的全国统一的个人信用信息共享平台

C。【解析】《个人信用信息基础数据库管理暂行办法》规定了个人信用信息的客观性原则，即个人信用数据库采集的信息是个人信用交易的原始记录，商业银行和征信服务中心不增加任何主观判断，故 C 项错误。

2. 个人隐私保护

（1）为了保证个人信用信息的合法使用，保护个人的合法权益，中国人民银行制定颁布了《征信业管理条例》《个人信用信息基础数据库管理暂行办法》《个人信用信息基础数据库金融机构用户管理办法》《个人信用信息基础数据库异议处理规程》等法规，采取了限定用途、授权查询、保障安全、查询记录、违规处罚等措施，保护个人隐私和信息安全。

（2）个人信用信息基础数据库还对查看信用报告的商业银行信贷人员（即数据库用户）进行管理，每一个用户在进入该系统时都要登记注册，而且计算机系统还自动追踪和记录每一个用户对每一笔信用报告的查询操作，并加以记录。

（3）商业银行如果违反规定查询个人的信用报告，或将查询结果用于规定范围之外的其他目的，将被责令改正，并处以经济处罚；涉嫌犯罪的，则将依法移交司法机关处理。

典题精练

【例5·多项选择题】为保护个人隐私和信息安全，中国人民银行对个人征信系统的安全管理采取的措施有(   )。

A. 授权查询   B. 限定用途

C. 查询记录   D. 分级管理

E. 违规处罚

ABCE。【解析】中国人民银行制定颁布了《征信业管理条例》《个人信用信息基础数据库管理暂行办法》《个人信用信息基础数据库金融机构用户管理办法》《个人信用信息基础数据库异议处理规程》等法规，采取了限定用途、授权查询、保障安全、查询记录、违规处罚等措施，保护个人隐私和信息安全。

本节速览

个人信用征信	个人征信系统	个人信用信息	个人信用报告
社会功能	经济功能	个人征信体系发展历史	个人隐私保护

二、个人征信系统的管理及应用

（一）个人征信报告内容介绍

1.个人征信报告的含义

个人信用报告是个人征信系统提供的最基础产品，它记录了客户与银行之间发生的信贷交易的历史信息，只要客户在银行办理过贷款、信用卡、为他人贷款担保等信贷业务，他在银行登记过的基本信息和账户信息就会通过商业银行的数据报送而进入个人征信系统，从而形成了客户的信用报告。

2.个人征信报告信息

个人信用报告中的信息主要有六个方面：个人基本信息、公共信息、银行信贷交易信息、本人声明、异议标注和查询历史信息。

要点	内容
个人基本信息	个人基本信息表示客户本人的一些基本信息，包括身份信息、婚姻信息、居住信息、职业信息等内容
公共信息	公共信息是个人征信系统从其他部门采集的、可以反映客户各方面情况的信息
银行信贷交易信息	银行信贷交易信息是客户在各商业银行或者其他授信机构办理的贷款、信用卡等交易的明细和汇总信息
本人声明	本人声明是客户本人对信用报告中某些无法核实的异议所做的说明
异议标注	异议标注是征信中心异议处理人员针对信用报告中异议信息所做的标注或因技术原因无法及时对异议事项进行更正时所做的特别说明
查询历史信息	查询历史展示何机构或何人在何时以何种理由查询过该人的信用报告

目前，个人信用报告内容包括：个人基本信息、信贷概要、信贷交易信息明细、非信贷信息明细、公共信息明细、本人声明、异议标注、机构说明、征信中心说明和查询记录。

3.个人信用报告的使用者

个人信用报告的使用目前仅限于商业银行、依法办理信贷的金融机构（主要是住房公积金管理中心、汽车金融公司、财务公司、小额信贷公司等）和人民银行，消费者也可以在人民银行获取到自己的信用报告。

4.个人信用报告的分类

根据使用对象的不同，个人征信系统提供不同版式的个人信用报告，包括银行版、个人查询版和征信中心内部版三种版式，分别服务于商业银行类金融机构、消费者和人民银行。

> **典题精练**
>
> 【例6·多项选择题】下列选项中，属于个人征信报告中的信息的是(   )。
>
> A. 查询历史信息　　　　　　　　B. 公共信息
>
> C. 银行信贷交易信息　　　　　　D. 本人声明及异议标注
>
> E. 公安部身份信息核查结果
>
> ABCDE。【解析】个人信用报告中的信息主要有七个方面：个人基本信息、公安部身份信息核查结果、公共信息、银行信贷交易信息、本人声明、异议标注和查询历史信息。

(二)个人征信系统的信息采集(中级考试内容)

信息采集需要经过数据报送、校验加载、反馈三个环节。

流程	内容
数据报送	接入机构采用接口或非接口方式生成报文文件，并通过登录征信系统页面（或使用webservice）将报文文件传送至征信中心文件服务器
数据校验加载	(1)征信中心接收到报文文件后，根据数据校验规则对报文文件中包含的数据进行校验，并将校验通过的数据保存至征信系统。 (2)将校验未通过的数据以及出错原因提示，生成在反馈报文中
数据反馈	征信系统将反馈报文反馈给接入机构

(三)个人征信系统的管理模式(中级考试内容)

1. 个人征信系统的网络流程管理

目前，金融机构是个人征信系统信用信息的主要使用者，个人征信系统通过专线与商业银行等金融机构总部相连（一口接入），汇总后金融机构实时共享的功能。

个人征信系统的信息网络流程为：中国人民银行征信中心→商业银行总行→商业银行分支机构。

2. 个人征信系统的授权管理

根据《征信业管理条例》《个人信用信息基础数据库管理暂行办法》规定，商业银行只能经当事人书面（电子）授权，在办理审核个人贷记卡和准贷记卡申请、审核个人作为担保人、审核个人贷款申请、对已发放的个人信贷进行贷后风险管理和受理法人或其他组织的贷款申请或其作为担保人，需要查询其法定代表人及出资人信用状况等业务时，才可以向个人信用数据库查询个人信用报告。

除对已发放的个人贷款进行贷后风险管理外，商业银行查询个人信用报告时应取得被查询人的书面授权。征信服务中心可以根据个人申请有偿提供其本人的信用报告，但必须核实申请人身份。商业银行应制定贷后风险管理查询个人信用报告的内部授权制度和查询管理程序。同时，对于查询人员、查询时间、查询原因等，该数据库都有记录。

（四）个人征信系统的信息查询（中级考试内容）

1. 个人基础数据库信用信息查询主体

（1）个人征信系统接入机构。个人征信系统接入机构通常以**商业银行**为主，商业银行在办理审核个人贷款申请、审核个人贷记卡和准贷记卡申请、审核个人作为担保人、对已发放的个人信贷进行贷后风险管理和受理法人或其他组织的贷款申请或其作为担保人，需要查询其法定代表人及出资人信用状况等业务时，才可以向个人信用数据库查询个人信用报告。

（2）县级以上（含县级）司法机关和其他依据法律规定有查询权限的行政管理部门（以下合称司法部门）。根据相关法律法规的规定，司法部门可以到当地的查询机构申请查询相关涉案人员的信用报告。申请司法查询时应提交的资料有：

①司法部门签发的个人信用报告协查函或介绍信，包含情况说明和查询原因、被查询人的姓名、有效身份证件号码。

②申请司法查询经办人员的工作证件原件及复印件。

③申请司法查询经办人员应如实、规范填写的个人信用报告司法查询申请表。

（3）公民个人。公民个人可以到征信中心、人民银行网点、部分商业银行网点，使用人民银行个人征信自助机查询完整版信用报告；还可通过部分商业银行网点、手机银行、网点智能查询机等自助渠道查询简化版信用报告。申请查询本人的信用报告时应提供以下材料：

①本人有效身份证件的原件及复印件，并留有效身份证件复印件备查。个人有效身份证件包括身份证、护照、士兵证、军官证、外国人居留证、港澳居民来往内地通行证、台湾同胞来往大陆通行证等。

②如实、规范填写的个人信用报告本人查询申请表。

公民个人还可以登录征信中心网站（www.pbccrc.org.cn）查询本人信用报告，可通过回答问题、数字证书、银行卡三种方法验证本人身份。

典题精练

【例7·单项选择题】司法部门申请查询个人基础数据库信用信息时，不需提交（　　）。

A. 经办人员的身份证原件及复印件

B. 经办人员的工作证件原件及复印件

C. 司法部门签发的个人信用报告协查函或介绍信

D. 经办人员填写的个人信用报告司法查询申请表

A。【解析】根据相关法律法规的规定，司法部门可以到当地的查询机构申请查询相关涉案人员的信用报告。申请司法查询时应提交的资料有：（1）司法部门签发的个人信用报告协查函或介绍信，包含情况说明和查询原因、被查询人的姓名、有效身份证件号码。（2）申请司法查询经办人员的工作证件原件及复印件。（3）申请司法查询经办人员应如实、规范填写的个人信用报告司法查询申请表。

2. 个人征信查询管理

要点	内容
授权查询	商业银行查询个人信用报告时应当取得被查询人的书面(电子)授权。书面授权可以通过在贷款、贷记卡、准贷记卡以及担保申请书中增加相应条款取得
限定用途	除本人以外，商业银行只有在办理信用卡、贷款、担保等业务时，或发放信用卡、贷后管理时才能查看个人的信用报告
查询记录	个人信用信息基础数据库还对查看个人信用报告的商业银行信贷人员(即数据库用户)进行管理，每一个用户都要登记注册，而且计算机系统还自动追踪和记录每一个用户查询个人信用报告的情况，并展示在个人的信用报告中
违规处罚	商业银行如果违反规定查询个人的信用报告，或将查询结果用于规定范围之外的其他目的： (1)将被责令改正，并处罚款。 (2)涉嫌犯罪的，则将依法移交司法机关处理
密码管理	商业银行各级用户应妥善保管用户密码，各查询用户的用户名及密码仅限本人使用、严禁他人使用或将密码告知他人
档案管理	档案资料包括查询申请人提供的查询申请书、委托人授权委托书、有效身份证件复印件、司法部门签发的个人信用报告协查函或介绍信、查询申请登记表等。 (1)查询机构要对所有查询相关的纸质和电子档案资料整理归档。档案资料按照一事一档，编号管理的原则进行。 (2)查询机构要安排专门的档案柜存放信用报告查询的相关档案，并做好对档案存放地的防火、防潮、防虫、防鼠等"八防"安全措施。 (3)档案资料的借阅应当严格限定范围，无查询机构主管的审批，任何人不得擅自查询、借阅和复制档案资料。查询机构要按业务档案管理规定对档案资料(包括相关文件)进行管理。 (4)信用报告查询相关档案资料保管期限为三年，到期可对档案资料进行销毁

典题精练

【例8·多项选择题】个人征信查询管理的内容包括(   )。

A.授权查询 　　　　B.限定用途

C.档案管理 　　　　D.查询记录

E.违规处罚

ABCDE。【解析】个人征信查询管理包括授权查询、限定用途、查询记录、违规处罚、密码管理、档案管理。

（五）个人征信报告异议处理（中级考试内容）

1. 个人征信报告异议的相关知识

要点	内容
异议与异议处理的概念	（1）异议就是个人对自己的信用报告中反映的信息持否定或不同意见。 （2）异议处理是申请人认为本人信用报告中的信用信息存在错误时，可以通过所在地中国人民银行征信管理部门或直接向征信服务中心提出书面异议申请，也可以直接向数据提供机构提出申请
产生异议的原因	（1）个人的基本信息发生了变化，但个人没有及时将变化后的信息提供给商业银行等数据报送机构，影响了信息的更新。 （2）技术原因造成数据处理出错。 （3）个人忘记曾经与数据报送机构有过经济交易（如已办信用卡、贷款），因而误以为个人信用报告中的信息有错。 （4）数据报送机构数据信息录入错误或信息更新不及时，使个人信用报告所反映的内容有误。 （5）他人盗用或冒用个人身份获取贷款或信用卡，由此产生的信用记录不为被盗用者（被冒用者）所知
异议的种类	（1）认为贷款或信用卡的逾期记录与实际不符。 （2）对担保信息有异议。 （3）个人认为某一笔贷款或信用卡本人根本就没申请过。 （4）身份、居住、职业等个人基本信息与实际情况不符

典题精练

【例9·多项选择题】在个人征信异议处理工作中，可能会遇到的异议申请类型的有（　　）。

A. 对担保信息有异议

B. 个人对征信管理部门有异议

C. 认为信用卡的逾期记录与实际不符

D. 认为某一笔贷款或信用卡本人根本就没申请过

E. 个人的身份、居住、职业等基本信息与实际情况不符

ACDE。【解析】个人征信异议的种类：（1）认为贷款或信用卡的逾期记录与实际不符。（2）对担保信息有异议。（3）个人认为某一笔贷款或信用卡本人根本就没申请过。（4）身份、居住、职业等个人基本信息与实际情况不符。

2. 异议处理方法

（1）个人处理办法。

①个人对信用报告有异议时，可以向所在地的中国人民银行分支行征信管理部门或直接向人民银行征信中心提出个人信用报告的异议申请，个人需出示本人身份证原件、提交身份证复印件。

②如果个人委托代理人提出异议申请，代理人须提供委托人（个人自己）和代理人的身

份证原件及复印件、委托人的个人信用报告、具有法律效力的授权委托书。

③个人客户也可持本人身份证向与其发生信贷融资的商业银行经办机构反映。

（2）银行处理办法。中国人民银行征信管理部门应当在收到个人异议申请的2个工作日内将异议申请转交征信服务中心。征信服务中心应当在接到异议申请的2个工作日内进行内部核查。

征信服务中心对异议申请的处理：

①如果发现异议信息是由于个人信用数据库信息处理过程造成的，应当立即进行更正，并检查个人信用数据库处理程序和操作规程存在的问题。

②征信服务中心内部核查未发现个人信用数据库处理过程存在问题的，应当立即书面通知提供相关信息的商业银行进行核查。

商业银行应当在接到核查通知的10个工作日内向征信服务中心作出核查情况的书面答复。异议信息确实有误的，商业银行应当采取以下措施：

①应当向征信服务中心报送更正信息。

②检查个人信用信息报送的程序。

③对后续报送的其他个人信用信息进行检查，一旦发现错误，应当重新报送。

征信服务中心收到商业银行重新报送的更正信息后，应在2个工作日内对异议信息进行更正。征信中心应当在接受异议申请之日起20日内进行核查和处理，并将结果书面答复异议人。

（3）不同类型异议的处理。

要点	内容
个人基本信息存在异议的处理	①个人如果对信用报告中涉及姓名、性别、身份证号码等信息有异议，可以向中国人民银行征信中心或中国人民银行分支行征信管理部门提交异议申请，如经过核查证实个人信用报告展示的某些信息有错误，中国人民银行征信中心会督促报送数据的商业银行等机构及时对错误信息进行修改。 ②如果对个人信用报告中其他基本信息有异议，最简便的方法就是个人到与个人有业务往来的商业银行更新、更正个人信息，商业银行会在下一次报送数据时报送个人更新、更正过的信息
对个人养老保险金和住房公积金信息有异议的处理	如果个人认为自己的信用报告中反映的个人养老保险金信息或住房公积金信息与实际情况不符： ①可以直接向当地社保经办机构或当地住房公积金中心核实情况和更改信息。 ②可以向当地中国人民银行征信管理部门提出书面异议申请
对个人电信缴费信息有异议的处理	如果个人对个人电信缴费信息有异议： ①持本人的有效身份证件及电信缴费收据直接到电信公司核实情况和更改信息。 ②到当地中国人民银行征信管理部门申请异议处理
对个人结算账户信息有异议的处理	如果个人对个人结算账户信息有异议： ①持本人有效身份证件到开立个人结算账户的金融机构核实情况和更改信息。 ②到当地中国人民银行征信管理部门申请异议处理

（续表）

要点	内容
个人信用报告漏记了个人的信用交易信息的处理	如果个人信用报告漏记了个人的信用交易信息,个人可以通过当地中国人民银行征信管理部门申请异议处理。在提交异议申请时,需提供有关交易的详细情况
信息滞后导致异议的处理	在国外,征信机构更新个人信息的频率大致有三类:实时更新、次日更新或次月更新。在我国,最新的信用信息一般要间隔一个月以后才会在个人信用报告中展示出来
对异议处理仍有异议的处理	如果个人对异议处理结果仍然有异议,可以通过以下三个步骤进行处理: ①向当地中国人民银行征信管理部门申请在个人信用报告上发表个人声明。 ②向中国人民银行征信管理部门反映。 ③向法院提起诉讼,借助法律手段解决

典题精练

【例10·多项选择题】个人对征信的异议处理结果仍然有异议的,可以采取的处理方法有(　　)。

A.向中国银行保险监督管理委员会反映

B.向法院提起诉讼,借助法律手段解决

C.向中国人民银行征信管理部门反映

D.直接向中国人民银行发表个人声明

E.向当地中国人民银行征信管理部门申请在个人信用报告上发表个人声明

BCE。【解析】如果个人对征信的异议处理结果仍然有异议,可以通过以下三个步骤进行处理:(1)向当地中国人民银行征信管理部门申请在个人信用报告上发表个人声明。(2)向中国人民银行征信管理部门反映。(3)向法院提起诉讼,借助法律手段解决。

本节速览

个人征信报告	个人征信报告信息	个人征信系统的信息采集
个人征信系统的信息查询	征信查询管理	征信报告异议处理

三、互联网金融背景下征信业务的新发展(中级考试内容)

互联网金融下征信业务的新发展有:

(1)互联网金融的出现,需要征信业务充分利用大数据技术、云计算技术等现代技术手段,从更加开放的角度调整征信系统的战略规划与布局,探索采集互联网金融领域的信贷信息,以提供更加便捷的征信服务。

（2）互联网金融的发展也为征信系统更为广泛地采集信贷信息，扩充征信汇总数据的指标体系创造了条件。借助互联网金融平台，征信系统可以将更广范围的信息采集入库，并通过互联网征信平台实现更高效的信息共享。此外，通过及时采集互联网金融领域的相关信用信息，能够帮助征信系统建立起更为完整、全面的信贷指标体系，快速适应社会的新发展，为政策制定提供强有力的信息支撑。

（3）互联网金融本身的征信业务发展也面临着重大的挑战。与传统金融机构不同，目前大多数网络贷款无法完全利用银行间的征信系统，仅能进行有限的尽职调查，其具体表现为：

①信息征集范围不明确，存在征集来源任意扩大化问题。

②信息征集授权未作规范，存在征集流程不合法现象。

③信息使用标准不统一、保留期限未明朗，存在"征信不公"问题。

④信息更正流程冗长、救济方式操作性不强，存在法律风险。

上述问题的解决办法：

①需要从互联网金融平台内部进行升级管理，即在对信用信息数据库进行完善的同时，理性地衡量和评价平台的细分行业定位，防止盲目扩张可能带来的大额违约风险。

②可以为互联网金融平台引入外部征信机构，通过引入第三方参与来完善征信链条，从而提高平台的征信能力。

 本节速览

互联网金融征信业务	征信业务面临的挑战	挑战的解决办法

 同步自测

一、单项选择题（在以下各小题所给出的四个选项中，只有一个选项符合题目要求，请将正确选项的代码填入括号内）

1. 下列选项中，不属于个人征信系统个人基本信息的是（　　）。
   A. 居住信息
   B. 个人身份
   C. 职业信息
   D. 住房公积金信息

2. 个人征信系统于（　　）在全国联网运行。
   A. 2004 年年初
   B. 2004 年年底
   C. 2005 年 8 月
   D. 2006 年 1 月

3. 我国第一家信用评级公司是（　　）。
   A. 上海远东资信评级有限公司
   B. 联合信用管理有限公司
   C. 华杰资信评级有限公司
   D. 鹏远资信评估有限公司

4. 个人基础数据库信用信息查询主体不包括（　　）。
   A. 公民个人
   B. 合作机构
   C. 个人征信系统接入机构
   D. 司法部门

5. 申请查询本人的信用报告时应提供的材料不包括（　　）。
   A. 本人有效身份证件的原件
   B. 本人有效身份证件复印件
   C. 本人有效户口簿
   D. 是如实、规范填写的个人信用报告本人查询申请表

6. 申请查询本人的信用报告时,还可以登录中国人民银行征信中心网站查询本人信用报告,可通过在一定时间内在线正确回答(   )个私密性问题验证本人身份。

A. 6
B. 4
C. 5
D. 7

7. 征信中心应当在接受异议申请之日起(   )日内进行核查和处理,并将结果书面答复异议人。

A. 7
B. 10
C. 20
D. 30

8. 我国个人信用数据库的个人信息更新频率是(   )。

A. 季度更新
B. 次月更新
C. 实时更新
D. 次日更新

二、多项选择题(在以下各小题所给出的选项中,至少有两个选项符合题目要求,请将正确选项的代码填入括号内)

1. 目前,个人征信系统数据的直接使用者包括(   )。

A. 电信部门
B. 司法部门
C. 商业银行
D. 教育部门
E. 金融监督管理机构

2. 个人征信系统的经济功能主要体现在(   )。

A. 提高社会诚信水平

B. 推动社会信用体系建设

C. 扩大信贷范围,促进经济增长

D. 扩大信用交易,提高经济运行效率,促进经济可持续发展

E. 帮助商业银行等金融机构控制信用风险,维护金融稳定

3. 根据个人信用信息基础数据库保密和保护个人隐私管理要求,商业银行必须对信贷人员(即数据库用户)进行管理,措施主要有(   )。

A. 每一个用户在进入系统时都要登记注册

B. 计算机系统对违规操作自动报告并关闭

C. 禁止商业银行违反规定查询个人的信用报告

D. 禁止商业银行将查询结果用于规定范围之外的其他目的

E. 计算机系统记录每一个用户对每一笔信用报告的查询操作

4. 下列选项中,属于产生个人征信异议原因的有(   )。

A. 个人身份被盗用

B. 技术原因造成数据处理出错

C. 数据报送机构数据信息录入错误

D. 个人忘记曾经与数据报送机构有过经济交易

E. 个人的基本信息发生了变化,但没有及时更新

5.对个人信用报告有异议时,当事人的处理办法有(　　)。

A.向人民银行征信中心提出异议申请

B.向与其发生信贷融资的商业银行经办机构反映

C.向与其发生信贷融资的商业银行总行提出异议申请

D.向所在地的中国人民银行分支行征信管理部门提出异议申请

E.向与其发生信贷融资的商业银行的直接上级机构反映

6.与传统金融机构不同,目前大多数网络贷款仅能进行有限的尽职调查,其具体表现有(　　)。

A.信息安全系数低,数据库易被复制、盗取

B.信息征集范围不明确,存在征集来源任意扩大化问题

C.信息征集授权未作规范,存在征集流程不合法现象

D.信息使用标准不统一、保留期限未明朗,存在"征信不公"问题

E.信息更正流程冗长、救济方式操作性不强,存在法律风险

三、判断题(请判断以下各小题的正误,正确的选A,错误的选B)

1.我国最大的个人征信数据库是中国银行建设并已投入使用的全国个人信用信息基础数据库系统。（　　）

A.正确　　　　　　　　　　　　　B.错误

2.目前,我国个人信用信息基础数据库系统既包含个人在商业银行的借款、质押、担保数据,也包含了个人在保险、证券、工商等领域业务的信用信息。（　　）

A.正确　　　　　　　　　　　　　B.错误

3.在现代社会,信用对于个人非常重要,被称作第二张身份证。（　　）

A.正确　　　　　　　　　　　　　B.错误

4.个人征信系统在提高审贷效率、方便群众借贷、防止不良贷款等方面发挥了积极的作用。（　　）

A.正确　　　　　　　　　　　　　B.错误

5.如果对个人信用报告中其他基本信息有异议,最简便的方法就是个人到中央银行更新、更正个人信息,中央银行会在下一次报送数据时报送个人更新、更正过的信息。相应地,个人在个人信用数据库的基本信息也会得到更新或更正。（　　）

A.正确　　　　　　　　　　　　　B.错误

答案详解

一、单项选择题

1.D。【解析】个人征信系统所搜集的个人信用信息包括贷款信息、个人基本信息、非银行信息、客户本人声明等各类信息。个人基本信息包括个人身份、配偶身份、居住信息、职业信息等。D项属于非银行信息。

2.D。【解析】2005年8月,个人征信系统已完成与全国所有商业银行和部分有条件的农村信用社的联网运行,并于2006年1月在全国联网运行。

3. A。【解析】20 世纪 80 年代后期,为适应企业债券发行和管理,中国人民银行批准成立了第一家信用评级公司——上海远东资信评级有限公司。

4. B。【解析】目前,个人基础数据库信用信息查询主体主要有三个方面:(1)个人征信系统接入机构。(2)县级以上(含县级)司法机关和其他依据法律规定有查询权限的行政管理部门(以下合称司法部门)。(3)公民个人。

5. C。【解析】申请查询本人的信用报告时应提供以下材料:一是本人有效身份证件的原件及复印件,并留有效身份证件复印件备查。个人有效身份证件包括身份证、军官证、士兵证、护照、港澳居民来往内地通行证、台湾同胞来往大陆通行证、外国人居留证等。二是如实、规范填写的个人信用报告本人查询申请表。

6. C。【解析】申请查询本人的信用报告时,还可以登录中国人民银行征信中心网站查询本人信用报告,可通过三种方法验证本人身份:一是回答问题,即在一定时间内在线正确回答 5 个私密性问题;二是数字证书,即通过使用的部分银行的网银密钥(U盾)验证;三是银行卡,即通过本人使用的部分银行的银行卡信息验证。

7. C。【解析】征信中心应当在接受异议申请之日起 20 日内进行核查和处理,并将结果书面答复异议人。经核查确认相关信息确有错误、遗漏的,信息提供者、征信机构应当予以更正;确认不存在错误、遗漏的,应当取消异议标注;经核查仍不能确认的,对核查情况和异议内容应当予以记载。

8. B。【解析】在我国,考虑到商业银行结算周期多以月为单位,相应地,个人信用数据库是每月更新一次信息,因此,最新的信用信息一般要间隔一个月以后才会在个人信用报告中展示出来。

二、多项选择题

1. BCE。【解析】目前,个人征信系统数据的直接使用者包括金融监督管理机构、数据主体本人、商业银行,以及司法部门等其他政府机构,但其影响力已涉及税务、教育、电信等部门。

2. DE。【解析】个人征信系统的功能分为社会功能和经济功能。经济功能主要体现在:帮助商业银行等金融机构控制信用风险,维护金融稳定,扩大信用交易,提高经济运行效率,促进经济可持续发展。

3. ACDE。【解析】个人信用信息基础数据库须对查看信用报告的商业银行信贷人员(即数据库用户)进行管理,每一个用户在进入该系统时都要登记注册,而且计算机系统还自动追踪和记录每一个用户对每一笔信用报告的查询操作,并加以记录。商业银行如果违反规定查询个人的信用报告,或将查询结果用于规定范围之外的其他目的,将被责令改正,并处以经济处罚;涉嫌犯罪的,则将依法移交司法机关处理。

4. ABCDE。【解析】产生个人征信异议的主要原因包括:(1)个人的基本信息发生了变化,但个人没有及时将变化后的信息提供给商业银行等数据报送机构,影响了信息的更新。(2)技术原因造成数据处理出错。(3)个人忘记曾经与数据报送机构有过经济交易(如已办信用卡、贷款),因而误以为个人信用报告中的信息有错。(4)数据报送机构数据信息录入错误或信息更新不及时。(5)他人盗用或冒用个人身份获取贷款或信用卡。

5. ABD。【解析】个人对信用报告有异议时,可以向所在地的中国人民银行分支行征信管理部门或直接向人民银行征信中心提出个人信用报告的异议申请，个人需出示本人身份证原件、提交身份证复印件。个人客户也可持本人身份证向与其发生信贷融资的商业银行经办机构反映。

6. BCDE。【解析】与传统金融机构不同，目前大多数网络贷款无法完全利用银行间的征信系统，仅能进行有限的尽职调查，其具体表现为：(1)信息征集范围不明确，存在征集来源任意扩大化问题。(2)信息征集授权未作规范，存在征集流程不合法现象。(3)信息使用标准不统一、保留期限未明朗，存在"征信不公"问题。(4)信息更正流程冗长、救济方式操作性不强，存在法律风险。

三、判断题

1. B。【解析】中国人民银行建设并已投入使用的全国个人信用信息基础数据库系统是我国最大的个人征信数据库，该基础数据库首先依法采集和保存全国银行信贷信用信息，其中主要包括个人在商业银行的借款、担保数据、抵押及身份验证信息。

2. B。【解析】中国人民银行建设并已投入使用的全国个人信用信息基础数据库系统是我国最大的个人征信数据库，该基础数据库首先依法采集和保存全国银行信贷信用信息，其中主要包括个人在商业银行的借款、担保数据、抵押及身份验证信息。在此基础上，将逐步扩大到保险、证券、工商等领域，从而形成覆盖全国的基础信用信息服务网络。

3. A。【解析】在现代社会，信用对于个人非常重要，被称作第二张身份证。

4. A。【解析】个人征信系统在提高审贷效率、方便广大群众借贷、防止不良贷款、防止个人过度负债以及根据信用风险确定利率水平方面发挥了积极的作用。

5. B。【解析】如果对个人信用报告中其他基本信息有异议，最简便的方法就是个人到与个人有业务往来的商业银行更新、更正个人信息，商业银行会在下一次报送数据时报送个人更新、更正过的信息。相应地，个人在个人信用数据库的基本信息也会得到更新或更正。